JN117092

# 新7版
# 現代憲法入門講義

加藤一彦
植村勝慶
編著

佐藤修一郎
只野雅人
内藤光博
中村安菜
永山茂樹
福岡英明
共著

北樹出版

──────── ・執筆者一覧・ ────────

植 村 勝 慶　（國學院大學法学部教授）　　　第9講，第24・25講

加 藤 一 彦　（東京経済大学現代法学部教授）　開講，第1講，第6講，第13・
　　　　　　　　　　　　　　　　　　　　　　14講，第17講，補講

佐藤修一郎　（中央大学理工学部教授）　　　　第4講，第18講

只 野 雅 人　（一橋大学大学院法学研究科教授）第2講，第20・21講

内 藤 光 博　（専修大学法学部教授）　　　　　第11・12講

中 村 安 菜　（日本女子体育大学准教授）　　　第3講，第7・8講

永 山 茂 樹　（東海大学法学部教授）　　　　　第19講，第22・23講

福 岡 英 明　（國學院大学法学部教授）　　　　第5講，第10講，第15・16講

──────────────────────────── 〔50音順〕 ────

# 新 7 版はしがき

　本書の初版は、1997 年に出版された。爾来、およそ 25 年余の長きにわたり改訂を続け、今般、新 7 版を発刊する。

　今回の改訂では、執筆者の一部の入れ替えを行い、従来からの各執筆者には、全面的見直し作業をお願いした。この新 7 版においても、当初の編集基本方針は、堅持している。初めて日本国憲法を学ぶ人たちに、骨太の知識を与え、憲法三大原理の意義を理解できるよう、読みやすい教科書であり続けることである。この第 7 版も長く読まれ続け、さらなる改訂ができれば、編者として至福の喜びである。

　2023 年になっても、コロナ禍は収束していない。各大学とも変則的な講義が継続しているようである。その中にあって、学生諸君が、懸命に勉強している姿は、確実に教授者の所作に影響を与え続けている。そう、私たち執筆者が、学生諸君からの波動に学んでいるのである。

　編集過程において、各執筆者は編者の要請に応え、記述訂正に協力して下さった。およそ一世代にも及ぶ学問的交流があってこそである。誠心より御礼申し上げる。また、今回も古屋幾子さんには、格別なご支援を頂いた。改めて、御礼申し上げる。


　　2024 年　2 月

　　　　　　　　　　　　　　　　　編　者　加　藤　一　彦
　　　　　　　　　　　　　　　　　　　　　植　村　勝　慶

3

# 初版はしがき

　本書は、初めて憲法を勉強する学生・市民のために書かれている。高等学校までの基礎知識をもとに、日本国憲法の理解を深めたいと念じている学生・市民のための憲法の「教科書」である。

　日本国憲法が制定されてから今年で50年を迎えた。この50年間、日本国憲法は一度も改正されなかった。これは、憲法が国民に深く根づいているあかしである。しかし、この憲法50年の歩みは、必ずしも、幸福な歴史ではなかった。というのも、憲法を動かす力の1つである政権政党が「改憲」勢力であり続け、そのため憲法の描いた設計図と実際に行われている憲法政治は、大きな矛盾を生み出したからである。

　我々執筆者は、本書『現代憲法入門講義』を執筆するにあたり、そのような矛盾を意識し、憲法のあるべき姿を初学者に理解できるように記述した。

　『現代憲法入門講義』の表題にあるように、『現代』、『入門』、『講義』に目配りしながら、本書は編集されている。

　まず、『現代』については、既存の教科書ではふれられることの少ない新しい憲法問題についても、言及している。

　『入門』については、各講の案内板として レジュメ を用意したほか、これだけは知っていて欲しいという配慮から、キーワードはゴシック（太字）で表し、巻末にはキーワード索引を設けた。

　加えて、『講義』については、授業で説明不足になりがちな「勉強の仕方」の情報を「開講」と「補講」でふれている。特に読者は、必ず「開講」をまず読んでいただき、本書の利用の仕方を知ってもらいたい。

　共同執筆のため、表現その他について多少、行き違いがあるかもしれない。ただ、各執筆者には、編者からの要請で多くの修正をお願いした。また、編者の責任で加筆したところもある。編者の不行き届きで、誤りもあるかもしれな

い。記述ミスは、講義で訂正するほか、改訂版で修正していきたい。

　各執筆者には、貴重な研究時間を犠牲にして、教科書執筆に協力していただいた。編者のわがままな要請に応じ、原稿の再提出にも協力された。我々の学問的友情がなければ、この本は日の目を見なかったであろう。心より謝意を表する次第である。

　また北樹出版・登坂治彦社長には、多大なご苦労をおかけした。この本が、読みやすくなったのも、登坂氏の助言があればこそである。執筆者を代表して心より御礼申し上げたい。

　1996 年 12 月

編　　者

# 凡　例

1．　法令の略語は、基本的に有斐閣ポケット六法の法令名略語によった。ただし、分かりに
　　くい略語については、通称法令名で引用した。
2．　引用文献の略称は、次の通りである。
芦部・憲法Ⅰ、Ⅱ、Ⅲ………芦部信喜・憲法学Ⅰ、Ⅱ、Ⅲ増補版（有斐閣、1992・93・2000
　　　　　　　　　　　　　　　年）
芦部編・憲法Ⅱ、Ⅲ…………同上・憲法Ⅱ、Ⅲ（有斐閣、1978・81年）
芦部・憲法…………………同上・憲法〔第8版〕（岩波書店、2023年）
浦部・憲法…………………浦部法穂・憲法学教室〔第3版〕（日本評論社、2016年）
奥平・憲法Ⅲ………………奥平康弘・憲法Ⅲ（有斐閣、1993年）
加藤・憲法…………………加藤一彦・憲法〔第4版〕（法律文化社、2023年）
清宮・憲法Ⅰ………………清宮四郎・憲法Ⅰ〔第3版〕（有斐閣、1979年）
小林・講義上、下…………小林直樹・憲法講義上、下〔新版〕（東京大学出版会、1980・
　　　　　　　　　　　　　　81年）
佐藤功・概説………………佐藤功・日本国憲法概説〔全訂第5版〕（学陽書房、1996年）
佐藤功・コメ上、下………同上・憲法上、下・新版ポケット注釈全書（有斐閣、1983・84
　　　　　　　　　　　　　　年）
佐藤幸・憲法………………佐藤幸治・日本国憲法論〔第2版〕（成文堂、2020年）
杉原・憲法Ⅰ、Ⅱ…………杉原泰雄・憲法Ⅰ、Ⅱ（有斐閣、1987・89年）
芹沢ほか・新基本法コメ……芹沢斉・市川正人・阪口正二郎編・新基本法コンメンタール憲
　　　　　　　　　　　　　　法（日本評論社、2011年）
辻村・憲法…………………辻村みよ子・憲法〔第7版〕（日本評論社、2021年）
野中ほか・憲法Ⅰ、Ⅱ………野中俊彦＝中村睦男＝高橋和之＝高見勝利・憲法Ⅰ・Ⅱ〔第5
　　　　　　　　　　　　　　版〕（有斐閣、2012年）
長谷部・憲法………………長谷部恭男・憲法〔第8版〕（新世社、2022年）
樋口・憲法…………………樋口陽一・憲法〔第4版〕（勁草書房、2021年）
樋口・憲法Ⅰ………………同上・憲法Ⅰ（青林書院、1998年）
樋口ほか・注解憲法Ⅰ～Ⅳ…樋口陽一＝佐藤幸治＝中村睦男＝浦部法穂・注解法律学全集
　　　　　　　　　　　　　　憲法Ⅰ・Ⅱ・Ⅲ・Ⅳ（青林書院、1994・97・98・2004年）
法協・註解上、下…………法学協会編・註解日本国憲法上・下（有斐閣、1953・54年）
松井・憲法…………………松井茂記・日本国憲法〔第4版〕（有斐閣、2022年）
宮沢・憲法Ⅱ………………宮沢俊義・憲法Ⅱ〔新版〕（有斐閣、1971年）
宮沢・コメ…………………宮沢俊義＝芦部信喜補訂・全訂コンメンタール日本国憲法（日
　　　　　　　　　　　　　　本評論社、1978年）
3．　法律雑誌の引用は次の通りである。
　　　ジュリ……ジュリスト　　　法セ……法学セミナー　　　判時………判例時報
　　　判タ……判例タイムズ　　　法教………法学教室
4．　判例の引用はすべて西暦に統一した。たとえば最高裁判所昭和47年11月22日大法廷
　　判決、刑集26巻9号586頁の場合、最大判1972・11・22刑集26・9・586とした。

6

# 目　　次

第8講　**表現の自由 ②**

# 第11講　社　会　権　①　生存権と環境権

# 第15講　国　　会　①　国会と国民代表

# 第16講　国　　会　②　国会と選挙

# 第17講　国　　会 ③　国会と議院の権能

# 第24講　象徴天皇制

# 第25講　憲法改正

# 新7版／現代憲法入門講義

# 憲法の勉強の仕方

## 1 「学問に王道なし」──憲法の勉強の心構え

　憲法の勉強あるいは法律の勉強の仕方、といってもさほど独特な作法がある
わけではない。高等学校までの勉強の仕方と基本的には変わりがない。高校の
先生は、受験勉強の方法としてこんなことをいったに違いない。「繰り返し繰
り返し、同じ参考書を読んで、問題を解きなさい。最低でも３回、同じ問題を
解き、答えを暗記するのではなく、考え方をつかみ取りなさい。１回読んだだ
けで分からないからといって、別の参考書に手を出し、また分からないからと
いって、もう１冊買ってみる。これは最低の勉強法です」。

　これから諸君が始める憲法の勉強も同じである。この教科書を使って理解で
きるまで繰り返し、熟読していくことだ。本書を購入したからには、「元手」
をとるためにも、徹底的に本書を利用し尽くすに限る。

　本書の利用の仕方については後回しにするが、まず心構えとして、「コツコ
ツと勉強していく。一度読んで分からなくても当たり前。そのうち何とかなる
サ」ぐらいの心持ちをもっていればよい。「憲法を１年でマスターしてやる！」
などというのは過大な期待で、大きな誤解。時間をかけ、１つ１つ亀のように
進むしかない。「学問に王道なし」とはよくいったもので、１つのことが理解
できたとしてもその後すぐに難しい問題にぶつかる。それを解いたからといっ
て、「ハイ、おしまい」ではなく、また大きな問題に直面する。しかしぶつか
るたびに、諸君の頭は確実に賢くなっているのである。そうした「コツコツ」
とした努力が、勉強なのである。

# Ⅱ　勉強の道具立て

　法律の勉強には、教科書のほかにどうしても必要な道具がある。1つは、**六法全書**である。はじめて英語を学んだ中学1年のときを思い出して欲しい。先生から英和辞典が紹介され、入門者が読めるような辞典を諸君は購入したはずだ。法律の勉強で英和辞典に相当するのが、六法全書だ。もちろん六法全書は辞典ではないが、教科書とともに常に手元に置いておく。教科書で「憲法Ｘ条」と書いてあれば、必ずその条文を引いてみる。**六法全書なしに法律学は絶対に学ぶことはできない**。早速、書店に行って第1回目の授業に間に合うように購入して欲しい。

　では、どんな六法全書が良いのであろうか。各社それぞれ特色あるものを出しているが、学生のお小遣いで購入できそうなものというと、① **ポケット六法**（有斐閣）、② **デイリー六法**（三省堂）が代表的である。その他、判例付きの六法もある。これは学習には大変、便利であるが、定期試験のときに持ち込みが認められない場合がある。そこで①か②の六法の1つをまず用意し、判例付きの方は、図書館で利用すれば良いであろう。

　なお、時折、法律学は六法を暗記することと思い込んでいる人がいる。それはまったくの誤り。条文は勉強しているうちに、自然と頭に入っていくもの。暗記する時間があれば、文学書でも読んで自分の教養を高めた方がいい。

　次に必要なのは**判例集**である。憲法は103条しかない。六法全書中、わずか10頁分だ。しかし、憲法の勉強は、条文を覚えることではなく、その条文がどのような意味をもっているのかを探求することにある。これを憲法解釈というが、その際、重要なのは、学者の見解（学説）と並んで裁判所の見解（判例）を知ることである。もちろん、本書では重要な判例についてふれているが、より一層、深く調べることが憲法の学習には不可欠である。はっきりいって、**判例、特に最高裁判所の判例を知らなければ、憲法を勉強したことにはならない**。そこで裁判所の判例をまとめた勉強用の市販の判例集が必要となる。学生用憲

法判例集も多く出版されているが、① **長谷部恭男・石川健治・宍戸常寿編・別冊ジュリスト憲法判例百選Ⅰ、Ⅱ〔第7版〕**（有斐閣）、② **右崎正博・浦田一郎編・基本判例1憲法〔第3版〕**（法学書院）、③ **柏﨑敏義・加藤一彦編著・新憲法判例特選〔第3版〕**（敬文堂）が便利であろう。

　これらに加えて、現在ではインターネット上で様々な情報を収集することができる。現行法令を確認するには、**"法令データ提供システム"** で検索してみよう。総務省行政管理局が運営する「法令データ提供システム（http://law.e-gov.go.jp/cgi-bin/idxsearch.cgi）」が見つかる。そこでは法令名や法律用語で検索もできる。現行法令だけを掲載しているので、未施行のものは見つからないので注意しよう。法律を制定する国会のHPは、衆議院（http://www.shugiin.go.jp/index.nsf/html/index.htm）と参議院（http://www.sangiin.go.jp/）が別々にあり、法律の制定状況、憲法審査会の資料などを探すことができる。国会の議事録を調べるには、国立国会図書館が運営する「国会議事録検索システム（http://kokkai.ndl.go.jp/）が便利である。

　判例は、**"裁判所"** で検索すれば、「裁判所（http://www.courts.go.jp/）」が見つかり、最高裁判所と各地の裁判所のHPへリンクが簡単にでき、最新判決を知ることができる。

　行政の動きを見るには、**"官邸"** で検索すれば、「首相官邸ホームページ（http://www.kantei.go.jp/）に出会い、政策についての政府側の公式説明を知ることができるし、各官庁へのリンクも簡単にできる。

　各地方公共団体もHPを充実させているので、自分が住んでいる都道府県と市町村のHPも覗いてみよう（たとえば、東京都HPは、http://www.metro.tokyo.jp/である）。なお、条例については、鹿児島大学法文学部法政策学科が管理運営する「全国条例データベース（http://joreimaster.leh.kagoshima-u.ac.jp/）」がある。

　これら以外にも **"憲法"** とか、**"人権"** などの言葉で検索すればたくさんのHPが見つかる。ただし、**インターネットはあくまでも情報を提供したい人が自由に書き込みしているバーチャルな世界である。出版物に比べると信用度は**

格段に低い。誤った情報や古い情報を更新もせずに掲載している HP が多くある。そうした信用度の低い HP を利用してレポートを作成する（コピペ）学生がいるが、これは邪道である。複数の HP を読み比べ、出版物で再確認する手順を踏まえて、HP を利用した方がいいであろう。

　また、判例だけではなく、学説も知る必要が出てくる。その際、便利なのが、**コンメンタール**である。これは注釈書と訳されているが、コンメンタールは、憲法前文から 103 条まで条文ごとにその条文の意味が学説・判例をもとに詳細に記述されている。代表的なコンメンタールは、① 芹沢斉・市川正人・阪口正二郎編・新基本法コンメンタール憲法（日本評論社）、② 宮沢俊義・芦部信喜補訂・全訂日本国憲法（日本評論社）、③ 佐藤功・ポケット注釈全書〔新版〕憲法上・下（有斐閣）、④ 樋口陽一ほか・注解法律学全集・憲法 I 〜IV（青林書院）、⑤ 芦部信喜監修・注釈憲法(1)（有斐閣）、⑥ 長谷部恭男編・注釈日本国憲法(2)(3)（有斐閣）である。最初からコンメンタールまで買うのは大変であろう。当分は、図書館で利用すれば良いであろう。ただ、復習をしたり、将来、憲法をもっと勉強しようというのであれば、①か②は是非購入しておきたい。

　さらに**法律学の辞典**もあれば便利だ。法律用語は、どうも堅苦しく、「初めて見る日本語」という感じ。そこで普通の国語辞典を引いても、通り一遍のことしか書いていない。それもあまり正確ではない。そこで法律学の辞典の登場。私が愛用しているのは、① 金子宏ほか編・法律学小辞典〔第 5 版〕（有斐閣）、② 佐藤幸治ほか編集代表・コンサイス法律用語辞典（三省堂）、③ 内閣法制局法令用語研究会編・法律用語辞典〔第 4 版〕（有斐閣）、④ 竹内昭夫ほか編・新法律学辞典〔第 3 版〕（有斐閣）、⑤ 末川博/創始・新法学辞典（日本評論社）である。①か②は、法学部の学生なら当然もっていなければならない。

　これで道具はととのった。まとめていえば、真ん中に教科書、左側に六法と法律辞典、右側に判例集とコンメンタール。そして当然、ノートにペン。そんな調子で「いかにも法律を勉強している」という雰囲気が漂ってくるはずだ。

# Ⅲ 講義の利用法

本書を自分 1 人で読んで、ほぼ理解できる人はまれである。普通の能力の人は、講義に出席して、先生から直接様々な情報を受けとって知識を増やし、**法学的思考方法（リーガル・マインド）**を学び取らなければならない。問題は、どうしたら講義をうまく利用できるかである。それには次のような方法が考えられる。

まず、講義の始まる前の段階、つまり**予習**をすること。別に大変なことを要求しているのではない。講義の始まる前に、30 分ばかり時間を見つけて、これからやる場所を、電車の中で軽く読んでくればいい。「スー」と頭に入ってきたところは、理解できたところ。何いっているか分からないところは、理解できなかったところ。そこを事前にチェックしておいて、講義に出席すればいい。これだけで予習は十分であろう。

第 2 に、講義が始まってからの話。ここではやることが多い。私語などしている場合ではない。箇条書きに並べてみると、

① ノートをとること。

② 先生が条文をあげたときには、ただちにその場で六法を開き、当該条文を黙読すること。

③ 予習して理解してきたことが、正しいか確認すること。

④ 予習して理解できなかったところは、集中して聞くこと。

⑤ 聞いても分からなかった場所はどこか、また、どこまで分かり、どこから分からなくなったかを、メモしておくこと。

ところで 90〜100 分の講義は、教えている方も長いと感じるが、聞く方はもっと大変であろう。そこで予習をしておけば、是非聞きたいところだけに神経を集中させることができる。

話を元に戻そう。① ノートをとることが一番やっかいだ。別に口述筆記するわけではない。ここは大切だという点を自分なりに見つけ出し、それをメモ

すればいい。とはいっても、どこが大切なのか分からない。ヒントは、先生が何度も繰り返し説明したところ、さらには資料や黒板で説明したところ、その場所が「本日の目玉」と見て間違いない。その場所は、決してメモをとらないで聞き流してはならない。またノートは人に見せるものではないのだから、自己流で書いていけばいい。メモは大学ノートであろうとルーズ・リーフであろうと何でもかまわない。とにかく、後で自分が読み・使うとき便利なものであれば何でもいい。

　また⑤の作業も面倒だ。しかし紙に書いてみれば、どこが分からないかがはっきりする。講義中はそこまでで十分だ。

　第3に、講義の終わった後のことである。ただちに**復習**をすることが大切だ。記憶がはっきりしているその日のうちに、メモをもとに本物のノートを作っておく。教科書のほか、**Book Guide** 欄であげた参考書、先生が指示した文献を図書館で借り出し、自己流のノートを作成するのだ。自分で分からないところを調べ、それでも分からないときには、次回、先生に質問すればいい。講義中、「先生、質問！」といえればいいが、「先週のことを聞くのはどうも……」とか、「みんなの前では恥ずかしい」というのであれば、こうしたらどうであろうか。講義が始まるとき、教卓に質問メモをおいておくのだ。先生はこのメモに必ず答えてくれる。あるいは、講義が終わってから、教室で先生に質問しにいくのもいいだろう。先生は必ず教えてくれる。というのも、教師は自分が教えたことが学生に伝わっているか不安を感じており、そこで諸君の質問は教師の自己反省の材料にもなる。きっと、質問をした君をほめてくれるはずだ。

　また、研究室におじゃまして質問することもできる。ただ、研究室は教授の勉強部屋だから、事前にアポをとってからにしよう。突然訪れるのは、無礼だし、こちらも迷惑である。

　最後に1つ。講義に真面目に出ると、大きなメリットがある。それは単位認定試験で「山」をかけやすくなるという点である。不思議なもので、私自身、「フル出場」の講義は、たいして勉強していなくても「山」が当たり、「優」の評価をいただいた。もちろん「山」だけではなく、目（教科書）と耳（講義）か

ら入った２つの情報の成果ともいえるが、いずれにせよ、講義を真面目に出るにこしたことはない。

## Ⅳ　本書の利用の仕方

まず、（　レジュメ　）に目を通して欲しい。そこでは本文に記述されている内容が、コンパクトに記載されている。「ここではこれを勉強します」という案内板である。おそらく初めて見る法律用語などが散見されるであろうが、詳しくは本文で解説しているから、心配しなくても良い。

いよいよ本文である。１回通読しよう。分からなくてもかまわない。アウトラインを押さえればいいのだ。ここまでが予習の仕事。

次に講義中、先生が「何頁ではこう書いてある」といったら、すぐにそこをあけ、ちょっとのぞいてみる。ついでにその頁にチェックしておこう。講義中は、教科書を読む時間などなく、黒板、資料、ノートに目がいっている。したがって第２回目の読書は復習で行う。

復習では、ゆっくり読んでみよう。講義中メモしたノートを参考にしながら、本書を熟読し、自己流のノートを作ればいい。これで大半の仕事が、終了したことになる。

次に自分の知識の確認である。文末に【チェックポイント】がある。そこにはごく簡単な問題がある。自分で解いてみよう。答えは本文にある。答えが合っていれば、第１段階突破である。間違っていれば、もう一度振り出しに戻り、熟読してみよう。

第２段階は、本文中、太字で印刷されている文字を探し出し、この意味を頭の中で定義づけてみよう。そしてそれをノートに文章化してみる。うまく文章にできなかったら、知識が自分のものになっていないという証拠だ。別に本書と一字一句同じに書く必要はない。専門用語が一致していること、講義で加えられた説明が生かされていること、それに日本語になっていることが重要である。書くことによって、知識は確実になる。「確実な知識以外、役に立たない」

と肝に銘ずること。

第3段階は、もう一度、（レジュメ）を見て、そこに書いてあることが理解できているか再確認してみよう。おそらく、最初読んだときとは違って、難しい法律用語や学説・判例の名前などはきちんと頭に入っているはずだ。

「結構、大変だな」と思うかもしれないけれど、私の学生時代の経験によると、90分授業の復習は90分はかかる。やはり「コツコツ」やるしかない。その努力は絶対に報われる。

最後に試験対策。基本は教科書とノートだ。**授業に出ず、友人のノートを借りてコピーで勉強している学生を多く見る。しかしこれは勉強ではない。**他人のノートは、持ち主でなければ分からないようにできている。他人のノートのコピーは「安心料」でしかない。自分で教科書を熟読し、自分で理解したことを文字にしてノートに記録しておく。小学生以来やっている勉強法が、ここでも最大の効果を発揮する。

試験にあたっては、しっかりとした日本語で書くこと。大学の試験は、ほとんどが論述式である。その場合、「何をこの試験問題は問題としているのか」をまず見極め、解答用紙の隅っこに、メモをしておく。そして**起承転結に留意しながら、骨太の答案を書いてゆくのだ。**そして絶対に書き忘れてはならないのは、その問題に関する学説と判例である。**学説と判例に言及していない答案は、見るも無惨な結果を引き起こす（落第！）。**

ときどきこういうことをいう学生がいる。「頭では分かっているのですが、どうもうまく書けなかったのです……」。

私はこう答えることにしている。「頭の中で分かっているつもりでも、文章で伝えられなければ意味がない。こちらは君の頭の中は見えない。頭の中の知識を文字で伝えなければ、こちらには届かない。文章が書けないのは、国語力がないというよりも、本当は理解していないからだ」。

身に覚えがある人は、もう一度、教科書を熟読することから始めてみよう。では、これから一緒に憲法の勉強に入るとしよう。

# 第1講 憲法とはそもそも何か

I 憲法概念

  1 憲法の意味……憲法：国家の基本的ルールを定めたもの

    ・固有の意味における憲法：国家の基本的な組織・作用を定める法規範

             ＊国家であれば憲法は必ずある

    ・近代的意味における憲法：近代立憲主義的憲法だけを指す

             ＊フランス人権宣言 16 条

    ・形式的意味における憲法：「憲法」という法典

    ・実質的意味における憲法：国家の根本的な組織・作用を定める法規範

  2 憲法規範の特質

    ・憲法の特質：① 授権規範　② 制限規範　③ 最高規範

II 憲法の伝統的な分類

  1 法形式による分類……成文憲法、不文憲法

  2 憲法制定手続・制定者による分類……① 欽定憲法　② 民定憲法

                            ③ 協約憲法　④ 連邦憲法

  3 憲法改正手続による分類……硬性憲法、軟性憲法

           ＊この分類は、形式的に憲法改正手続の難易度

             による

III 憲法の現代的分類

    ① 資本主義体制と社会主義体制による分類

    ② 政党制による分類：1 党独裁制か競争力ある複数政党制か

    ③ 中央権力の強弱による分類：中央集権的か地方分散的か

    ④ 自由な制度の確立度合いによる分類：自由な制度が保障されてい

                  るか、権威主義的な制度か

## I 憲法概念

### *1* 憲法の意味 ●━━━━━━━━━━━━━━●

#### （1） 固有の意味における憲法と近代的意味における憲法

　憲法という言葉は、何か重要なルールを定めているという語感がある。たとえば「わが校の憲法とは何か」あるいは「わが社の憲法をいえ」と聞かれれば、何か大切な約束事が問われているのだと、考えるであろう。「わが校の法律とは何か」とは普通、聞かれはしない。

　このように「憲法」という日本語は、語感として重要な決まり事をいい表している。本来、「憲」の文字には、「一番もとになる法」という意味がある。そこで憲法とは、この国で基本的なルールを定めているものだ、ということは何となく理解できるであろう。

　たしかに憲法は、一国の政治秩序を規律する根本法である。その意味では、どんな時代にも、どんな国でも憲法はある。こういう場合に使われる憲法概念を**固有の意味における憲法**という。つまり固有の意味における憲法とは、国家の基本的な組織・作用を定める法規範を意味する。

　これに対して、近代立憲主義の精神に立脚して制定された憲法を**近代的意味における憲法**という。この意味で使う憲法は、ヨーロッパの近代市民革命以降、国家の政治権力を制限し、人権を国家に先立つものとして確認した憲法のことを指す。具体的にいえば、1789 年のフランス人権宣言 16 条は、「権利の保障が確保されず、権力の分立が定められていないすべての社会は、憲法をもたない」と規定しているが、近代的意味における憲法とは、憲法に**人権保障**と**権力分立**が明記されているものだけを憲法に値すると見る。したがって、この意味で使う憲法は、国家の基本的な組織・作用を定めたものだけをいうのではなく、その内容が特定の価値、つまり近代立憲主義的な内実をもったものをいう。

　もっとも、近代革命以降制定されたドイツのプロイセン憲法や大日本帝国憲

法は、「憲法」の名称をもっているが、これらの憲法はフランス人権宣言 16 条の主旨と随分かけ離れた憲法であった。そのような外観だけ近代憲法をまねた憲法を**外見的立憲主義的憲法**という。

### （2） 形式的意味における憲法と実質的意味における憲法

　**形式的意味における憲法**とは、憲法典という法形式で制定されている憲法をいう。「憲法」という法典は、18 世紀末に初めて生まれた。1776 年以降、アメリカの諸州で制定された憲法が最初の憲法である（ヴァージニア憲法が代表的である）。つまりこれ以前には、憲法という法典を人類はまだもっていなかった。形式的意味における憲法という概念は、「憲法」という名称の法典を人類がつくることによって初めて生まれたのである。

　一般に「憲法」という法典で規定している内容は、すべて国家の基本法の中身を伴っている。ただときには、「憲法」で規定されている内容が、国家の基本法の内実を定めていない場合もある。これはごく例外的に見られる。旧スイス憲法（1874 年）25 条の 2 では「出血前に麻痺せしめずに動物を殺すことは、一切の屠殺方法および一切の種類の家畜についてこれを禁ずる」と定めるが、この規定は何ら国家の基本的なあり方を定めてはいない。もっともこの動物愛護規定は、当時のスイスでユダヤ教徒の儀式を禁止する意味があり、その点、この規定がまったく、国家の基本法の内実を定めていないとはいいきれない（樋口・憲法・6 頁）。

　他方、**実質的意味における憲法**の概念がある。これは、憲法典という形式で制定されているか否かにかかわらず、国家の根本的な組織・作用を定める法規範一般をいう。したがって、この実質的意味における憲法は、先に述べた固有の意味の憲法と同じである。

　イギリスには統一的な憲法典がなく、議会制定法、憲法上の慣習や判例の集積から憲法が成り立っている。したがってイギリスには形式的意味における憲法は存在しないが、実質的意味における憲法だけがあるといえる。

## *2* 憲法規範の特質　●━━━━━━━━━━━━━━━━━━━●

　一国の法体系は、法の段階構造・ピラミッド構造をもつ。そのため憲法規範には、次の３つの重要な特質がある。**① 授権規範としての憲法**。**② 制限規範としての憲法**。**③ 最高規範としての憲法**である（清宮・憲法Ⅰ・17 頁以下参照）。

　授権規範としての憲法とは、憲法は自らの力で別の法規範をつくり出す能力があるという意味である。憲法と法律との関係でいえば、憲法は、法律という憲法より下位の法規範を定立する力を内包している。ただ、法律で多様なことを定めても良いと憲法が認めても、憲法が意図していない点まで法律に授権してはならない。法律によって憲法が侵害されるからである。この作用が制限規範としての憲法である。つまり、憲法が法律に一定事項を授権しても、それは「憲法の枠内で」という意味であり、これを超えた法律の定立は許されない。

　憲法が、授権規範、制限規範の特質をもつとなれば、論理的に憲法の位置は、最高ということである。これが最高規範としての憲法の意味である。つまり憲法は、すべての法規の頂点に立ち、憲法以下の法規をすべて憲法の枠組みで厳重に拘束しているのである。現憲法は、明示的に憲法の最高法規性を定めている（98 条）が、特に注意すべきは「この憲法は……」と規定し、指示代名詞でこの日本国憲法が、ピラミッドの頂点に立つことを確認している点である。この意味は、この日本国憲法を超える法の存在を否定しており、同時に、為政者に 99 条に基づきこの憲法への擁護義務を課していることである。

## Ⅱ　憲法の伝統的な分類

　憲法は、次にあげるようないろいろな基準によって、分類される。これらは形式的な分類基準であり、伝統的な憲法の分類法である。

## *1* 法形式による分類　●━━━━━━━━━━━━━━━━━●

**成文憲法**とは、憲法が成文化され、憲法典の形式をもっているものをいう。

先に述べた、形式的意味における憲法のことである。これに対して、**不文憲法**とは、国家の基本的な組織・作用に関する規定が、成文化されておらず、慣習や判例の蓄積という形で存在するものをいう。日本国憲法は、六法を見れば分かるように、「日本国憲法」という1つの法典の形式で制定されている。したがって、日本国憲法は成文憲法である。不文憲法の例としては、イギリス憲法がある。イギリスは、統一的な憲法典をもたない。ただし、憲法上の重要性をもった多くの議会制定法があることに留意すべきである（1689年の権利章典、1701年の王位継承法など）。

### *2* 憲法制定手続・制定者による分類 ●━━━━━━━━━●

この分類は、憲法が誰によって制定されているかに着眼して、憲法を分類する方式である。憲法制定者の主体に応じて、次の4つに区別できる。

① **欽定憲法**とは、君主主権の思想に基づいて君主が制定するものをいう。1814年のフランス憲法が最初の例であり、大日本帝国憲法もこの中に入る。

② **民定憲法**とは、国民主権の思想に基づいて、国民によって直接、または国民が選出する議会・憲法制定議会によって制定されたものをいう。日本国憲法がその例である。

③ **協約憲法**とは、欽定憲法と民定憲法の中間的なもので、君主国において、君主が国民代表組織体との契約という形式で制定されたものをいう。1830年のフランス憲法が代表例である。

④ **連邦憲法**とは、国家が連邦を形成するにあたって、その諸国家の合意によって制定されたものをいう。アメリカ合衆国憲法が代表例である。

なお、日本国憲法は、形式的には大日本帝国憲法の改正として成立しているので、この点に着目すれば欽定憲法といえなくもないが、前文の「日本国民は……ここに主権が国民に存することを宣言し、この憲法を確定する」と規定されている点からして、民定憲法に分類できる（憲法制定過程については、第2講参照）。

### *3* 憲法改正手続による分類 •————————————————•

　この分類は、憲法の改正が、通常の法律の改廃手続に比べて、手続上、困難にされているかどうかという点に着眼して区分する方式である。

　通常の法律改正よりも厳重な手続を必要とするものを**硬性憲法**という。これに対して、通常の法律改正と同じ手続で憲法も改正できる手続を定めたものを**軟性憲法**という。

　この分類は、あくまでも改正手続を問題としているだけであって、実際に憲法改正が、政治的に困難であるかどうかといった実体的な視点で分類がなされるのではない。たとえば、日本国憲法はいまだ改正されていないから硬性憲法であると考えられるのではない。憲法 96 条の改正手続が、憲法 59 条で定める通常の法律の改正手続よりも形式的に難しいので、硬性憲法に分類されるのである。1848 年のイタリア憲法は改正手続について定めておらず、通常の立法手続で改正できると考えられていたので、軟性憲法に分類される。イギリスの憲法も、通常の議会制定法による改廃が可能であるので、同じく軟性憲法であると見ることもできる。

## Ⅲ　憲法の現代的分類

　以上あげた憲法の伝統的分類をもとにすると、日本国憲法は、成文憲法であり、民定憲法であり、硬性憲法ということになる。しかしそのような分類をしても、日本国憲法の特色は出てこない。200 近い国家がある中で、そのような憲法をもつ国家は、極めて多数にのぼるであろう。そこで憲法の内実に着眼して、憲法を分類し、それぞれをグループに分けて比較検討することで、ある国の憲法の特色をつかみ出す場合がある。

　憲法の実態に着眼した分類をここでは「憲法の現代的分類」というが、この分類方法は、学問的にまだ確立していない。どういう視点で分類するか例をあげると、次のような 4 つの視点が考えられる。

① 資本主義体制と社会主義体制による分類。

② 政党制による分類。一党独裁制か競争力ある複数政党制か。

③ 中央権力の強弱による分類。中央集権的か地方分権的か。

④ 自由な制度の確立度合いによる分類、自由な制度が保障されているか、権威主義的な制度か。

　この分類は、伝統的な分類方法のように憲法典の形式ではなく、憲法政治が各国でどのように運営されているかを問題にする。だが同時に、どのように憲法が運営されているかを問題にするだけに、各国の憲法のあり方（憲政）を分類する側の主観的見解が反映され、そのため客観性は保たれないという欠点がある。

　しかし、それぞれの国の憲法を以上4つの場面に分け、その中でたとえば日本国憲法はどこに位置するのか、またそこに所属したとしても、どの点である国の憲法とは異質なのかを見極め、これによって日本の憲法のあり様を浮き彫りにすることが、この現代的分類の効能である。これを専門とするのが比較憲法という学問分野である。

┌─【チェック・ポイント】────────────────┐

・憲法の特質を3つあげなさい。

・成文憲法と不文憲法の違いを説明しなさい。

・日本国憲法は、硬性憲法か軟性憲法か。それはなぜか。

└────────────────────────────┘

**Book Guide**

樋口陽一『比較のなかの日本国憲法』（岩波新書、1979年）

樋口陽一『自由と国家』（岩波新書、1989年）

樋口陽一『比較憲法』〔全訂第3版〕（青林書院、1992年）

森英樹『きみたちは主権者だ』〔新版〕（岩波ジュニア新書、1997年）

ジョン・ロック（加藤節訳）『完訳 統治二論』（岩波文庫、2010年）

初宿正典・辻村みよ子『新解説世界憲法集』〔第5版〕（三省堂、2020年）

# 第2講 日本憲法史と日本国憲法の3大原則

レジュメ

I 大日本帝国憲法（明治憲法）の制定とその特質
 1 大日本帝国憲法の制定
   「上から」の近代化と外見的立憲主義
 2 大日本帝国憲法の特質……万世一系の天皇による統治
   権力分立……天皇＝統治権の総攬者、帝国議会＝天皇の立法権に協
           賛、大臣＝天皇を輔弼、裁判所＝行政裁判所と出訴事
           項の制限列記
   権利の保障……「臣民」の権利、法律の留保、精神的自由・身体の自
           由の弾圧、国家神道、男女間の不平等
 3 大日本帝国憲法の運用
   大正デモクラシー期……男子普通選挙の導入、政党内閣制
   軍部の台頭……統帥権干犯問題、思想統制、戦時体制
II 日本国憲法の制定とその基本原理
 1 敗戦と新憲法の制定
   ポツダム宣言の受諾、8月革命説、憲法制定作業＝「国体」の護持と
   国民主権
 2 日本国憲法の3大原則
   神権天皇制から国民主権へ……国民主権、象徴天皇制
   権力分立……国会＝国権の最高機関、内閣＝国会への連帯責任裁
           判所＝違憲立法審査権、地方自治の保障
   平和主義……戦争の放棄と戦力の不保持
   基本的人権の保障……「臣民の権利」から「永久不可侵の権利」へ

37

# ① 大日本帝国憲法（明治憲法）の制定とその特質

## *1* 大日本帝国憲法の制定 ●————————————●

　日本における立憲主義の歴史は、1890年に施行された**大日本帝国憲法**（**明治憲法**という）に遡る。明治憲法は、近代立憲主義の特色である権力分立、権利の保障などを規定する。しかし、こうした近代的・民主的原則は外見的なものにすぎなかった。憲法の基礎にあったのは前近代的、神権主義的な色彩が濃厚な君主主権原理であり、権力分立や権利の保障は様々な限界を有し、限られた範囲でのみ認められていた。まさに**外見的立憲主義**というにふさわしい憲法であった。

　明治維新当時、いち早く近代化・資本主義化を進めてきた欧米諸国の優位はすでに明らかであった。欧米列強は植民地化を進め、日本もこれら列強との間で不平等な条約（関税の自主的決定権や外国人の裁判権がないなど）の締結を強いられていた。近代化・資本主義化と不平等条約の改正は急務であった。そのためには欧米型の近代的法制度の整備が、特にその基礎となる憲法の制定が不可欠である。一方、国内においても、自由民権運動が高揚し、憲法制定・国会開設を求める声が高まっていた。こうした状況の下、日本の近代化、そして憲法の制定は国家主導により「上から」進められることになる。

　西欧の近代化・資本主義化は市民階級が旧来の特権階級や制度を打破するという形で「下から」進められた。国民主権、権力分立、人権の保障などはそうして確立された。これに対して日本では、下からの要求を抑えつつ、早急に近代化・資本主義化を進めるため、国家による**「上から」の近代化**という道が選択された。その帰結である明治憲法が、近代的外観を有しながらも、前近代的・反民主的要素を色濃くもつのは当然のことであった。

　明治維新以降、憲法制定作業は、天皇の「立憲政体の詔」を受け、新たに設立された元老院で行われた。しかし、欧米諸国の憲法を参照し立憲君主制に基

づいた元老院作成の「国憲按」は、結局受け入れられなかった。1881年10月、政府は国会開設の勅諭を通じ、民選議会の開設と憲法の制定を宣言した。これは、自由民権運動や国会開設要求の昂揚を受けたものであったが、危機感を抱いた政府が、急進的な主張を抑え憲法制定の主導権を握ることを意図したという面もある。

1882年、憲法調査のため、伊藤博文がヨーロッパに派遣された。伊藤はこの調査を通じ、特に君主の権限が強いドイツ系の憲法に学び、グナイスト、モッセ、シュタインら、著名な学者から助言を得た。帰国後、井上毅、伊東巳代治、金子堅太郎とともに伊藤により起草された憲法草案は、新たに設けられた枢密院の審議を経た後、1889年天皇により発布され、翌年施行された。こうして制定された大日本帝国憲法は、範となったドイツ・プロイセンなどの憲法以上に君主（天皇）の権限が強力で、前近代的色合いの強い憲法であった。

## *2* 大日本帝国憲法の特質 ●━━━━━━━━━━━━━━●

「大日本帝国ハ万世一系ノ天皇之ヲ統治ス」。大日本帝国憲法1条はこう規定する。この条文は、単に世襲の君主制を定めたものではない。「国家統治ノ大権ハ朕カ之ヲ祖宗ニ承ケテ之ヲ子孫ニ伝フ」（上諭）との規定からもうかがわれるように、日本を建国した神の子孫である天皇の統治は永久不変だというのである。こうした前近代的な**神権天皇制**が基本原理である以上、権力分立や権利の保障など近代立憲主義的原理は外見的なものにとどまらざるを得ない。

天皇は「国ノ元首ニシテ統治権ヲ総攬」（4条）する。形式上統治権は、立法・行政・司法の三権に分けられ、帝国議会・大臣（内閣）・裁判所がそれぞれを担当するものとされていた。しかし、統治権の主体は4条に見られるようにあくまで天皇である。権力分立は形式的なものにすぎない。

立法権は、**帝国議会**の「協賛」を得て天皇が行使する（5条）。もちろん、「協賛」機関とはいえ、法律や予算は実際には議会の同意なしには成立しない。しかしながら、議会の権限は皇位の継承など皇室に関する事項、軍の指揮や宣戦・講和などには及ばない。また天皇は本来法律で定めるべき事項について議

会の同意なしに命令を発することができる (8条)。議会の構成や選挙方法にも大きな問題があった。帝国議会は**貴族院・衆議院**から構成され両院の権限はほぼ対等であったが、貴族院は皇族・華族・勅任議員からなり、国民によって選ばれてはいなかった。国民が選挙する衆議院についても、1889年の衆議院議員選挙法が選挙権者を25歳以上の男子で直接国税15円以上のものに限っていたため、当初の有権者は人口の1%強にすぎなかった。

　行政権は、天皇が大臣の**輔弼**（補佐・助言）を得て行使する。55条1項は、「国務各大臣ハ天皇ヲ輔弼シ其ノ責ニ任ス」とのみ規定し、憲法自体は内閣について言及していない。内閣制度は、内閣官制（勅令）によって定められた。欧米の立憲君主制の場合、君主は内閣の助言に従い行動する。行政権行使の責任は助言を行った内閣が議会に対し負うことになる。しかし、55条1項の大臣の責任は天皇に対するものと解されていた。その結果、内閣は議会の党派構成に左右されるべきではないとされ、議会の信任なく組織された（**超然内閣制**）。加えて、「輔弼」には重大な例外があった。統帥権（軍の指揮権）である (11条)。統帥権は天皇の大権として内閣や議会の統制外におかれ、軍のトップが直接天皇に上奏するものとされていた（**統帥権の独立**）。

　司法権は、「天皇ノ名ニ於テ」裁判所が行使する (57条)。58条は裁判官の身分保障を定め、司法権の独立は一応認められているように見える。しかし実際には、任官・昇進などにつき司法大臣が大きな権限を有しており、行政府に対する独立は極めて不十分であった。また、行政裁判が通常の司法裁判所の管轄外とされていたことも問題である。司法裁判所が扱うのは民事・刑事のみとされ、行政事件は別に設けられた**行政裁判所**が所管した。行政裁判所については出訴事項の**制限列記主義**がとられていた。行政庁の違法処分により権利を侵害されても、行政裁判所に対しては、法令が特に認めた事項についてしか救済を求めることができなかった。国民の権利保護よりも行政の自律性・特権が優先されていたのである。

　権利の保障も、権力分立と同様極めて外見的であった。近代立憲主義では、人権は人であれば当然に有する「生来の権利」、国家権力によっては奪い得な

い「不可侵の権利」と理解されてきた。明治憲法が保障するのは、これとは異なり**臣民の権利**にすぎない。憲法草案の審議に際し、当時の文相・森有礼は、臣民は天皇に対し責任を有するのみで権利を有しないといい、「権利」の語を「分際」に改めることを提案した。森の提案は結局容れられなかった。しかし権利保障の実態を見ると、明治憲法が保障する「権利」は「人権」とはほど遠く、君主により恩恵的に与えられたものといえる。

　第2章が保障する「臣民の権利」は**法律の留保**を伴っている。いずれの権利も不可侵の人権ではなく「法律ノ範囲内ニ於テ」認められたものにすぎず、法律によって自由に制限することが可能であった。「法律の留保」の原則は19世紀の欧州の憲法にも見られ、国民代表機関が制定する法律によらなければ権利・自由は制限できないという積極的意義も有する。しかし、明治憲法下の法律の留保は、法律による広汎かつ深刻な権利・自由の侵害をもたらした。

　特に、「国体（天皇制）の変革」や「私有財産の否認」を目指す結社の取り締まりを目的として1925年に制定された**治安維持法**は、思想・表現などの精神活動、さらには人身の自由といった人間にとって最も本質的な権利を制限する根拠として用いられた。1933年治安維持法違反容疑で逮捕された作家・小林多喜二は、警察による拷問の結果、逮捕後わずか半日足らずで虐殺された。多くの社会主義者・自由主義者が劣悪な環境の中で獄中生活を強いられた。治安維持法のほかにも、政治結社や集会の規制（治安警察法）、検閲・発禁処分（出版法、新聞紙法など）が幅広く行われた。

　精神活動の規制はこれにとどまらない。憲法は信教の自由を保障していたが、神権天皇制の精神的支柱であった神道の信仰は「臣民タルノ義務」（28条）であった。神道は国教のごとく扱われ（**国家神道**）、神社や神官には半ば公的な地位が与えられた。国民は、神道のみならず、神の子孫である天皇に対する崇敬も強制された。たとえば、学校で儀式が行われる際には、「君が代」の斉唱、**教育勅語**の奉読と並び、天皇・皇后の「御真影」に対する最敬礼が行われた。

　男女間の不平等についても触れておく必要があろう。明治憲法にはそもそも法の下の平等の規定が置かれていなかった。その下で、女性の権利は大きく制

限されていた。明治憲法下では女性には一貫して参政権が否認されていた。民法上も、妻は基本的に無能力者として扱われており、多くの行為に夫の許可が必要であった。刑法においても、妻の不貞は**姦通罪**として処罰の対象となったが、夫の場合は原則として処罰されなかった。

### *3* 大日本帝国憲法の運用 ●━━━━━━━━━━━━━━━━━●

大日本帝国憲法は以上のように非民主的・前近代的要素をその本質としていた。しかし、近代的・民主的契機も外見的なものとはいえ有しており、限界はあるものの自由主義的な機能の余地も皆無ではなかった。そうした可能性が垣間見えたのが政党内閣制、男子普通選挙の導入などが行われた大正から昭和初期にかけてのいわゆる「**大正デモクラシー**」の時代である。

先に述べたとおり、明治憲法下の当初の内閣は議会の信任や党派構成とは無関係の超然内閣制であった。衆議院では「民党」と呼ばれた野党が多数を占めたにもかかわらず、内閣は藩閥官僚を中心に構成された。しかし、1918年、大正デモクラシー運動の高まりの中、政友会の原敬を首班とする内閣が誕生した。以降、一時の中断をはさみ、1932年に至るまで衆議院の多数党が内閣を形成する慣行が続いた（**政党内閣制**）。政党内閣制は、内閣は議会の信任の上に成立し議会に対し責任を負うという議院内閣制本来の形で憲法が機能しうる可能性を示すものであった。また、1925年には男子**普通選挙**が導入された。すでに選挙権取得に要する納税額は徐々に引き下げられ有権者の範囲は拡大していたが、普通選挙導入により25歳以上のすべての男子に選挙権が認められたのである。もっとも、同じ25年、労働者や農民の代表が議会に進出することを警戒して治安維持法が制定されている点には注意を要する。

しかしながら、明治憲法のこうした「自由主義的」運用の時期は長続きしなかった。軍部の台頭により、ようやくほの見えた自由主義的側面は押しつぶされてゆく。満州事変の前年、1930年の**統帥権干犯**問題は軍部の台頭を象徴する事件であった。すでに述べたように、軍の指揮権と直結する統帥事項（11条）は、大臣の輔弼が及ばぬ天皇大権に属する事項とされていた。一方、軍の編制

や予算など（12 条、軍政事項）は大臣の輔弼の対象であり、間接的ながら議会の統制も及ぶとするのが有力な見解であった。1930 年、浜口内閣はこうした見解に基づき海軍軍縮条約を締結した。しかし、締結後、軍を中心に条約締結は統帥権の侵害であるとの批判がわき上がった。結局、兵力量についても軍の同意が必要であることが確認され、内閣・議会の統制が及ばぬ統帥権の範囲は以降拡大の一途をたどった。

　統帥権の独立とともに軍の独走を容易にしたのが、**現役武官大臣制**である。憲法に明示されていたわけではないが、1900 年以降、歴代の陸海軍大臣には現役の大将・中将があてられてきた。この現役武官大臣制の下で、軍はときに大臣を出さなかったり、引き上げを強行した。その結果、組閣が不可能となったり、内閣が総辞職に追い込まれたりした。議会ではなく軍の意向で内閣の存立が左右されるというのは、議会制の論理からすれば異例のことである。

　こうして、日本は戦争への道を突き進んでいった。軍の台頭・戦時体制の準備とともに、人権の弾圧も強化されていった。1933 年、政府は京大教授・滝川幸辰の学説を危険思想と決めつけ、教授会を無視して休職処分とした（**滝川事件**）。1935 年には、憲法学者・美濃部達吉の著書が発禁処分となった（**天皇機関説事件**）。統治権の保持者は国家であり、天皇もその 1 機関（ただし最高機関）にすぎないとする美濃部の説は、明治憲法の自由主義的解釈を代表するものであった。その弾圧は時代を象徴している。翌 36 年には、軍部によるクーデター、2・26 事件が勃発した。学問の自由以外にも、国家による思想統制は一層強化されていった。さらに、1938 年の国家総動員法により日本の戦時体制はほぼ完成する。戦争遂行に必要な人的物的資源の総動員を国家に認めるとともに、その権限を勅令（天皇の命令）に白紙委任した同法により、議会制は崩壊の道を歩んでいった。明治憲法体制の結末は、侵略戦争と日本の敗戦であった。沖縄戦や広島・長崎への原爆投下に象徴されるように、国内の人的物的被害は甚大であった。さらに、侵略戦争により日本がアジア諸国等に及ぼした被害はそれ以上に大きかった。

## Ⅱ 日本国憲法の制定とその基本原理

### *1* 敗戦と新憲法の制定 ●━━━━━━━━━━━━●

1945 年 8 月 14 日、日本は**ポツダム宣言**を受諾し、連合国側に無条件降伏した。ポツダム宣言は、日本の武装解除、戦争犯罪人の処罰と並び、民主主義・基本的人権の保障の確立を求めていた。明治憲法の基本原理とは大きく異なる内容である。神権天皇制を基礎とした明治憲法の全面改正は不可避であった。

憲法学者・宮沢俊義は、翌 1946 年、ポツダム宣言の受諾により憲法上の「革命」がなされたと評した。45 年 8 月 10 日に日本政府は「国体」の護持を条件に連合国に対しポツダム宣言受諾を申し入れたが、連合国側は日本の最終の政治形態はポツダム宣言に従い「日本国民ノ自由ニ表明スル意思」により決せられると回答した。これは、従来の神権主義とは相容れない国民主権主義を意味している。それゆえ、ポツダム宣言の受諾により国民主権主義が政治の新たな根本建前となり、この根本建前（国民主権）と抵触する限度で明治憲法は変革されたというのである（**8 月革命説**）。

8 月革命説は、神権天皇制に立つ明治憲法の改正手続によりなぜ国民主権に立脚した日本国憲法が成立し得たのか（経緯は後述）を巧みに説明する。しかし、8 月革命の成就を認め得るとしても、それはあくまで「法的」な理論上の革命にすぎなかった。現実に目を転ずるならば、戦争責任を負うべき戦前の指導者の少なからぬ部分が敗戦後もなお権力の中枢にとどまっていた。内務大臣・山崎巌が、天皇制廃止を主張するものはすべて共産主義者とみなし治安維持法により逮捕すると述べたのは、敗戦後 2 カ月近くが経った 10 月 3 日のことである。当時の日本の指導者の多くにとって、「国体」はなお不変であった。

日本占領軍の最高責任者、連合国軍最高司令官マッカーサーの憲法改正の示唆を受け、45 年 10 月 25 日、政府は閣議了承により松本烝治を委員長とする憲法問題調査委員会を設置した。12 月 8 日、松本委員長は帝国議会で、憲法

改正の指針を公にした（松本4原則）。それは、①天皇が統治権を総攬するとの原則の維持、②議会の権限拡大、③大臣の対議会責任、④権利自由の拡大と救済手段の完備、を内容としていた。

　翌46年2月1日、憲法問題調査委員会の憲法試案が毎日新聞によりスクープされた。試案は、明治憲法を部分的に手直ししたものにすぎなかった。これに対して連合国軍最高司令官総司令部（General Headquarters, GHQ）は、日本側に政府の憲法案の提出を求めるとともに、独自の憲法草案の作成に着手した。GHQ による起草作業は、最高司令官マッカーサーが示した方針（「マッカーサー3原則」）に基づき、2月4日にスタートした。

　2月8日、松本4原則に基づく憲法改正要綱がGHQに提出された。GHQは、2月13日、要綱を拒否し、逆に総司令部側の憲法草案を提示して、この案を最大限尊重して新たな草案を作成するよう日本側に要求した。この「総司令部案」は、人民主権、象徴天皇制、戦争放棄、基本的人権の保障など現行日本国憲法の原型となる（あるいは部分的には日本国憲法をも超える）内容を含んでいた。日本政府は「国体」を護持したいという意図もあり、「総司令部案」を基本的に受け入れることになる。

　日本側はこれを持ち帰り、再度草案を作成した（「3月2日案」）。しかしそれは、「人民の主権意思」を「日本国民至高の総意」と改めたことに象徴されるように、天皇主権から国民（人民）主権への原理的転換をできるだけ曖昧にしようとしたものであった。GHQ は当然これに難色を示し、日本側と折衝が行われた。こうして、3月6日、「憲法改正草案要綱」が発表された。「国民至高の総意」などは、なお修正されないままであった。

　新憲法は、「憲法改正草案要綱」の名が示すように形式上は明治憲法の改正手続により制定されることとなった。しかし、内容的には明治憲法とはまったく異なる文字通りの新憲法の制定であった。草案は、明治憲法73条の改正手続に従い、枢密院、衆議院（46年4月、日本で初めての男女平等の普通選挙により選出された）、貴族院の審議を経て、「国民主権」、9条、人権条項など一部を修正した上、10月7日の衆議院で可決・成立した。日本国憲法は、11月3日に公

布され、翌 47 年 5 月 3 日から施行された。

## *2* 日本国憲法の 3 大原則 ●━━━━━━━━━━━━━━●

　神権天皇制を基礎とし外見的立憲主義を特色としていた明治憲法とは異なり、日本国憲法は、近・現代の立憲主義や戦前の苦い経験を踏まえ、① 国民主権、② 平和主義、③ 基本的人権の保障を基本原理とする。

　①　**国民主権**　　日本国憲法前文は「主権が国民に存することを宣言」している。また憲法 1 条は、「天皇は、日本国の象徴であり日本国民統合の象徴であつて、この地位は、主権の存する日本国民の総意に基く」と規定し、前文とともに国民主権の原理を明示する。天皇は、統治権の総攬者であった戦前とは異なり、象徴の地位に置かれ政治的権能をもたない (4 条)。

　主権者である国民には公務員を選定・罷免する固有の権利が認められ、成年者による普通選挙が保障される (15 条)。通常、国民主権は代表民主制を通じ実現されるが、憲法改正 (96 条) については国民投票が規定されており、部分的ながら直接民主主義が導入されている。また、地方のレベルでは、15 条 1 項の規定を実現するべく、住民による自治体の長や議員の解職請求、議会の解散請求などの制度が地方自治法により定められている。

　権力分立の在り方も根本的に変化した。全国民の代表である国会が国権の最高機関・国の唯一の立法機関とされている (41 条)。予算など立法以外の国会の権限も大幅に強化されている。行政権担当機関である内閣は、国会の信任の上に成立し、国会に対し連帯して責任を負う (66 条 3 項)。司法権についても、独立の行政裁判所は禁じられ、裁判官の身分保障も強化されている。第 8 章には地方自治に関する規定が置かれているが、これは明治憲法にはなかったものである。団体自治・住民自治の原則などが憲法上明示されている。

　②　**平和主義**　　憲法 9 条の平和主義は、日本国憲法の中でも最も特徴的な規定である。1 項は戦争、武力による威嚇・武力の行使を放棄する。2 項は加えて陸海空軍その他の戦力の不保持を規定する。他国にもほとんど類を見ないこの徹底した平和主義は、国際法における戦争違法化の流れを汲みそれをさら

に押し進めたものであるとともに、国内外において悲惨な侵略戦争や人権の過酷な弾圧を許した戦前の反省に根ざしたものである。

③　**基本的人権の保障**　　人権についても、明治憲法とは大きく異なっている。第3章で保障される「国民の権利」は、「臣民の権利」とは異なり「侵すことのできない永久の権利」(11条)であり、立法権をも拘束する。違憲立法審査制(81条)は、立法権による人権侵害に対する保障となる。人権の内容も明治憲法に比べはるかに豊富である。近代的人権に加え、現代的人権である社会権が認められるほか、憲法13条の「幸福追求権」は人権の発展の可能性をも視野に入れている。

---

**【チェック・ポイント】**

・明治憲法下で、大臣の「輔弼」の例外とされた事項は何か。

・超然内閣制と政党内閣制で内閣（大臣）の責任の在り方はどう異なるか。

・明治憲法と日本国憲法とでは、人権保障についてどのような相違があるか。

---

**Book Guide**

家永三郎『歴史の中の憲法・上』(東京大学出版会、1977年)

鈴木昭典『日本国憲法を生んだ密室の九日間』(角川ソフィア文庫、2014年)

古関彰一『日本国憲法の誕生』〔増補改訂版〕(岩波現代文庫、2017年)

大石眞『日本憲法史』(講談社学術文庫、2020年)

**レジュメ**

I　人権保障の歴史
1　人権の観念：人権＝普遍性、固有性、不可侵性、永久性をそなえた権利。基本的人権
2　人権保障の歴史
　　＊立憲主義：現在の憲法の基礎となる思想。国家による権力濫用を禁止することで、人権や自由を保障
　　＊人権保障の流れ
　　　▷　マグナ・カルタ→権利請願→権利章典（英）
　　　▷　自然法思想・社会契約論から登場した人権思想（仏）→アメリカ独立宣言、フランス人権宣言

II　人権の種類　※各権利の相互関連性に留意
　　①包括的人権、②法の下の平等、③自由権、④社会権、⑤国務請求権、⑥参政権

III　基本的人権の享有主体
1　国民：日本国籍保有者、日本国憲法第10条、国籍法
2　法人：権利性質説、八幡製鉄政治献金事件
3　天皇・皇族：一般の国民とは異なる権利制約や、国庫からの生活費の支給などの特権

IV　人権保障の基本原理
1　個人の尊重………個人主義、「人」という存在自体の価値を尊重
2　包括的基本権……幸福追求権、「新しい人権」の憲法上の根拠
3　「新しい人権」……①人格的利益説、②一般的行為自由説
　（1）　プライバシー権：「ひとりで放っておいてもらう権利（米）」→「私生活をみだりに公開されない権利（日）＝古典的プライバシー権」（「宴のあと」事件）→自己情報コントロール権
　（2）　自己決定権：プライバシーの一内容。判例：エホバの証人輸血拒否事件

V　基本的人権保障の限界
1　公共の福祉：人権同士の矛盾や対立を調整するための実質的公平の原理（一元的内在制約説）
2　特殊な法律関係を根拠に人権を制限される者：公務員、刑事施設被収容者
3　私人間における人権保障（私人間効力の問題）：
　　　①間接効力説（通説）、②無効力説、③直接効力説

# Ⅰ　人権保障の歴史

## 1　人権の観念 ●━━━━━━━━━━━━━━━●

　**人権**（human rights）とは、人種や性別などの違いに関係なく（**普遍性**）、人が人であることのみを根拠にして当然に有する（**固有性**）、国家によって侵害されない（**不可侵性**）権利のことで、人が生存する限り消滅することはあり得ず、次世代に継承されていく（**永久性**）。日本国憲法では**基本的人権**（fundamental human rights）という言葉で表されている。

## 2　人権保障の歴史 ●━━━━━━━━━━━━●

　憲法は、人々の人権や自由を守るために存在し、その手段として、国家に対し、権力を濫用して人権を侵害しないことと、人権を守るために必要な措置をとることとを命じている。この思想を**立憲主義（constitutionalism）**と呼び、現在の憲法を支える基礎となっている。

　立憲主義の萌芽は、1215年のイギリスの**マグナ・カルタ**（Magna Carta 大憲章）に代表されるように古くから存在したが、これは人一般ではなく、貴族の特権を国王に認めさせたものだった。イギリスでは国王と議会との対立を通し、1628年の**権利請願**（Petition of Rights）や名誉革命後の**権利章典**（1689年。Bill of Rights「臣民の権利及び自由を宣言し、王位継承を定める法律」）を経て、臣民一般の権利・自由の保障や立憲主義的な政治体制が確立していった。

　フランスでは、17世紀、ロックやルソーの**自然権思想**や**社会契約論**によって今日的な「人権」の観念が生まれた。この「人権」を国家によって守らせることを最初に宣言したのが、1776年のヴァージニア憲法やアメリカ独立宣言である。その影響を受けた1789年の**フランス人権宣言**（人及び市民の権利宣言）は、人は生まれた時から人権を有することと、それを保護する統治機構（**三権分立**）を構築することとを明記していた。

その後、自然権思想に基づく憲法が各国で制定され、人権保障のあり方が整備されていった。憲法を土台とする人権保障体制が全体主義によって脅かされるなど紆余曲折を経て、第2次世界大戦以降、国際社会全体で人権を十分に保護しようという考えが潮流になっている。日本国憲法も自然権思想を継受し、この考えに基づく人権保障体制を憲法典で構築し、現在まで続いている。

## Ⅱ 人権の種類

憲法の人権条項は、いわば「人権のカタログ」である。その人権を簡単にグループ分けしておくと、今後の学習の手がかりになる。人権の内容に応じたグループ分けが一般的で、①包括的人権（13条）、②法の下の平等（14条、24条など）③自由権（国家に対して自由を侵害しないよう求める権利。精神的自由権、経済的自由権、人身の自由）、④社会権（財やサービスの提供を国家に求める権利。生存権、教育を受ける権利、勤労の権利など）、⑤国務請求権（受益権。国民からの請求に基づいて行われる国務の実行を求める権利。裁判を受ける権利、国家賠償請求権など）⑥参政権（15条など）に分けられる。

このグループ分けはあくまでも相対的なものである。個別の人権は相互に関連していることが多く、1つの人権が自由権と社会権という2つの側面を包含している場合もあるという点に注意して、今後の学習を進めてもらいたい。

## Ⅲ 基本的人権の享有主体

### 1 国 民 ●――――――――――――●

人権保障規定が置かれている日本国憲法第3章は、「国民の権利及び義務」と題されている。この「国民」とは、**日本国籍**を持つ者を意味する。しかし日本国憲法は、「国民」を定義する条文をもたず、代わりに法律で「日本国民たる要件」（10条）を定めると規定している。この規定に基づき、日本国籍取得の

要件など国籍一般に関する事がらを定めた国籍法が制定されている。(国籍法や日本国籍の取得について詳細は本書第4講参照)。

## 2　法　人

　法人とは、一定の権利・義務を有することを法律で認められた、社会活動を行う組織体のことで、会社（社団法人）や宗教団体（宗教法人）、私立学校（学校法人）などがあげられる。

　かつては自然人だけが人権の享有主体だと考えられていたが、現在では法人にも人権の享有主体性を認めるのが通説になっている（芦部・憲法・91頁）。その理由として、経済や政治、文化など多くの場面で法人の有用性が社会に認識されるようになったこと、法人の活動による効果や利益は最終的にその法人に所属する個人に還元されることがあげられる。また、内国法人への基本権規定の適用を定めたドイツ連邦共和国基本法19条3項も影響している。

　日本国憲法は、法人の人権享有主体性に関する規定を設けていない。最高裁は、**八幡製鉄政治献金事件**（最大判1970・6・24民集24・6・625）の中で、「国民の権利および義務の各条項は、性質上可能なかぎり、内国の法人にも適用されるものと解すべき」とし、基本的に学説も同様に権利性質説を採っている。「性質上可能なかぎり」とは、参政権や生存権など自然人だけに認められる権利以外を法人にも認めるという意味である。ただし、精神的自由権や13条の幸福追求権の保障の範囲については、原則保障されないという学説と、権利の内容に応じて部分的に認められる学説とに分かれている（辻村・憲法・119頁など）。

　なお、自然人が人権の享有主体の中核であることから、自然人の人権は、法人よりも優先される。法人が権利を行使して自然人の人権を不当に制限することは許されず、自然人よりも広い範囲で法人の権利は制限される。

## 3　天皇・皇族

　天皇は、その地位に就いている自然人であると同時に、「象徴」という一種の国家機関でもある。天皇の親族を、皇族という。天皇・皇族について、「国

民」に含まれると考える肯定説と、含まれないとする否定説の両方が有力に主張されている。「象徴」という天皇の憲法上の地位や憲法14条1項の例外として皇位の世襲が認められているという特殊性を理由に、肯定説は天皇・皇族に対する必要最小限度の範囲での人権制限を認め、逆に否定説は天皇・皇族を「国民」の枠と人権の享有主体とから除外する。

　天皇・皇族は、現行法上、国庫からの生活費の支給や天皇に対する刑事責任の免除など様々な特典を認められる一方で、参政権、移動の自由、職業選択の自由、婚姻の自由を事実上認められず、財産権や表現の自由に対する特殊な制限を受けるなど、各種の人権を制限されている。

## Ⅳ　人権保障の基本原理

### 1　個人の尊重 ●━━━━━━━━━━━━━━━━━●

　日本国憲法13条前段の「すべて国民は、個人として尊重される」という規定は、**個人主義**を宣言した総則的規定である。この「個人主義」とは、自分勝手という意味ではなく、「人」という存在自体が価値を有し尊重されるものなのであるから、人が生まれたときから有している人権や人それぞれの生き方も平等に尊重しようという考えである。

　この考えを受け、13条後段では、人権が最大限尊重されるべきものであることが明記されている。アメリカ独立宣言中の文言に由来する13条の条文は、日本国憲法が立脚する価値観を示している。なお、日本国憲法24条2項の「個人の尊厳」も同じ意味である。

### 2　包括的基本権 ●━━━━━━━━━━━━━━━━●

　13条後段の「生命、自由及び幸福追求に対する国民の権利」は、一般的に、一括して「幸福追求権」という**包括的基本的人権**だと理解されている（それぞれ異なる内容を保障するという考え方も近年有力である）。

「幸福追求」の具体的な内容は一律に決められないため、幸福追求権は当初、単なる憲法の一般原則の宣言または憲法 14 条以下の人権・自由の総和と解釈されていた。しかし、社会の変化に伴って様々な問題が発生してくると、人が人間らしく生きるために不可欠な**新しい人権**を保障する必要性が出てきた。この新しい人権は、人権として保障する必要性を従来認められてこなかったもので、憲法 14 条以下の人権に含めることができない。そこで、幸福追求権がこの新しい人権の憲法上の根拠規定という新たな役割を負うことになった。新しい人権は、幸福追求権から導き出される憲法上の人権として理解される。最高裁も**京都府学連事件**（最大判 1969・12・24 刑集 23・12・1625）以降、この考え方を採用し、学界でも通説になっている。

### *3* 「新しい人権」 ●━━━━━━━━━━━━━━━━━━━━●

どのようなものが「新しい人権」として認められるか。学説は、人が人として生活していくために不可欠な権利・自由で憲法 14 条以下が保障していないものだけが「新しい人権」になり得るという学説（**人格的利益説**）（芦部・憲法・123 頁、佐藤幸・憲法・197 頁）と、憲法 14 条以下で保障されていない幅広い権利・自由が「新しい人権」になり得るという学説（**一般的行為自由説**）（自分や他者に損害を加える行為の権利は含まない）（加藤・憲法・53 頁）とで議論が分かれる。

ここでは、「新しい人権」として確立しているプライバシー権を紹介する（環境権については第 11 講を参照）。なお、**北方ジャーナル事件**（最大判 1986・6・11 民集 40・4・872）は、名誉権も幸福追求権によって保障されることを示した。

#### （1） プライバシー権

プライバシー権は、19 世紀後半のアメリカで、イエロージャーナリズムに対する個人の**ひとりで放っておいてもらう権利**（the right to be let alone）として登場した。日本で初めてプライバシー権を承認した判例が、小説のモデルにされた元政治家が小説家と出版社をプライバシー権侵害で訴えた**「宴のあと」事件**（東京地判 1964・9・28 下民集 15・9・2317）である。この事件の判決で、裁判所はプライバシー権を**私生活をみだりに公開されない権利**（**古典的プライバシー権**）と

定義した（プライバシー権の侵害については、本書第 8 講 II 3 参照）。

　情報化社会の到来により、国家や企業による個人情報の収集・管理・利用が
さらに進んだ。その結果、他人による私生活の秘密の暴露やのぞき見がなくと
も、個人のプライバシーを侵害することが可能になった。そこで現在、プライ
バシー権を**自己情報コントロール権**をも含むより幅の広い権利として理解し、
プライバシーの保護に役立てようとしている。これは、プライバシーを「個人
情報の収集・利用を本人がコントロールできる状態」と定義し、国家や企業に
対し、プライバシーへの不介入を要求すると同時に、自分の個人情報の開示・
訂正・削除を請求する権利である。

　プライバシーに関連する他の判例として、個人の外見（容ぼう、姿態）の無断
撮影をめぐる**京都府学連事件**がある。最高裁は、幸福追求権を新しい人権の根
拠規定とした上で、「承諾なしに、みだりにその容ぼう等を撮影されない自由」
（**肖像権**）を認めた。しかし同時に、捜査のために警察が無断で特定の個人の外
見を撮影できる場合の要件も示した。自動速度監視装置事件（最判 1986・2・14 刑
集 40・1・48）では、その要件を使って自動速度監視装置による写真撮影を合憲
と判断している。

　外国人登録法が定める指紋押なつ義務の拒否が問題となった**指紋押なつ事件**
（最判 1995・12・15 刑集 49・10・842）では、最高裁が、採取された指紋の利用によっ
ては個人のプライバシーが侵害される危険性を指摘し、「プライバシー」とい
う言葉を初めて用いたことで注目された（指紋押なつ制度自体は合憲と判断）。1999
年に全廃されたこの制度は、テロ対策のため、短期旅行滞在者も対象に電子認
証のための指紋採取制度として 2006 年に復活している。

### （2）　自己決定権

　個人の私的領域に他者を無断で立ち入らせない（芦部・憲法・133 頁）ことを
出発点とするプライバシー権は、公権力の干渉を受けずにライフスタイルなど
個人的な事がらを自ら決定する権利も含んでいる。これを**自己決定権**と呼ぶ。
この権利の背景には、人工妊娠中絶の自由をめぐる 1970 年代のアメリカでの
議論や、日本での女性の権利向上運動の活発化などがあった。この権利を行使

して決定できるのは、憲法中の個別具体的な人権の保障対象に含まれない、個人のライフスタイルに関する事がらである。具体的には、①家族形成に関する事がら・リプロダクティブ権（結婚や離婚、妊娠や中絶など）、②治療方針・安楽死・尊厳死の選択といった生命・身体の処分に関する事がら、③その他のライフスタイルの選択に関する事がらの3種類である。③の「その他のライフスタイル」については、人が人として生活するために必要不可欠なものに限定するのか、またはより広くライフスタイル一般に関わる自己決定（服装、髪型、生命を危険に陥れるような行為の選択）までをも含むのかなど、様々な考え方がある。

自己決定権の承認に対し、最高裁は慎重な態度を示している。**エホバの証人輸血拒否事件**（最判2000・2・29民集54・2・582）は、信仰上の理由から絶対に輸血をしないという信念を有する患者が、無輸血治療の実績がある病院で手術治療を求めたが、手術中の大量の出血への処置として無断で輸血されたことを自己決定権の侵害であるとして、医師らに損害賠償を求めた事件である。控訴審（東京高判1998・2・9高民集51・1・1）は、「信念に従って行動すること」が自己決定権に由来するとしてこの権利をストレートに認めた。一方最高裁は、宗教上の信念に基づき輸血を伴う医療行為を拒否するという意思決定をする権利は「人格権の一内容として尊重」されなければならないというにとどまった。

自己決定権と関連し、近年、性的少数者の人権問題が脚光を浴びている。性同一性障害者の性別の取扱いの特例に関する法律（性同一性障害者特例法）が定める生殖不能要件について、最高裁は、2019年時点では合憲と判断したが、2023年に「体を傷つけられない自由」を制約しており違憲だとする決定を下し、判例を変更した。その他にも、医師による安楽死・尊厳死の問題（東海大学安楽死事件判決　横浜地判1995・3・28判時1530・28）や夫婦別姓制度の導入、学校の「ブラック校則」も、自己決定権の問題として捉えることができる。また、障がい者などに不妊・中絶手術を強制した旧優生保護法（1996年に母体保護法に改称）の問題も、リプロダクティブ権に関連し、顕在化している。被害者による損害賠償請求訴訟の中で、裁判所は、旧優生保護法が憲法13条や14条1項に反する違憲な法律であると判示した（仙台地裁はリプロダクティブ権の侵害に言及）。

ただし損害賠償請求については、除斥期間（不法行為から20年を過ぎると損害賠償権が消滅する。改正前民法724条後段）を理由に認めない判断（各地地裁判決、2023年仙台高裁判決）と、この問題が強度の人権侵害であることなどを理由に請求を認める判断（2022年2月大阪高裁判決以降の高裁判決）とで分かれている。

## Ⅴ 基本的人権保障の限界

### *1* 「公共の福祉」 ●━━━━━━━━━━━━━━━━━━━━━━━●

　人権の不可侵性とは、公権力による不当な侵害を受けないという意味である。人が社会の中で日常生活を営む以上、自分の人権が一定程度制約されたり、他者に譲歩したりしなければならない場面は当然に出てくる。この状況を、日本国憲法12条と13条は「公共の福祉」という言葉で受けている。

　12条は、「公共の福祉のためにこれ（自由と権利）を利用する責任」を国民が負うと規定して、「権力の濫用」（特定の人の人権だけが優先され、他者の人権が犠牲になること）を戒めている。つまり、人権を行使するのは国民であり、その行使には自制という責任が付随することが明記されている。

　そして13条は、人権を「公共の福祉に反しない限り、立法その他の国政の上で、最大の尊重を必要」とするものだと規定する。「最大の尊重」とは、人権をできるだけ制限せず、最大限に保障するという意味である。言い換えると、公共の福祉に反するようなやむを得ない場合には、必要最小限の人権制限があり得るということになる。

　この「公共の福祉」をどのように理解すればよいのか。かつては美濃部達吉が唱えた**一元的外在制約説**（12条・13条の公共の福祉は人権の外に存在し、人権を一般的に制限する原理であるとする学説）が通説だったが、現在は**一元的内在制約説**（公共の福祉は、各人権に論理必然的に内在している、人権同士の矛盾や対立を調整するための実質的公平の原理であるという考え方）が通説になっている。したがって、人権の制限は、対立するいかなる価値との調整のために制限されるのかを具体的に

説明できる、必要最小限度または必要な範囲にとどまるものでなければならない。「公共の福祉のためのやむを得ない制限である」という抽象的な理由による人権の制限は、許されないのである。

## *2* 特殊な法律関係 ●━━━━━━━━━━━━━━●

公務員や刑事施設被収容者は、特殊な支配・服従関係を国家との間に結んだ存在であり、それゆえに一般の国民とは異なった特殊な人権制限を受ける。明治憲法下では、その人権制限の理由づけとして**特別権力関係論**（人権の制限について法律の根拠を必要とせず、司法審査も及ばないという考え）が用いられたが、国民主権や法の支配の原理に支えられた日本国憲法の下では、この理論は妥当しないと考えられている。

日本国憲法 15 条 2 項は、公務員を「全体の奉仕者」と規定する。この規定が、公務員に対する特殊な人権制限の憲法上の根拠である。公務員の人権への制限は、公務員としての職務遂行に必要な最小限度の範囲内でしか認められず、制限の内容も合理的でなければならない。この点に関連して従来から大きな問題とされてきたのが、公務員の政治活動や労働基本権の制限である（公務員の政治活動や労働基本権の制限について第 12 講参照）。

刑事施設被収容者とは、受刑者や未決拘禁者など刑事施設に収容されている者の総称である。旧監獄法（1908 年制定）は、行政機関に広い裁量権を認め、在監者（監獄に収監された者）の人権を厳しく制限していた。**よど号ハイジャック記事抹消事件**（最大判 1983・6・22 民集 37・5・793）では、拘置所長による新聞（未決拘禁者が定期購読）からのハイジャック記事の抹消が未決拘禁者の「知る権利」の侵害に当たるかが争われ、最高裁は、内部の規律や秩序の維持が害される相当の「蓋然性」が認められる場合、その防止のための必要かつ合理的な範囲内での制限が許されると判断した。

2000 年代初頭の刑務所内での拷問事件発覚を契機に旧監獄法は全面改正され、2007 年に「刑事収容施設及び被収容者等の処遇に関する法律」（刑事収容施設被収容者処遇法）となった。この法律は、自分で購入した書籍の閲覧や宗教的

行為を原則認めるなど、被収容者の人権に一定の配慮をした内容になっている。

## 3 私人間における人権保障 ●━━━━━━━━━━━━━●

　伝統的に、人の自由な活動の妨害や差別的な取扱いといった人権をめぐる問題は、国家と私人（公権力である国家機関に所属しない人）との間で発生するのであり、だからこそ憲法が保障する人権は**対国家的権利**だと考えられてきた。

　しかし、企業や報道機関などの大規模組織が他の私人の人権の行使や自由を妨げるなど、私人間でも人権をめぐる問題は発生し得る。この問題の解決に有用な具体的法令が存在しない場合、憲法の人権保障規定を用いることは可能か。これを**私人間効力の問題**と呼ぶ。

　学説は、無効力説、直接効力説、間接効力説の3つに分かれている。**無効力説**は、憲法中の人権が伝統的に「対国家的権利」であることを理由に、もともと私人間への適用を予定している憲法の人権規定（例えば15条4項の秘密投票権）や私人間の人権問題（雇用問題など）を調整する目的で作られた法令を除いて、原則として憲法中の人権規定を私人間の問題に適用することはできないという学説である（髙橋和之・立憲主義と日本国憲法（第5版）・118頁）。一方、**直接効力説**は、私人間で人権問題が発生し、それに対処する個別具体的な法令が存在しない場合には、憲法の人権保障規定を直接用いて、その問題を解決することができるという考え方である。

　通説は、3つ目の**間接効力説**である。これは、私人間の問題への適用が元来予定されている人権を除き、民法の一般条項（民法90条公序良俗規定・民法709条不法行為規定）を通して間接的に憲法の人権保障規定を私人間の問題に適用できるという考え方である。「民法の一般条項の適用」とは、民法の一般条項の解釈に人権保障規定の趣旨を反映させるという意味である。間接効力説を採用した**三菱樹脂事件**（最大判1973・12・12民集27・11・1536）で、最高裁は、「私的支配関係」の中で、個人の自由や平等に対する侵害が社会的に許容される限度を超えた場合には、立法措置による是正の他、「私的自治に対する一般的制限規定である民法1条、90条や不法行為に関する諸規定等の適切な運用」によって、

「基本的な自由や平等の利益を保護」することが可能であるという見解を示した（ただし、法令などによる特別な制限がない限り、誰をどのような条件で雇用するかは原則的に企業の自由として、訴えは退けた）。また、**日産自動車事件**（最判 1981・3・24 民集 35・2・300）では明確に間接効力説が採用され、合理的な理由もなく就業規則で女性の定年を男性より 5 歳低い年齢に設定することは、性別を理由とした差別（憲法 14 条違反）であり、公序良俗に違反するため無効と最高裁は判断している。

この私人間効力の問題について、近年、個人の生命・健康その他の基本権法益を第三者による侵害から保護すべき憲法上の作為義務を国家が負うというドイツの**国家の基本権保護義務論**も注目を集めている。

```
┌─【チェック・ポイント】────────────┐
│                                              │
│ ・公共の福祉は、現在、どのような原理だと考えられているか。    │
│                                              │
│ ・プライバシー権の理解の仕方は、どのように変化したか。      │
│                                              │
│ ・人権の私人間効力についての 3 つの学説は、それぞれどういう内容  │
│   か。                                        │
│                                              │
└──────────────────────────────┘
```

**Book Guide**

高木八尺ほか編『人権宣言集』（岩波文庫、1957 年）

樋口陽一『自由と国家』（岩波新書、1989 年）

岩村正彦ほか編『岩波講座・現代の法 14 巻　自己決定と法』（岩波書店、1998 年）

樋口陽一『憲法と国家──同時代を問う』（岩波新書、1999 年）

樋口陽一『個人と国家　今なぜ立憲主義か』（集英社新書、2000 年）

小山剛『基本権の内容形成―立法による憲法価値の実現』（尚学社、2004 年）

ジョン・ロック（加藤節訳）『完訳　統治二論』（岩波新書、2010 年）

小山剛『憲法上の権利の作法』〔第 3 版〕（尚学社、2016 年）

# 第4講　外国人の人権と人権の国際化

レジュメ

I　外国人の人権
　1　外国人の人権享有主体性
　　・外国人に人権享有主体性が認められるか……権利の性質に応じて可
　　　　　　　　　　　　　　　　　　　　　　　能な限り保障すべき
　　・「外国人」といってもいくつかのカテゴリーがあることに注意
　2　外国人の人権保障の範囲と限界
　　（1）　外国人の人権保障の範囲
　　（2）　入国の自由
　　（3）　参政権
　　・選挙権と被選挙権……国政レベルと地方レベル
　　・公務就任権……国政レベルと地方レベル
　　（4）　社会権
　　（5）　指紋押捺制度
II　人権の国際化
　1　人権の国際化の流れ
　　（1）　国際的な人権保障
　　　　　国連憲章 (1945)、世界人権宣言 (1948)、国際人権規約 (1966)
　　（2）　地域的な人権保障
　　　　　ヨーロッパ人権条約 (1960)、米州人権条約 (1969)
　2　人権の国際化と日本

## ① 外国人の人権

### *1* 外国人の人権享有主体性 ●━━━━━━━━━●

　日本国憲法第3章は、「国民の権利及び義務」について定めたものである。この標題に忠実であろうとするならば、日本国憲法が予定している人権享有主体は、日本国民ということになる。それでは、日本国民となるためには、どのような要件が必要とされているのであろうか。

　憲法10条は、「日本国民たる要件は、法律でこれを定める。」とし、同条を受けて**国籍法**が日本国民たる要件を規定している (同法1条)。具体的な国籍取得の原因は、①出生 (同法2条)、②届出 (同法3条、17条)、③帰化 (同法4条から9条) である。

　このうち、①については、「出生の時に父又は母が日本国民であるとき。」(同法2条1号) という、血統主義の1つである**父母両系血統主義**が採用されている。この点、かつては父系優先血統主義という、父母の国籍が異なる場合には、父親が日本人である場合にのみ、子が日本国籍を取得できる仕組みが採られていた。しかし、1984年の国籍法改正により、1985年から母親が日本人である場合にも日本国籍の取得が認められるようになった。また、血統主義に対しては、生地主義と呼ばれる、両親の国籍とは無関係に生まれた国の国籍を取得できるという制度を採用する国もある。アメリカやカナダがその例である。

　ところで、かつては第3章が「国民の」権利及び義務と書かれていることから、外国人すなわち日本国籍を有しない者および無国籍者 (以下、単に「外国人」という) は人権の享有主体とはなりえないという考え方があった。また、第3章の個々の条文のうち、「何人 (に対して) も」という文言が使われている権利は外国人に対しても保障されるが、「国民」という文言が用いられている場合には日本国民のみが享有主体性を有する、などと説かれたこともある。

　しかし、第3講で述べられているように人権とは固有性、普遍性、そして不

可侵性を有するものであり、前国家的性格を有するものである。また、第2次世界大戦後には人権を国際的に保障しようという傾向も著しく、たとえば、**国際人権規約**は、この規約の締約国が「この規約に規定する権利が人種、皮膚の色、性、言語、宗教、政治的意見その他の意見、国民的若しくは社会的出身、財産、出生又は他の地位によるいかなる差別もなしに行使されることを保障することを約束する」（社会権規約2条2項）と規定している。さらに日本国憲法は、国際協調主義を基調としている。とするならば、外国人であるということのみを理由としてその人権享有主体性を否定することには合理性はない。

　もっとも、憲法第3章が保障するすべての人権が外国人にも日本人と同様に保障されるという考え方も完全に受け入れるわけにはいかない。たとえば22条2項の国籍離脱の自由を外国人に保障することには意味がない。

　そこで一般には、外国人に人権の享有主体性を認めるか否かは、問題になっている権利の性質によるという考え方が支配的である（権利性質説、芦部・憲法・94頁）。この点につき最高裁は、不法入国者に対する強制退去処分が争われた事例において「いやしくも人たることにより当然享有する人権は不法入国者といえどもこれを有する」（最判1950・12・28民集4・12・683）とし、**マクリーン事件**では、「憲法第3章の諸規定による基本的人権の保障は、権利の性質上日本国民のみを対象としていると解されるものを除き、わが国に在留する外国人に対しても等しく及ぶ」（最大判1978・10・4民集32・7・1223）と判示している。

　なお、ひとくちに外国人といってもいくつかのカテゴリーがあることに注意しなければならない。外国人の中にも、旅行でたまたま日本を訪れている者もあれば不法に入国して滞在している者もある。さらには、日本国籍こそ有していないが生活の基盤を日本に置き、日本国民とまったく変わらない日常を送っている者（いわゆる**定住外国人**）もいる。定住外国人には、「出入国管理及び難民認定法（以下、「入管法」という）」上の永住者及び「日本国との平和条約に基づき日本の国籍を離脱した者等の出入国管理に関する特例法」に基づく特別永住者も含まれる。外国人について人権の享有主体性が認められるか否かは、こういったカテゴリーをも視野に入れながら検討されなければならない。

## 2 外国人の人権保障の範囲とその限界 ●————————●

外国人の人権について考える際には、すでに述べたような「基本的人権」の考え方にかんがみて、原則的にはこれを保障し、例外として外国人であることを理由とした制限を個別的、具体的に考えるというアプローチが必要である。

### （1） 外国人の人権保障の範囲

外国人の人権に関しては、権利の性質にもよるが、基本的には日本国民と変わらぬ保障が要求されると考えるべきである。とりわけ自由権については原則として外国人にも保障されると考えてよい。

しかし、現実には日本国民とまったく同じ保障が与えられるというわけではない。ここでは、精神的自由権と経済的自由権の2つについて見ておこう。

まず、精神的自由権については、その性質上外国人に対しても最大限の保障が要求される。しかし政治活動の自由など、参政権的な側面をも有する権利については、日本政府の打倒を目論む結社や運動、日本国民の意思決定を不当に阻害する表現行為などは保障の範囲外にあると考えられる。最高裁は、「わが国の政治的意思決定又はその実施に影響を及ぼす活動等外国人の地位にかんがみこれを認めることが相当でないと解されるもの」については制約が許されると判示している（マクリーン事件）。

経済的自由権についても、権利の性質上、日本国民とは異なった特別の制約が加えられる場合がある。たとえば、職業選択の自由については外国人であることを理由とした様々な制限が法律で定められている（電波5条など）。

なお、わが国に在留する外国人については、外国人登録法の廃止（2012年7月9日）により、現在では改正入管法による在留管理制度が適用されている。その主な内容は、① 在留外国人に対する、氏名や生年月日、在留資格といった基本的な事項を記した「在留カード」の交付、② 在留期間の最長5年への延長、③ 再入国の際の要件の緩和、④ 外国人登録制度の廃止、である。

### （2） 入国の自由

入国の自由については、いまだ入国していない外国人に関する問題は、外国

人の人権以前の問題であるとする学説もある。しかし一般には、自国に害を及ぼす外国人の入国を拒むことは主権国家の当然の権利であり、外国人には入国の自由が保障されないことは国際慣習法上当然である、と説明される。また、外国人には入国の自由がないことから、「入国の継続」である「在留」の権利もまた、外国人には保障されないと考えてよい（前出マクリーン事件を参照）。

　なお、定住外国人に再入国の自由があるかが問題となったことがある。最高裁はこれを消極に解した（**森川キャサリーン事件** 最判 1992・11・16 集民 166・575）が、2009 年の法改正により、特別永住者に対しては、「みなし再入国許可」の制度が導入されるとともに、再入国許可の有効期限の上限が「3 年」から「5 年」に伸張されることとなった。外国人一般の再入国に関しては、最小限度の規制は許されるものの、「著しくかつ直接にわが国の利益を害することのない限り、再入国が許可されるべきである」との見解が有力である（芦部・憲法II・141 頁）。

### （3）　参 政 権

　ひとくちに参政権といっても、これを狭義に解し、選挙権・被選挙権に限定して考える場合と、より広く公務就任権までをも含める場合とがある。

　まず、選挙権・被選挙権について一般には、これを行使できるのが日本国民に限定されるのは国民主権の原理、すなわち国民が自国の政治的意思決定に参加することに照らして当然であると考えられる。

　国籍を選挙権・被選挙権の要件とするという考え方は、国政選挙のレベルでは妥当しても、地方（特に市町村）選挙のレベルにもあてはまるかどうかについては別途検討が必要である。特に、定住外国人はその他の外国人とは異なって日本に生活の基盤を有し、ともすれば母国での生活が不可能な場合もある。そこで、自らの生活に密接な関係をもつ地方政治において、定住外国人に選挙権を認めることは、憲法の要請するところであるとしたり、許容するところであると説かれる。最高裁は、傍論ながら「我が国に在留する外国人のうちでも永住者等であってその居住する区域の地方公共団体と特段に緊密な関係を持つに至ったと認められるものについて、……法律をもって、地方公共団体の長、その議会の議員等に対する選挙権を付与する措置を講ずることは、憲法上禁止さ

れているものではないと解するのが相当である」と判示した（最判 1995・2・28 民集 49・2・639）。

　また、**公務就任権**につき、国家公務員に関する実務上の取扱いは、「公権力の行使又は国家意思の形成への参画に携わる公務員となるためには、日本国籍を必要とする」ことが「当然の法理」であるとされている（1953 年、内閣法制局および人事院）。しかし、学説においては、「公権力の行使又は国家意思の形成への参画」という基準が広汎かつ抽象的であることから、より限定的・具体的な基準の設定が必要であることが指摘されている（芦部・憲法 II・134 頁）。たとえば、国務大臣や外交官など、職務の性質上日本国籍が必要とされる場合ももちろんあろうが、非管理的、機械的業務に従事するものにまで一律に日本国籍を要求することは、法の下の平等（14 条 1 項）や職業選択の自由（22 条 1 項）に照らし、疑問の余地がないわけではない。

　なお、地方公務員については、都道府県レベルでは 1997 年に高知県および神奈川県が、政令市においては 1996 年に神奈川県川崎市が、市町村レベルでは 1973 年に兵庫県川西市が、受験資格からの国籍条項撤廃に先鞭をつけた。その後、このような動きは全国に広まりつつあるが、「地方公務員の職のうち公権力の行使又は地方公共団体の意思の形成に携わるもの」については、依然として日本国籍を有する者のみが就任できるにすぎない、というのが政府の見解である（1973 年、自治省）。この点に関連して、東京都が、管理職選考試験の受験資格として日本国籍の保持を定めた制度の合憲性が争われた裁判がある。最高裁判所は、「原則として日本の国籍を有する者が公権力行使等地方公務員に就任することが想定されている」ことを前提に、当該制度を合理的理由に基づく措置であるとして、定住外国人である東京都職員の訴えを退けた（最大判 2005・1・26 民集 59・1・128）。

### （4）　社　会　権

　社会権については、原則として各人の国籍国によって保障されるべきであると解される。というのも、社会権には財政的な裏付けが必要となるため、一定の場合に自国民を優先させることはやむをえないからである。しかし、入国の

自由や参政権とは異なり、権利の性質上外国人が当然に排除されるものではない。それゆえ、その国の財政事情等が許すのであれば、その限りで、外国人にもその享有を認めることができる（あるいは、認めるべき）権利である、と解される。最高裁判所は、障害福祉年金の受給について国籍要件を設けている国民年金法の規定が、憲法25条および14条1項に違反しないかが争われた**塩見訴訟**において、社会権の保障については立法府の広い裁量にゆだねられていることを前提として、次のように判示している。「社会保障上の施策において在留外国人をどのように処遇するかについては、国は、特別の条約の存しない限り、……その政治的判断によりこれを決定することができるのであり、その限られた財源の下で福祉的給付を行うに当たり、自国民を在留外国人より優先的に扱うことも、許されるべきことと解される」（最判1989・3・2判時1363・68）。

特にわが国において問題となるのは、外国人の労働基本権である。わが国の産業構造においては、外国人労働者の労働力は不可欠のものとなっているにもかかわらず、賃金や労働時間、雇用形態などの労働条件が、日本国民と比べて劣悪なものであることはよく指摘されるところである。近年受け入れが拡大している外国人技能実習生についても、同様の問題が生じていることが伝えられている。定住外国人はもとより、日本で就労する外国人を日本国民と別異に取り扱うことの合理性が、慎重に検討されてよいであろう。

総じて、わが国は国際人権規約を批准しており、難民条約にも加入していることからも外国人の社会権については可能な限り積極に解するべきである。この点、1981年に社会保障関係の法令中の国籍要件が原則として取り払われたことは、大きな進歩といえよう。

### （5） 指紋押捺制度

1992年の改正より前、外国人登録法は、在留外国人一般に対して、外国人登録原票などへの**指紋押捺**を義務づけていた。この制度と憲法13・14条等の関係が争われた事件で、最高裁は、「みだりに指紋押捺を強制されない自由」が憲法13条によって保障されることを認めながらも、この制度が外国人の人物特定のため必要かつ合理的なものであるとして、これを合憲とした（最判

1995・12・15 刑集 49・10・842)。

## ⅠⅠ 人権の国際化

### *1* 人権の国際化の流れ ●━━━━━━━━━━━━●

#### （1） 国際的な人権保障

　第3講で見たように、「基本的人権」という考え方は、歴史的に生成、発展を遂げてきた。しかしその道のりは必ずしも平坦なものではなかった。とりわけ第2次世界大戦が勃発し、ファシズムによる人権蹂躙が行われたという過去は、もはや人権が1国のみで保障されるだけでは事足りないということを明らかにした。そこで第2次世界大戦後、人権の国内的な保障のみならず、国際的保障を目指す動きが活発になってきた。**人権の国際化**という考え方である。

　人権の国際化の出発点となったのは、「連合国の人民は……基本的人権と人間の尊厳及び価値と男女及び大小各国の同権とに関する信念を改めて確認し……」（前文）と宣言した 1945 年の国際連合憲章である。しかし、より具体的であり、また各国に影響を与えたものとしては 1948 年の**世界人権宣言**が重要である。世界人権宣言は、法的に直接効力を有するものではないが普遍的に認められる基準を定めていることから、人権問題に関してしばしば援用されるものである（芦部・憲法Ⅱ・34 頁）。

　さらに、人権保障に関する様々な条約もまた重要である。条約は、当事国を法的に拘束するため、より実効的な人権保障が期待できる。中でも、1966 年に国連総会で採択され、76 年に発効した**経済的、社会的及び文化的権利に関する国際規約（いわゆる社会権規約、A 規約）**と、**市民的及び政治的権利に関する国際規約（いわゆる自由権規約、B 規約）**が重要である。両者を併せて国際人権規約と呼び、日本も 1979 年に批准した。

　その他、人権の国際化に関する個別的な条約として、女性や子ども、障害者の保護に限って見ても、女子差別撤廃条約（1979 年、以下かっこ内の数字は採択年）

及び女性に対する暴力の撤廃に関する宣言（1993 年）、子どもの権利条約（1989 年）、障害者権利条約（2006 年）などがある。

いずれの条約も、加盟国の法制度や政策に大きな影響を及ぼすものである。

### （2） 地域的な人権保障

さらに、地域的な人権保障も試みられている。**ヨーロッパ人権条約**（1950 年）や**米州人権条約**（1969 年）である。とりわけ前者は、「条約において締約国が行った約束の遵守を確保するため」にヨーロッパ人権裁判所を設置し、その実効性の確保に努めてきた。これらの機関の判断や判例の積み重ねが、憲法を含む締約国の国内法に大きな影響を与えたことは注目に値する。

## *2* 人権の国際化と日本 ●━━━━━━━━━━━━━━━━━●

日本国憲法は、前文において国際協調主義を打ち出し、また 98 条 2 項が条約及び国際法規の遵守を宣言している。それゆえ、人権の国際化の流れにも敏感に対応し、国内法の整備はもとより国際社会においても名誉ある地位を占めるための努力を怠ってはならないことはいうまでもない。

この点、先にあげた**女子差別撤廃条約**を例にとると、1985 年に国会で承認され、効力が発生したことに伴って**男女雇用機会均等法**が制定され、雇用の分野における女子であることを理由とした差別が禁止された。また、1997 年には**男女共同参画社会基本法**が制定され、男女平等の実現に向けた取り組みが加速した。しかし日本が同条約に署名したのは 1980 年であり、その後 5 年間も国会がこれを承認しなかったことには、迅速な対応に欠けたという批判があてはまるであろう。子どもの権利条約に関しても、同様である。

さらに、国際的に重要とされていながらも、わが国がいまだ批准していない条約もあることが指摘されている。**死刑廃止条約**（1980 年）は、その一例である。また、すでに述べた自由権規約との関連では、同規約の目的ならびにその実施をよりよく達成するための協定である**市民的及び政治的権利に関する国際規約の選択議定書**（**自由権規約第一選択議定書**、1966 年）も、日本は批准していない。それゆえ、同規約に定められた権利を侵害された個人は、人権委員会（規

約第4部）への申立てができず、単なる政府報告（同40条）が行われているだけというのが現状である。

　国際的な人権保障に対するわが国のこのような姿勢から、国連などの国際機関において日本の人権保障のあり方が問題とされる場合も多い。いわゆる代用監獄の問題は、その典型的な例である。また国内的には、たとえば条約違反を理由とした最高裁への上告が許されていない（民訴312条、刑訴405条）ことが、国際的な人権条約の軽視へと連なるのではないかという指摘もある。

　確かに、日本国内の事情を一切無視して人権保障に関するあらゆる条約を締結しても、日本における人権の国際的保障が実効性をともなって実現するというわけではない。しかしながら、わが国にも人権の国際化の波が押し寄せていることは明らかである。密入国者や不法滞在者の犯罪などが社会問題となっていることは事実であるが、このような負の側面のみを強調し、いたずらに外国人を排斥しようとする論調には安易に追随すべきではなかろう。重要なのは、人権の国際化の意味をよく考えること、そしてこの流れに行政府や立法府、さらには司法府が迅速かつ適切に対応することである。

---

**【チェック・ポイント】**

・性質上、外国人には保障されない人権は何か。

・国際的な人権保障のために重要な条約をあげよ。

・地域的な人権保障のための条約として、何があるか。

---

**Book Guide**

阿部浩己・今井直・藤本俊明『テキストブック国際人権法』〔第3版〕（日本評論社、2009年）

渡部茂己編著『国際人権法』（国際書院、2009年）

田中宏『在日外国人』〔第3版〕（岩波新書、2013年）

植木俊哉ほか編『国際条約集』（有斐閣、2023年）

## 第5講　法の下の平等

## Ⅰ 平等思想の歴史

平等思想の歴史は、遠く古代や中世にまで遡ることができる。たとえば、古代ギリシャの哲学者アリストテレスは、すべての人を等しく扱うという**平均的正義**と等しくないものはそれに応じて扱うという**配分的正義**を区別した。これは現代の平等思想にも通じる考えであったが、奴隷制を前提とした自由民相互の平等にすぎず、すべての人間の平等を意味しなかった。また、中世の平等思想は、キリスト教的な「神の前の平等」を意味し、世俗の世界での領主と農奴といった不平等な身分制度は不問に付されていた。ようやく近代になり、今日の我々にとって自明の「すべての人は生まれながらにして平等である」という平等思想が、近代自然法思想の所産として定着した。たとえば、アメリカ独立宣言（1776年）は、「すべての人は平等に造られ」ていることを「自明の真理である」とした。また、フランス人権宣言（1789年）は、「人は、自由かつ権利において平等なものとして生まれ、存在する。社会的差別は、共同の利益に基づくのでなければ、設けられない」（1条）と定めた。このように平等は自由と深く結びついて、個人を身分制社会から解放する推進力となったのである。

しかし、近代の平等思想は、「権利において平等」というフランス人権宣言の定式からも理解されるように、すべての人を等しく法的に取り扱い、各人の自由な活動、特に自由な経済活動を保障するというものであった。すなわち、それは、すべての人を同じスタートラインに置くという**機会の平等**を意味するのであり、同時にゴールすること（**結果の平等**）まで保障するものではない。結果の平等は各人の自由を損なうと考えたのである。しかし、実際には、資本主義の進展に伴い、もてる者ともたざる者の格差が広がり、建前としての法的な平等が事実上の深刻な不平等を生み出したのである。

そこで、20世紀になると、国家が社会保障や社会的経済的政策を通じて、社会的経済的弱者を保護し、現実の不平等を緩和・解消することにより実質的な平等を達成しなければならないと考えられるようになった（社会権の登場、経

済的自由の政策的規制)。もちろん、ここにいう「実質的平等」は、単純に「結果の平等」を意味するものではない。何の努力もせずに結果の平等が得られるというシステムはやはり不合理であり、国家による結果の平等の押しつけは、個人の自由を圧殺しかねないからである。要するに、貧富の差や性差別などの不平等が固定し、社会構造に組み込まれているところでは、機会の平等は形骸化しているので、国家が何らかの措置を講じることにより、機会の平等を現実に保障し、よって、実質的平等を達成することを現代の平等思想は求めているのである。

## Ⅱ　日本国憲法の平等規定

　旧憲法には、平等に関しては、「日本臣民ハ法律命令ノ定ムル所ノ資格ニ応シ均ク文武官ニ任セラレ及其ノ他ノ公務ニ就クコトヲ得」(19条) という規定しかなかった。

　これに対して、日本国憲法は、14条1項で、一般的に「法の下の平等」を定め、人種・信条・性別・社会的身分・門地による差別を禁止し、個別的に、貴族制度の廃止 (14条2項)、栄典に伴う特権の禁止 (14条3項)、成人による普通選挙 (15条3項)、議員及び選挙人の資格の平等 (44条)、家族生活における平等 (24条)、ひとしく教育を受ける権利 (26条) に関する規定を置いている。このようにかなり徹底した平等保障が図られているが、世襲による天皇制は憲法自身が明示する平等原則の例外である。

　ここでは、家族生活における個人の尊厳と両性の平等を定める憲法24条について触れておく。家父長的な性格を強くもつ戦前の「家」制度は、社会における男尊女卑の風潮の温床であり、個人の自律を圧迫する役割を果たしていた。これに対して、憲法24条は、戦前の「家」制度を解体する趣旨から、「① 婚姻は、両性の合意のみに基いて成立し、夫婦が同等の権利を有することを基本として、相互の協力により、維持されなければならない。② 配偶者の選択、財産権、相続、住居の選定、離婚並びに婚姻及び家族に関するその他の事項に

関しては、法律は、個人の尊厳と両性の本質的平等に立脚して、制定されなければならない」と定めている。

　夫婦別姓訴訟において、最高裁は、次のように判示した（最大判2015・12・16民集69・8・2586）。①「氏に、名とは切り離された存在として」「家族の呼称としての意義が」あり、氏が「婚姻を含めた身分関係の変動に伴って改められることがあり得ることは、その性質上予定されている」。婚姻の際に「氏の変更を強制されない自由」が憲法上の人格権の一内容であるとはいえず、民法750条は、憲法13条に違反しない。②「夫婦同氏制それ自体に男女間の形式的不平等が存在するわけではない」ので、民法750条は、憲法14条1項に違反しない。③民法750条は、「婚姻をすることについての直接の制約を定めたもの」ではなく、仮に、これにより婚姻をしないことを選択した者がいるとしても、「憲法24条1項の趣旨に沿わない制約を課したものと評価することはできない」。④憲法24条2項が、法律は「個人の尊厳と両性の本質的平等に立脚すべきである」との立法上の要請、指針を明示していることからすると、その要請、指針は、婚姻前に築いた個人の信用、評価などの「憲法上直接保障された権利とまではいえない人格的利益をも尊重すべきこと、両性の実質的な平等が保たれるように図ること、婚姻制度の内容により婚姻することが事実上不当に制約されることのないように図ること等についても十分に配慮した法律の制定を求めるもの」である。⑤「しかし、夫婦同氏制は、婚姻前の氏を通称として使用することまで許さないというものではなく」、「直ちに個人の尊厳と両性の本質的平等の要請に照らして合理性を欠く制度」ではない。民法750条は、憲法24条に違反するものではない。

　氏と名は不可分一体のものであり、切り離して考えることはできないと考えれば、「氏名の変更を強制されない自由」は憲法上の人格権の一内容と解する余地があろう。なお、本判決は、選択的夫婦別氏制を否定するものではない。

## Ⅲ 法の下の平等と差別の禁止

### 1 法の下の平等 ●━━━━━━━━━━━━━━━━●

　憲法 14 条 1 項は、「すべて国民は、法の下に平等であつて、人種、信条、性別、社会的身分又は門地により、政治的、経済的又は社会的関係において、差別されない」と定めている。

　法の「下に」平等とは、字面通り解釈すると、立法権により制定された法があって、その法の下で国民は平等に扱われるということを意味していると考えることができる。すなわち、行政権や司法権が法を適用するに際して、国民を差別してはならないという**法適用の平等**のみを意味し、法を制定する立法権は平等原則に拘束されないともとれる（**立法者非拘束説**）。しかし、そう解すると、国会は差別的な法律を制定することができることになってしまい、憲法に平等原則を定め、違憲審査制を置いた意味がなくなってしまう。不平等な内容の法律をいかに平等に適用しても、平等の保障は達成されることはない。したがって、一般に、法の下の平等とは、法適用の平等だけでなく、**法定立の平等**も含み、立法権も拘束すると解されている（**立法者拘束説**）。平等な内容の法律が、平等に適用されなければならないのである。これは平等が個人の尊重（13 条）に直結することからしても当然のことである。

### 2 平等の意味 ●━━━━━━━━━━━━━━━━●

　法の下の平等を法適用の平等と解すれば、機械的、画一的に法を均等に適用するだけで平等原則の要請を満たしたことになるから、難しい問題は生じない。しかし、法の下の平等を法定立の平等も含むと解すると、法の内容として何が憲法に適合する平等なのかを明確にしなければならないという難問に直面する。なぜなら、性別、年齢、肉体的能力、知的能力、財産、収入、職業などの事実上の差異をもっている諸個人を「平等」に扱わなければならないからである。

ここで、指針となる考え方は、「等しいものは等しく扱い、等しくないものは異なって扱う」ということである。すなわち、事実上の差異をもつ諸個人を、その差異を一切無視して、法的に完全に均等に扱うこと（**絶対的平等**）は、かえって不合理な結果となることがあり、むしろ、各人の事実上の差異を考慮してその差異に応じて異なった法的取り扱いをすること（**相対的平等**）が適切な場合があるということである。たとえば、選挙権は性別、財産などの各人の事実上の差異を捨象して、1人1票とすることが合理的である（もちろん、政治的判断能力があるか否かという基準からの年齢による差別は合理的である）。他方、労働条件につき女性にのみ有給の出産休暇を認めて保護を与えることや、各人の担税力に応じて税率に差異を設ける累進課税制度は、等しくないものを異なって扱うことにより、実質的に平等を確保するものと考えられる（**合理的差別**）。

　ただし、「等しくないものは異なって扱う」という相対的平等のルールも、決して一義的な基準を提供するのものではない点は注意を要する。たとえば、累進課税制度を例にして考えてみよう。Aが1,000万円、Bが300万円の収入があったとして、一律100万円の所得税を徴収することは絶対的平等には適うが、やはり不合理であり、相対的平等の観点から収入の違いを考慮して徴税することが合理的である。しかし、ここで、収入の違いという明確な基準に基づいて（形式的平等）、AとBの税額の比率を10対3とすることは必ずしも実質的には平等ではないともいえる（税率を20％とすると、それぞれ200万円、60万円となる）。やはり、担税力は収入に応じて累進的に高まるという観点やBの生存権保障という観点から、AとBの税額の比率を10対1とか15対1とすることが実質的に平等であると考えられる。しかしながら、相対的平等や実質的平等の考えは、AとBの税額の比率を一義的に決定するものではないのである。

## *3*　差別禁止事由の意味

　憲法14条1項後段は、「すべて国民は……人種、信条、性別、社会的身分又は門地により、政治的、経済的又は社会的関係において、差別されない」と定

め、具体的に差別禁止事由を列挙している。この列挙を限定的に解する見解も
あるが、例示的なものと解することが適切である。これは通説、判例の立場で
もある（最大判 1964・5・27 民集 18・4・676）。ここに列挙された事由に該当しない場
合でも、不合理な法的に異なる取り扱いは、法の下の平等からしてすべて禁止
される。ただし、そう解すると、わざわざ憲法が人種、信条、性別、社会的身
分、門地を明示的に列挙した意味がなくなるように思われる。そこで近時の有
力説は、この列挙に特別な意味を認めている。すなわち、これらの事由は、経
験的に見て差別的取り扱いの口実として利用されてきたことに留意して、憲法
は特に警戒したのである。したがって、これらの事由による異なる法的取り扱
いは、まずは不合理な差別と疑われることになる。そして、公権力の側がその
ような異なる取り扱いがやむにやまれぬほど必要不可欠であること、または、
実質的な平等を達成するのにどうしても必要であることを立証すれば、不合理
な差別との疑いは払拭され、合理的差別として許容されることになる。

　次に、列挙されている差別禁止事由ごとに概説しよう。

　①　**人種**　人種は身体的特徴による人類学上の分類であるが、社会科学上の
分類である民族もこれに含めてよいであろう。これについてはアイヌ民族問題
が重要である。1899 年の北海道旧土人保護法に代えて、1997 年にアイヌ文化
振興法が制定され、これに代えて 2019 年にアイヌ施策推進法が制定された。

　②　**信条**　信条は宗教的信仰だけでなく、広く思想上・政治上の主義、世界
観を含む。

　③　**性別**　戦前の日本では女性差別が甚だしく見られたが、戦後すぐに男女
平等の普通選挙が導入され、刑法の姦通罪や民法の妻の無能力などの規定が廃
止された。婚姻年齢（民 731 条）は、従来、男は 18 歳、女は 16 歳とされてい
たが、2018 年に男女ともに 18 歳に改正された（施行は 2022 年）。また、女性の
みの 6 カ月の再婚禁止期間の規定（民 733 条）は、後述する最高裁判決に応じ
て、100 日に短縮された。その後、2022 年に嫡出推定制度が改正され、婚姻の
解消等の日から 300 日以内に子が生まれた場合であっても、母が前夫以外の男
性と再婚した後に生まれた子は、再婚後の夫の子と推定するとされたため、女

性の再婚禁止期間は廃止された。

**再婚禁止期間**について、前述の最高裁判決は、次のように判示した（最大判 2015・12・16 民集 69・8・2427）。民法 733 条の立法目的は、「父性の推定の重複を回避し、もって父子関係をめぐる紛争の発生を未然に防ぐこと」であり、「子の利益の観点から」合理性が認められる。しかし、民法 772 条からすると、「計算上 100 日の再婚禁止期間を設けることによって、父性の推定の重複が回避される」。よって、「100 日超過部分は合理性を欠いた過剰な制約を課すもの」であり、憲法 14 条 1 項および憲法 24 条 2 項に違反する。

**日産自動車事件**判決が注目される。これは男子 60 歳、女子 55 歳の男女別定年制が問題とされた事件であり、最高裁は、女子従業員各個人の能力等の評価を離れて、女子全体を会社に対する貢献度の上がらない従業員と断定する根拠はないこと、60 歳前後までは男女とも通常の職務であれば企業経営上要求される職務遂行能力に欠けるところはないことなどを理由として、男女別定年制はもっぱら女子であることのみを理由とする不合理な差別であるとした（最判 1981・3・24 民集 35・2・300）。現在では、1985 年に制定された**男女雇用機会均等法**が、定年について性別による差別的取扱いを禁じている（6条4号）。なお、同法は、募集および採用についての男女の機会均等（5条）、あらゆる雇用ステージ（配置、昇進、教育訓練、福利厚生、解雇など）についての性別による差別的取扱いの禁止（6条）、妊娠・出産・産前産後休業の取得を理由とする解雇の禁止（9条）などを定めている。

性同一性障害特例法 3 条 1 項 4 号は、性別の取扱いの変更の要件として、「生殖腺がないこと又は生殖腺の機能を永続的に欠く状態にあること。」と定めており、そのためには生殖腺除去手術を受ける必要があるとされてきた。この規定の合憲性につき、最高裁は以下のように判示した。「性同一性障害に対する治療として、どのような身体的治療を必要とするかは患者によって異なるものとされたことにより、必要な治療を受けたか否かは性別適合手術を受けたか否かによって決まるものではなくなり、上記要件を課すことは、医学的にみて合理的関連性を欠くに至って」おり、また、「身体への侵襲を受けない自由を

放棄して強度な身体的侵襲である生殖腺除去手術を受けることを甘受するか、又は性自認に従った法令上の性別の取扱いを受けるという重要な法的利益を放棄して性別変更審判を受けることを断念するかという過酷な二者択一を迫るもの」である。よって、本件規定は必要かつ合理的なものということはできず、憲法13条に違反するものというべきである（最大決2023・10・25）。

④　**社会的身分**　これについては、被差別部落の問題があり、いまだに解決されてはいない。また、社会的身分の意味については見解の対立が見られる。自己の意志をもってしては離れることのできない固定した地位と解する狭義説、人が社会において一時的ではなしに占める地位と解する広義説、人が社会において一時的ではなく占める地位で、自分の力ではそれから脱却できず、それについて事実上ある種の社会的評価が伴っているものと解する中間説がある。14条1項後段の列挙に特別な意味を認める立場は、狭義説ないし中間説と結びつく（芦部・憲法・145頁）。

判例としては、まず、**尊属殺重罰規定違憲判決**が重要である（ただし、最高裁は親子関係は社会的身分に該当しないとしている。最大判1950・10・11刑集4・10・2037）。1995年改正前の刑法はいわゆる親殺しを普通の殺人と区別して重罰規定を置いていた。すなわち、刑法199条は、「人ヲ殺シタル者ハ死刑又ハ無期若クハ3年以上ノ懲役ニ処ス」とし、これに対して、刑法200条は、「自己又ハ配偶者ノ直系尊属ヲ殺シタル者ハ死刑又ハ無期懲役ニ処ス」としていた。実父に夫婦同然の関係を強いられていた被告人が実父を殺害し、自首した事件で、刑法200条は不合理な差別にあたるのではないかが争われた。最高裁は、次のように判示した。

すなわち、「尊属に対する尊重報恩は、社会生活上の基本的道義というべく、このような自然的情愛ないし普遍的倫理の維持は、刑法上の保護に値する」。したがって、「被害者が尊属であることを犯情のひとつとして具体的事件の量刑上重視することは許されるものであるのみならず、さらに進んでこのことを類型化し、法律上、刑の加重要件とする規定を設けても、かかる差別的取扱いをもってただちに合理的な根拠を欠くものと断ずることは」できない。しかし、

「刑法 200 条は、尊属殺の法定刑を死刑または無期懲役刑のみに限っている点において、その立法目的達成のために必要な限度を遥かに超え、普通殺に関する刑法 199 条の法定刑に比し著しく不合理な差別的取扱いをするものと認められ、憲法 14 条 1 項に違反して無効である」(最大判 1973・4・4 刑集 27・3・265)。

　ここで注意すべきは、尊属殺の立法目的ではなく、重罰規定という立法目的の達成手段が違憲とされたことである。すなわち、普通殺の受刑者と尊属殺の受刑者の不平等は容認され、たんに不平等な取扱い (刑罰の重さの違い) の程度が不合理であるとして違憲とされたにすぎない。なお、1995 年の刑法改正により、尊属殺の規定は、尊属傷害致死 (205 条 2 項)、尊属に対する保護責任者遺棄 (218 条 2 項) 及び尊属逮捕監禁 (220 条 2 項) に関する規定とともに削除された。

　次に、**非嫡出子差別の問題**も重要である。非嫡出子の法定相続分を嫡出子の 2 分の 1 とする民法 900 条 4 号ただし書の規定が法の下の平等を定める憲法 14 条に違反するかが争われた事件で、最高裁は、次のように判示した。

　すなわち、「伝統、社会事情、国民感情」や「婚姻ないし親子関係に対する規律、国民意識等」を「総合的に考慮した上で、相続制度をどのように定めるかは、立法府の合理的な裁量判断に委ねられている」が、法定相続分に関する区別に「合理的根拠が認められない場合には」当該区別は憲法 14 条 1 項に反する。上記の「事柄は時代と共に変遷するもの」であり、そのような事柄の変遷としては、我が国における婚姻や家族の実態の変化、国民の意識の変化などが挙げられる。なお、本件規定が補充的に機能する規定であることは、「その合理性判断において重要性を有しない」。以上から、「家族という共同体の中における個人の尊重がより明確に認識されてきたことは明らか」であり、「父母が婚姻関係になかったという、子にとっては自ら選択ないし修正する余地のない事柄を理由としてその子に不利益を及ぼすことは許され」ないという考えが確立されてきており、「本件規定は、遅くとも平成 13 年 7 月当時において、憲法 14 条 1 項に違反していた」(最大決 2013・9・4 民集 67・6・1320)。

　さらに、**国籍法違憲判決** (最大判 2008・6・4 民集 62・6・1367) が重要である。国籍法は父母両系血統主義を採り、出生の時に父または母のいずれかが日本国民

であるときには子が日本国籍を取得するものとしている（2条1号）。よって、日本国民である父または母の嫡出子として出生した子、日本国民である父から胎児認知された非嫡出子および日本国民である母の非嫡出子（母子関係は分娩の事実のみで確認できる）は、生来的に日本国籍を取得する。また、国籍法は、日本国民ではない者を母とし、日本国民である父から出生後に認知された子のうち、準正により嫡出子たる身分を取得した場合のみ同法3条1項所定の届出により日本国籍を取得するとしていたので、出生後に認知されたが父母が法律上の婚姻をしていない場合には上記の届出により日本国籍を取得できなかった。このような日本国民である父から出生後に認知されたにとどまる非嫡出子に対する取り扱いが憲法14条に違反するか、また、国籍取得を認めるべきかが争われた。最高裁は、次のように判示した。

　すなわち、「日本国籍を生来的に取得しなかった場合には、その後の生活を通じて国籍国である外国との密接な結び付きを生じさせている可能性があるから」、国籍法3条1項は、「我が国との密接な結び付きの指標となる一定の要件」を満たす場合に限り出生後における日本国籍の取得を認めることとしたのであり、このような立法目的自体には「合理的な根拠」がある。また、本件規定が設けられた当時の社会通念や社会的状況の下においては、「認知に加えて準正を日本国籍取得の要件としたことには、上記の立法目的との間に一定の合理的関連性があった」。しかし、「その後、我が国における社会的、経済的環境等の変化に伴って」、家族生活や親子関係に関する社会通念および社会的状況も変化し、「日本国民である父が日本国民でない母と法律上の婚姻をしたことをもって、はじめて子に日本国籍を与えるに足りるだけの我が国との密接な結び付きが認められるものとすることは、今日では必ずしも家族生活等の実態に適合するものということはできない」。遅くとも本件上告人が国籍取得届を提出した時点において、「国籍法3条1項の規定が本件区別を生じさせていることは、憲法14条1項に違反する」。したがって、「父母の婚姻により嫡出子たる身分を取得したという部分を除いた国籍法3条1項所定の要件が満たされるときは、同項に基づいて日本国籍を認められる」とした。

⑤ **門地** 門地とは、家柄を意味する。その典型は、戦前の華族であるが、憲法 14 条 2 項は、「華族その他の貴族の制度は、これを認めない」としている。

## Ⅳ 平等の現代的課題

### 1 積極的差別解消措置 ●━━━━━━━━━●

　歴史的に差別を受けてきたグループに対して、結果の平等を実現するために優先的という意味での不均等な取り扱いを公権力が行うこと、また、私人間でもそうすることを公権力が求めることが認められるか否かが議論されている。これは**積極的差別解消措置（アファーマティブ・アクション）**と呼ばれるものであり、社会に蓄積された不平等を解消するために極めて有意義な効果をもつ。たとえば、アメリカ合衆国では、黒人や女性に対し大学の入学や雇用などに特別枠を設けて、優先的な処遇を与えることが行われている。しかし、優先的な処遇は常に逆差別の問題をはらんでいることにも留意する必要がある。もちろん、逆差別に至らない程度の優先的処遇であれば、機会の平等を実質的に確保するものとして許容されよう。

### 2 間接差別 ●━━━━━━━━━●

　通常、差別的取り扱いは合理的な理由なしに性別などに基づいて異なる取り扱いをするという直接差別として現れるが、一見すると合理的で差別する意図を含まない中立な基準による異なる取り扱いが、結果的にあるグループを差別していることがある。これを**間接差別**という。たとえば、従業員を募集するに際して身長 170 cm 以上の男女という条件をつけたとする。この条件はそれ自体、男女を差別する意図を含むものではない性別に中立な基準といえそうであるが、実際には身長 170 cm 以上の女性は多くはないので、採用されるのは男性が大部分を占めることになり、結果として、性別に中立な基準により女性は排除されることになろう。この場合、職務の性質上、170 cm 以上の身長がど

うしても必要であるならば別であるが、通常の職務については 170 cm 以上の身長は必要ではないので、そのような条件は女性を間接的に差別するものと考えることができる。間接差別について、日本では明確な法理は形成されていないが、やはり、平等の問題として救済していく必要があろう。

```
┌─────【チェック・ポイント】─────┐
│                                              │
│ ・累進課税制度は、どのような平等の観念から合理的に説明されるか。 │
│ ・刑法の尊属殺の規定は最高裁により違憲とされたが、その論旨はど │
│   のように構成されていたか。                  │
│ ・アファーマティブ・アクションは、平等原則に抵触するか。実例を │
│   1つあげよ。                                │
│                                              │
└──────────────────────────────┘
```

**Book Guide**

阿部照哉・野中俊彦『現代憲法体系 ③ 平等の権利』（法律文化社、1984 年）

樋口陽一編『講座・憲法学 第 3 巻 権利の保障(1)』（日本評論社、1994 年）

岩波講座『現代の法 11 ジェンダーと法』（岩波書店、1997 年）

辻村みよ子『憲法とジェンダー』（有斐閣、2009 年）

# 内面の精神的自由

思想・良心・信教・学問の自由

```
レジュメ
```

Ⅰ 思想・良心の自由：自由権の中の精神的自由に位置づけられる
内心の自由、沈黙の自由、自己の良心に反する行
為を強制されない自由 → 良心的兵役拒否
Ⅱ 信教の自由：近代憲法に必ず保障されている精神的自由権の代表格
 1 信教の自由の意義と内容 ① 内心における宗教的信仰の自由
② 宗教的行為（儀式）の自由
③ 宗教を布教する自由
④ 宗教団体の結成の自由 → 裁判所によ
る宗教法人の解散命令決定制度がある
 2 信教の自由の限界：信教の自由の名の下にどんな行為も憲法上承認さ
れるわけではない。反社会的行為の排除 → 必要最小限の制限
 3 政教分離……国家の宗教的中立性・国家の非宗教性を守る憲法原則
　　　　　限定分離説　　　　　　　　　　完全分離説
　　　　　　　↓　　　　　　　　　　　　　　↓
　　　　津地鎮祭最高裁判決多数意見　　同判決少数意見・通説
　　　　　　　↓
　　　　目的効果基準：① 当該行為の目的が宗教的意義をもち、② その効果が
宗教に対する援助、助長、促進または圧迫、干渉等に
なるような行為
Ⅲ 学問の自由
 1 学問の自由の意義：① 学問研究の自由　② 研究発表の自由　③ 教授
の自由
 2 大学自治の内容：① 教員人事の自主決定権　② 研究・教育内容、方
法、対象の自主決定権　③ 財政自治権　④ 学生自
治権、⑤ 大学の施設管理権　内部秩序維持権。④＋
⑤東大ポポロ事件最高裁判決……学生自治権の否定
 3 学術研究機関の自律性の保障
　　「学問の自由」は、学術組織の自律性と独立性の保障にも及ぶ。
　　日本学術会議構成員の自主的な選出。
　　→日本学術会議法7・17条……内閣総理大臣の任命は形式的行為。
　　　　　　　　　　　　　　　　任命拒否は違憲の疑い。

# ① 思想・良心の自由

　自由権は、精神的自由、経済的自由、人身（身体）の自由の3つに区分できる。ここで述べる思想・良心の自由、信教の自由、学問の自由は、第7講以下の表現の自由と同様、精神的自由に含まれる。人の精神的な活動は、「国家から自由」であることによって最大限に実現できる権利であり、その点、精神的自由は、自由権の名に最もふさわしい権利である。

　憲法19条は「思想及び良心の自由は、これを侵してはならない」と規定している。ここでいう思想とは人間の思考一般を指し、良心とは思想のうち、倫理性が備わっているものをいうが、この両者を区別する必要はない。というのも、憲法19条の規範的意味は、各人の内心の考え、つまり世界観、人生観、主義・主張などを広く保障することにあるからである。これを**内心の自由**という。

　**思想・良心の自由**は、絶対的に無制限である。「個人が何を考えるか自由である」という場合、これは本来、法の規制に服さない事柄であるから、思想・良心の自由は、あまりにも当然のことを規定しているといえるかもしれない。しかし、踏み絵の例でも分かるように、ある者が、何らかの方法で個人の思想・良心を探知することは可能である。憲法19条の第1の規範的意味は、まさにここにある。つまり憲法19条は、国家権力が何らかの方法により個人の思想・良心を探知しようとした場合、個人は、これに答えなくてもよい**沈黙の自由**を保障しているといえる。

　この沈黙の自由の侵害事例として、就職試験で個人の思想などを調査した**三菱樹脂事件**が有名である。最高裁判所は「労働者の採否決定にあたり、労働者の思想、信条を調査し、そのためその者からこれに関連する事項についての申告を求めること」は違法ではないと判示している（最大判1973・12・12民集27・11・1536）。しかし、沈黙の自由は、相手方に対し自己の思想などを調査されない自由を含む。したがって、三菱樹脂訴訟では、会社側による思想・信条の調査自体、憲法上合理性がなかったと見るべきであろう。

第2に、憲法19条は、自己の思想・良心に反する行為を強制されない自由も保障している。この代表例として**良心的兵役拒否**がある。良心的兵役拒否とは、徴兵制が採用されている国で、兵役につくことが自己の良心に反するという者に、兵役の免除あるいは兵役の代替措置を認めることをいう。ドイツ基本法4条3項は「何人も、その良心に反して、武器をもってする軍務を強制されてはならない」と規定しているのは、この良心的兵役拒否を憲法上の権利にまで高めたものとして知られている。日本の場合、徴兵制は採用されていないため良心的兵役拒否を論ずる必要度は低い。ただ自衛隊法による防衛出動、治安出動が発せられた場合、自衛官が「武器をもって人を害することは良心上できない」というときには、憲法19条の良心の自由の適用問題が生まれる。

　また、自己の思想・良心に反する行為を強制されない自由が問題となる事例として、民法上の名誉毀損を回復するために利用されている**謝罪広告**がある。民法723条は「名誉を回復するのに適当な処分」を認めているが、最高裁は「単に事態の真相を告白し陳謝の意を表明するにとどまる程度の」謝罪広告は、憲法19条に背反しないと判示している（最大判 1956・7・4 民集 10・7・785）。しかし「陳謝」を要求する謝罪広告は、「本人の信条に反し、彼の欲しないかもしれない意思表明の公表を強制するものであって、憲法19条に違反する」（少数意見）と考えられる。

　その他、特に教育の場における「日の丸・君が代」強制問題も良心の自由と抵触する場合がある（この点については第24講参照）。

## Ⅱ　信教の自由

### *1*　信教の自由の意義 ●━━━━━━━━━━━━━━━━━━●

　**信教（宗教）の自由**は、近代憲法で必ず保障されている自由権である。たとえば人権の発展史に多大な影響を与えたヴァージニアの権利章典（1776 年）は16項で「すべての人は良心の命ずるところにしたがって、自由に宗教を信仰

する平等の権利を有する」と規定し、またアメリカ建国時代の政治家ジェファソンとマディソンによって構想されたヴァージニア信教自由法（1786年）2項でも「すべての人は、宗教についての各自の見解を表明し、これを弁護支持する自由を有する」と規定し、信教の自由が近代憲法史において重要な部分を占めていたことを教えている（高木八尺ほか編・人権宣言集［岩波文庫］にこれらの条文が掲載されている）。

　他方、旧憲法28条は「日本臣民ハ安寧秩序ヲ妨ケス及臣民タルノ義務ニ背カサル限ニ於テ信教ノ自由ヲ有ス」と規定していたが、この規定は、自由保障よりも義務の側面が強く、その点、信教の自由制限として利用されてきた。たとえば、神権天皇制の下、**国家神道**が国教的地位をもち、また国家神道の宗教的祭祀者であり、現人神である天皇が、すべての宗教の頂点に立ち、臣民は国家神道を崇拝することを強いられていた。この個人の魂まで支配した神権天皇制、国家神道は、日本型ファシズムの特徴である。そこで敗戦後、ポツダム宣言10号を受け、1945年12月15日、総司令部は国家神道の禁止のために**神道指令**を布告した。ここにおいて日本で初めて個人の信教の自由が保障される土壌が培われたのである。

## *2* 　信教の自由の内容　●━━━━━━━━━━━━━━━━━━●

　憲法20条1項前段は「信教の自由は、何人に対してもこれを保障する」と規定している。この規定の意味は4つある。① 内心における宗教的信仰の自由、② 宗教的行為（儀式）の自由、③ 宗教を布教する自由、④ 宗教団体の結成の自由である。①は、19条の「内心の自由」と重なる。これは、特定の宗教を信じる自由、その宗教を変える自由、無宗教の自由、宗教について他者からの質問に答えない沈黙の自由を意味する。

　②は表現の自由と重なる。これはたとえば礼拝・祈禱の自由、その他宗教上の様々な儀式に参加する自由をいう。この点について20条2項は「何人も、宗教上の行為、祝典、儀式又は行事に参加することを強制されない」と規定している。明治憲法時代、公務員のみならず個人も神社への参拝が強制されたが、

このような特定の宗教に参列させることは、現憲法では一切禁止される。また法律上、宣誓が要求される場合であっても（刑訴154条、議院証言2条など）、宣誓に宗教的方法をとることは禁じられる（佐藤功・コメ上・309頁）。

　③の布教の自由とは、自己の信ずる宗教を宣伝し、他者をその宗教に勧誘することをいう。ただこの布教活動は、憲法20条3項、教育基本法15条2項によって公立学校で行うことは禁止されている。また布教活動の一環として、教団への寄付活動がある。教団による信者に対する寄付の勧誘が、信者の社会生活を崩壊させる場合がある。ときには、信者が犯罪を犯してまで資金を集め、この資金を教団に提供することすらある。こうした寄付の強要を禁止するために「法人等による寄附の不当な勧誘の防止等に関する法律」（**不当寄付勧誘防止法**／2022年）が制定された。同法3条1号は、教団の配慮義務として「個人の自由な意思を抑圧」すること、同2号は「個人又はその配偶者若しくは親族」の「生活の維持を困難」にすることなどの制約を定めている。加えて、同法4条6号は、「霊感その他の合理的に実証することが困難な特別な能力」による悪質な寄付行為を禁止することとした。

　④の宗教団体の結成の自由は、憲法21条の結社の自由の一部である。したがって宗教団体を結成することは何ら制限はない。しかしある宗教団体が、法人格を得るには、宗教法人法上、一定の要件を満たし「認証」を受けることが必要である。

　**宗教法人**の解散は、裁判所による解散命令の決定でもって行われる（宗法43・81条参照）。この点につき最高裁は、オウム真理教解散命令訴訟において「法令に違反して、著しく公共の福祉を害すると明らかに認められ、宗教団体の目的を著しく逸脱した行為をしたことが明らかである」ことを理由に、当該宗教法人の解散決定を下した（最決1996・1・30民集50・1・199）。解散命令の制度は、宗教法人の法人格性を奪うことにある。この制度は、当該宗教団体の結社としての性格までも否定するものではなく、したがって解散命令制度は違憲ではない。ただし、破壊活動防止法によって、結社としての宗教団体の活動が制限され、団体が禁止される場合には、宗教団体の結成の自由との抵触問題は残る（団体

規制法については、第8講参照）。

### *3* 信教の自由の限界

　個人の信教の自由が最大限保障されるべきだとしても、おのずと一定の限界はある。宗教にかこつけて人の弱みにつけ込んだ違法な商品売買や教団への寄付の強要は、極めて反社会性が強く、これを規制しなければ、各人の様々な人権はかえって侵害されてしまう。

　信教の自由の限界を見る場合、2つの類型が考えられる。第1に、特定の信仰をもった者による行為（宗教的行為・活動）につき、その行為の目的と手段の関係でその相当性が問われる場合である。たとえば、僧侶が障害児の母親から依頼されて、子どもに加持祈禱を行い、数時間にわたり身体を拘束し傷害行為を繰り返し、当人を死亡させた事例について、最高裁判所は「信教の自由の保障を逸脱したもの」と判示した（最大判 1963・5・15 刑集 17・4・302）。また学生運動をしていた高校生が警察に追われていたところ、尼崎教会の牧師がこれをかくまったとして犯人蔵匿罪で起訴された事例では、この牧師の行為は、憲法が保障する「礼拝の自由」であり、このかくまった行為が「宗教的行為の自由を明らかに逸脱したものとは到底解することはできない」とされ、無罪判決を下したことがある（**種谷牧師事件** 神戸簡判 1975・2・20 判時 768・3）。

　第2に、各人が信仰する宗教教義が、他者の行為によって侵害される可能性がある場合である。これは学校教育の場面でよく問題となる。たとえば、牧師の子が日曜学校に出席するため、公立小学校の日曜参観授業を欠席した事例につき、東京地裁は、宗教行為に参加する児童を出席免除にすることはかえって「公教育の宗教的中立性を保つ上で好ましいことではない」と判示している（東京地判 1986・3・20 行集 37・3・347）。またエホバの証人という宗教団体の教義に従い、市立工業高等専門学校の生徒が必修科目の体育の剣道実技を拒否し、留年・退学処分を受けた事例では、最高裁判所は学校側の措置は「社会観念上著しく妥当を欠く処分」であり、「裁量権の範囲を超える違法なもの」と判示した（最2小判 1996・3・8 民集 50・3・469）。

これらの事例は、宗教的信仰の限界問題である。基本は各人の信仰を尊重しつつ、これを制限する場合には、必要最小限の制限が考慮されるべきであろう。その点、日曜参観の事例では公立学校側に「宗教的寛容」が求められるべきだったと思われる（加藤・憲法・82頁）。

### *4* 政教分離 ●──────────────────────────●

　憲法20条1項後段は「いかなる宗教団体も、国から特権を受け、又は政治上の権力を行使してはならない」と規定し、89条は「公金その他の公の財産は、宗教上の組織若しくは団体の使用、便益若しくは維持のため……これを支出し、又はその利用に供してはならない」と規定している。この規定の意義は、国家が宗教と何ら交渉をもってはならないこと、つまり憲法は国家の非宗教性、宗教的中立性を要求していることにある。

　一般にこのように国家と宗教とを別の世界で生活させる法概念を**政教分離**という。旧憲法の下では、国家と宗教は合致していたが（祭政一致）、現憲法では、かつて国家神道が国家理念の指導原理となり、個人の魂まで支配したことを踏まえ、両者を分離させる憲法構造を採用している。

　もっとも政教分離は、それぞれの国の宗教的事情からその分離の程度に違いがある。たとえば、イギリスでは国教制度が設けられ（イギリス国教会）それ以外の宗教団体には宗教的寛容をとることによって、信教の自由の保障が図られている。ドイツでは国家と教会が**コンコルダート（政教条約）**を締結し、教会に公法人としての憲法的地位を認め、教会に関わる事項を教会に自主的に委ねる方式をとっている。通説では、現憲法が要求する政教分離は、上述したような形態ではなく、アメリカ、フランスのとる厳格な政教分離と解されている（樋口ほか・注解憲法Ⅰ・395頁）。

### （1） 政教分離の学説

　政教分離については、**完全分離説**と**限定分離説**が対立している。通説である完全分離説は、国家と宗教との徹底的な分離を要求し、国家が宗教に関わり合う可能性を極力、回避すべきだという。これに対し、限定分離説をとる**津地鎮**

祭最高裁判決の多数意見は、「国家が宗教とのかかわり合いをもつことを全く許さないとするものではなく、宗教とのかかわり合いをもたらす行為の目的及び効果にかんがみ……相当とされる限度を超えるものと認められる場合にこれを許さないとするものである」（最大判 1977・7・13 民集 31・4・533）と判示し、津市の公金による神式に即した地鎮祭を合憲と判断している。ここに端的に表れているように、国家と宗教との関係を緩やかに解する限定分離説は、信教の自由を守るために憲法が採用した政教分離原則を曖昧にする学説だといえる。

### （2） 目的効果基準

　津地鎮祭最高裁判決（多数意見）は、アメリカの判例理論を借用して日本的な**目的効果基準**を展開している。すなわち同判決によれば、憲法 20 条 3 項で禁じられる国およびその機関による「宗教的活動」とは① 当該行為の目的が宗教的意義をもち、② その効果が宗教に対する援助、助長、促進または圧迫、干渉等になるような行為をいうと判示した。しかもこの基準の具体的適用場面では、「一般人の宗教的評価」がその目的と効果の内容を確定するという論理を採用している。

　たしかに完全分離説を採用した場合にも、国家と宗教とのかかわり合いをすべて否定することはできない。多少重なり合う場面がある。たとえば、仏像、伝統的寺院など重要文化財保護のための文化領域や福祉、教育の領域などがそうである。国家がそうした領域に相手方が宗教色を帯びているからといって、一切かかわりをもたないということはできない。本来、目的効果基準は、そうした文化、福祉、教育という場面で国家が宗教とつきあわざるを得ないときに、国家の行為が合憲かどうかを判断するために構想された理論である。しかし地鎮祭のような宗教的活動そのものへの公金支出については、目的効果基準の適用以前の問題である。国家の宗教的活動は、それ自体憲法 20 条 3 項で禁じられており、この分野への目的効果論の適用は、「一般人＝多数者の意識」の利用と相まって、政教分離原則を曖昧化するだけである（樋口・憲法・226 頁）。

### （3） 判例の傾向

　**自衛官合祀訴訟**が重要である。最高裁は目的効果基準を使い、山口県隊友会

の合祀申請行為について「宗教とのかかわり合いは間接的であり、その意図、目的も合祀実現により自衛隊の社会的地位の向上と士気の高揚を図ることにあった」と判示した。また信教の自由について「信教の自由の保障は、何人も自己の信仰と相容れない信仰を持つ者の信仰に基づく行為に対して、それが強制や不利益の付与を伴うことにより自己の信教の自由を妨害するものでない限り寛容であることを要請している」と判断した。

　この判決は学説上、批判が多い。第1に、県隊友会の合祀申請行為それ自体が、そもそも政教分離に反する点を見過ごした点。第2に、目的効果基準にいう「目的」の適用する場面を申請行為の結果として神式の「合祀」を行う点に求めず、「合祀」の結果として「自衛隊の社会的地位の向上と士気の高揚」に求めたこと。第3に、宗教的寛容を1人のキリスト教徒と護国神社・山口県隊友会（元自衛官の任意団体）との関係で明らかに弱者に立つ前者に求めたことである。このような「寛容」は、正確な日本語の意味でも誤用である。

　靖国神社をめぐっても多くの訴訟が提起されている。第1に、**岩手靖国訴訟**である（仙台高判1991・1・10判時1370・3）。仙台高裁は、岩手県議会が内閣総理大臣の靖国神社公式参拝を要望した決議につき、公式参拝は憲法20条3項で禁止され違憲と判示し、同決議を違法とした（2審で確定）。

　第2に、**愛媛玉串料訴訟**である。本件第1審は、愛媛県の公金による玉串料などの支出は政教分離に反すると判示したが、第2審はかかる支出は「社会的儀礼として受容される」と述べ、またそのような支出は「特定の宗教である神社神道への関心を呼び起こし、これに対する援助、助長、促進又は他の宗教に対する圧迫、干渉等」を引き起こさないとし、合憲判断を下した（高松高判1992・5・12判時1419・38）。これに対し、最高裁は、従来の目的効果基準を採用しつつ、「一般人が……玉串料等の奉納を社会的儀礼の一つにすぎないと評価しているとは考えがたい」と述べ、また玉串料等の奉納は、これを受けた靖国神社、県護国神社に対する「特定の宗教への関心を呼び起こすものといわざるをえない」と判示し、両神社への愛媛県知事が行った公金支出を憲法違反と断じた（13対2　最大判1997・4・2民集51・4・1673）。

第3に、靖国神社に戦後初めて**公式参拝**した中曽根首相の行為を争ったケースがある。この 1985 年 8 月 15 日に行われた公式参拝につき、福岡高裁、大阪高裁とも傍論で公式参拝は違憲の疑いが強い旨を明らかにした（福岡高判 1992・2・28 判時 1426・85、大阪高判 1992・7・30 判時 1434・38）。加えて、小泉首相による三度の靖国神社参拝については、大阪高裁は、憲法 20 条 3 項の「宗教的活動」に該当するとして違憲判断を下した（大阪高判 2005・9・30 訟務月報 52・9・2979）。しかし、最高裁判所は、「人が神社に参拝する行為自体は、他人の信仰生活等に対して圧迫、干渉を加えるような性質のものではないから、他人が特定の神社に参拝することによって、自己の心情ないし宗教上の感情が害されたとし不快の念を抱いたとしても、これを被侵害利益として直ちに損害賠償を求めることはできない」と判示し、国家賠償請求を斥けた（最判 2006・6・23 判時 1940・122）。

国・自治体と神社との関係について、**砂川政教分離訴訟**（空知太神社訴訟）が重要である。最高裁判所は、氏子集団は、町内会に包摂される団体ではあるものの、町内会とは別に社会的に実在している組織であり、宗教的行事等を行うことを主たる目的とし、憲法 89 条にいう「宗教上の組織若しくは団体」に該当すると判断した。その上で、氏子集団が、砂川市からその設置に伴う便益を享受している点について、「本件利用提供行為は、その直接の効果として、氏子集団が神社を利用した宗教的活動を行うことを容易にしているもの」とされ、砂川市の行為が「公の財産の利用提供」（89条）に該当し、憲法 20 条 1 項後段が禁止する宗教団体に対する特権の付与にも抵触すると判示した（最大判 2010・1・20 民集 64・1・1）。政教分離は、従来の判例よりも厳格に適用されるようになってきている。

この傾向は、宗教それ自体ではなく、崇拝対象となる宗教的なるものに対しても向けられている。都市公園内に設置された儒教の祖である孔子を奉る孔子廟について、那覇市は、当該公園使用料の免除したところ、住民訴訟が提起された。この**孔子廟訴訟**において最高裁判所は、孔子廟は単なる観光施設ではなく、「孔子の霊の存在を前提として、これを崇め奉るという宗教的意義を有する」と判示し、一般人の目から見て、市が孔子廟の施設における活動について

「特定の宗教に対して特別の便益を提供し、援助していると評価されてもやむを得ない」とし、憲法 20 条 3 項の政教分離に違反し、違憲判断を下した（最大判 2021・2・24 民集 75・2・29）。

## Ⅷ　学問の自由

　憲法 19 条において思想・良心の自由を保障し、21 条で表現の自由を保障した上で、学問の自由がさらに保障されるのは、学問研究が従来の考え方を批判し、新たなるものを生み出すという学問の特質と関連している。つまり学問研究には、多様な自由が必要であり、そうした自由があって初めて学問は、人類の幸福の進展に寄与するのである。

　旧憲法では学問の自由の条文は存在せず、むしろ学問は国家に従属していた。たとえば旧大学令（1918 年）1 条は「大学ハ国家ニ須要ナル学術ノ理論及応用ヲ教授シ……国家思想ノ涵養ニ留意スベキモノトス」と規定し、学問研究の中心である大学は、国家によって枠づけられていた。そのため、自由な研究活動は阻害され、ときの政府の都合によって学問は弾圧されることがしばしばあった。たとえば、戦前のファシズム時代に**滝川事件**（1933 年）、**天皇機関説事件**（1935 年）が起こったが、これら一連の事件は、国家権力による学問・大学の弾圧の歴史として広く知られている。

### *1*　学問の自由の意義　●━━━━━━━━━━━━━━━●

　憲法 23 条は「学問の自由は、これを保障する」と規定している。この規定には学問の自由の権利主体が明記されていないが、各個人がその権利をもつと解される。

　**学問の自由**は 3 つのことを意味する。① 学問研究の自由、② 研究発表の自由、③ 教授の自由である（芦部・憲法・182 頁）。学問研究の自由とは、何人も自由な研究を行い、その成果についてどのような学問的態度をとろうとも自由であるということである。その点、憲法 19 条の内心の自由と重なり合う。研究

発表の自由とは、何人も学問的見解を表現する自由をもつということである。これは表現の自由とも関連する。教授の自由とは、何人も学問的成果に基づいて学問的見解を教授する自由があるということである。

　これらの自由は、主に大学を場として行われるが、しかし 23 条の学問の自由が各個人の人権であることから、必ずしも大学に所属する学生および教員だけが、学問の自由を享受するというように制限的に見る必要はない。たとえば、③ 教授の自由は、大学の教員だけの特権ではなく、大学以外の普通教育機関にもあてはまる。この点、旭川学力テスト事件で最高裁が、一定の範囲ながら普通教育機関にいる教師の教授の自由を認めたのは、23 条の当然の解釈の結果である（最大判 1976・5・21 刑集 30・5・615）。

## *2*　大学の自治 ●━━━━━━━━━━━━━━━━━━●

　憲法 23 条が保障する**大学の自治**は、次の 5 点が含まれる。① 教員人事の自主決定権、② 研究・教育内容、方法、対象の自主決定権、③ 財政自治権、④ 学生の自治権、⑤ 大学の施設管理権、内部秩序維持権である。

　これらのうち、④⑤の課題がよく問題となる。この点については**東大ポポロ事件**が重要である。最高裁は④に関し次のようにいう。「大学の学問の自由と自治は、大学が……深く真理を探究し、専門の学芸を教授研究することを本質とすることに基づくから、直接には教授その他の研究者の研究、その結果の発表、研究結果の教授の自由……を意味する。大学の施設と学生は、これらの自由と自治の効果として、施設が大学当局によって自治的に管理され、学生も学問の自由と施設の利用を認められるのである」（最大判 1963・5・22 刑集 17・4・370）。

　この判決は、大学の自治の直接的な担い手としての学生自治権を否定し、学生を単なる施設利用者に格下げした点で批判が多い。大学は、教員、職員と学生によって構成されており、三者はともに大学の自治の担い手である。たしかに学生を前二者と同様に扱うことは困難であろう。しかし最高裁のように大学の自治の担い手から、学生を完全に排除することは、結局、大学の自治を「教授・教授会」の自治と狭く見ることになる。

また、⑤については大学に対する警察権との関係が重要である。警察権が大学に及ぶのは当然であるが（大使館のような治外法権は大学には認められない）、大学は自治組織であり、警察権の行使は大学の認める範囲で承認されるべきである。したがって捜査令状がある場合でも、「限定された空間が特定され、かつ、その限界が明確にされ」大学関係者の立ち会いの下で行われなければならない。同時に、警察権による警備活動については、厳格な制限が加えられる。というのも、開かれた空間である大学に警備警察官が日常的に入り、情報収集などを行えば、教員、学生の自由な研究活動は阻害されるからである。東大ポポロ事件最高裁判決は、ポポロ劇団の活動を大学の自治の保障の外にある「政治的・社会的活動」と認定し、この分野への警備活動を是認した。しかし学生自治権による活動は多様であって、違法行為を招く可能性のない学生活動については、これを警備対象とするのは、何ら憲法上、合理的理由をもたない。

### *3*　学術研究機関の自律性の保障 ●━━━━━━━●

　憲法 23 条の学問の自由およびそこに展開されている自由・自治の各要素は、大学以外の研究組織体にも妥当する。国公立・私立を問わない。国は多くの研究機関・機構を有しているが、法律において特にその設立・運用が定められている日本学術会議がある。旧憲法時代、主に大学の研究者が、捕虜に対する人体実験、細菌兵器、毒ガス兵器などの兵器開発に積極的に加担してきた。そこで現憲法制定後、その反省に立ち、二度と兵器開発をしてはならないとの決意の下、「わが国の科学者の内外に対する代表機関として、科学の向上発達を図り、行政、産業及び国民生活に科学を反映浸透させる」（日本学術会議法 2 条）ために、政府から独立した日本学術会議を設置した。

　日本学術会議が、政府から独立して、政府の諮問に答え（同法 4 条）、また政府に「勧告する」（同法 5 条）権限を実効化するには、日本学術会議の構成員を自分たちで選出する自治が絶対不可欠である。人事について、政府の介入があれば、必ず、専門智とは異なる尺度で人選が可能となるからである。同法 7 条および 17 条によれば、その構成員について、日本学術会議が「選考」し、そ

の後、内閣総理大臣に「推薦」し、内閣総理大臣が「任命」すると定められている。そこには、内閣総理大臣の裁量が働く余地はない。しかし、この規定に違反し、推薦された6名が任命されず、6名分欠員とされた事例があった。この任命拒否に関し、内閣総理大臣（菅首相）は、人事の秘密を盾に、一切の説明を拒んだ。

今後も、内閣総理大臣が、任命拒否する事態は予測できる。そこで、日本学術会議が選考した人物に関し、内閣総理大臣のほか、国会に報告し、任命までの過程について、透明性を確保することが適切である。内閣総理大臣の任命行為は、形式的行為であり、いわば追認行為であり、これが適切に行われたか否かを国会が監視することが重要である。国会の監視があれば、内閣総理大臣の「任命」行為に裁量を与える余地は、実際上なくなるからである。

┌─【チェック・ポイント】─┐

・信教の自由の内容を4つあげよ。

・目的効果基準を初めて導入した最高裁判例は何か。

・大学の自治に関する有名な判決は何か。また大学の自治の内容を5つあげよ。

**Book Guide**

法学セミナー増刊『思想・信仰と現代』（日本評論社、1977年）

高柳信一『学問の自由』（岩波書店、1983年）

芦部信喜『宗教・人権・憲法学』（有斐閣、1999年）

西原博史『良心の自由』〔増補版〕（成文堂、2001年）

高橋哲哉『靖国問題』（ちくま新書、2005年）

松田浩『知の共同体の法理』（有信堂、2023年）

表現の自由　①

I 表現の自由総論：
1 表現の自由の重要性：自己実現の価値＋自己統治の価値
2 二重の基準論：精神的自由権と経済的自由権とで規制の合憲性審査の使い分け
3 憲法 21 条の保障領域：表現の自由＋通信の秘密（通信傍受法による制約）

II 知る権利
1 登場の背景：プリミティブ・メディア時代後のマスメディアの発展
→情報の発信者・受領者の固定化
2 知る権利の内容：①自由権的側面（情報の取得・受領を国家によって妨害されない権利）、②社会権的側面（必要な情報の提供を国家に要求する権利。アクセス権、情報公開請求権）

III 事前抑制禁止の法理と検閲の絶対的禁止
1 事前抑制禁止の法理：表現活動に先立つ表現の自由の抑制は原則禁止
2 検閲の絶対的禁止：最高裁の検閲の定義（札幌税関検査事件）、家永教科書裁判
3 裁判所による事前差止め：原則禁止、「厳格かつ明確な要件」のもとでの例外的な許容（北方ジャーナル事件）

IV 報道機関における表現の自由
1 博多駅事件：報道の自由＝憲法 21 条で保障、取材の自由＝「十分尊重に値いする」
2 取材の自由の制約：①法廷の取材に対する規制（北海タイムス事件、レペタ事件）、②取材源の秘匿に対する規制（裁判での記者の証言拒否、捜査機関・裁判所による取材フィルムの押収）、③国家機密の取材に対する規制（外務省秘密電文漏洩事件）

V インターネットと表現の自由：「忘れられる権利」と関連
1 EU は EU データ保護規則 17 条「削除権」で忘れられる権利を明文化
2 日本の最高裁の忘れられる権利に対する姿勢＝不明確
Google 検索結果削除請求事件↔前科情報ツイッター投稿削除請求事件

・従来のプライバシー権侵害の一種　・比較衡量は踏襲、「明らか」要件除外
　→比較衡量
・忘れられる権利への言及なし　・忘れられる権利、消去権の考え導入

# I 表現の自由総論

## 1 日本国憲法21条「表現の自由」の重要性 ●━━━━━●

日本国憲法21条1項は、表現の自由を保障している。明治憲法も表現の自由を保障していたが、法律の留保がついた不十分なもので、治安維持法などの法律により厳しい思想弾圧が行われた（明治憲法については第2講参照）。日本国憲法21条は、国家による思想弾圧の歴史に対する反省を踏まえて法律の留保をなくし、表現の自由を戦後一貫して手厚く保護してきた。

表現の自由が手厚く保護される理由は、この権利に**自己実現の価値**と**自己統治の価値**という2つの重要な意義があるからである。自己実現の価値とは、人としての人格的・精神的成長には表現が不可欠であることを意味する。自らの考えや思いを表現したいというのは人として自然な欲求である。人は、自ら表現すると同時に、他者の表現を受け取ることで自己の人格を形成、発展させていく。自己統治の価値とは、議会制民主主義を掲げる社会の政治において表現が重要な役割を果たしていることを意味する。選挙のとき、人は、政見放送やインターネットサイト、演説などを通して各候補者の掲げる政策や為人を確認し、誰に投票するかを決める。また、民主主義自体、多様な表現の存在を基礎に、その中から統一的な方針や意思を導き出す政治形態である。個人、そして社会にとって特別に重要な役割を負う権利、それが表現の自由なのである。

## 2 二重の基準論 ●━━━━━━━━━━●

表現の自由の重要性やそれに基づく手厚い保障に関連して、**二重の基準論**という考え方がある。これは、表現の自由を含む精神的自由権を制限する法令の合憲性を審査する場合には、経済的自由権を制限する法令の合憲性を審査する場合と比較して、より厳しい、精査な審査基準を用いるべきだという考え方である。その理由は、経済的自由権を制限する法令は世論の力や選挙によって修

正できるが、精神的自由権を制限する法令は、世論や選挙による民主的な修正プロセス自体を排除し、民主政治を機能不全に陥らせる危険性があるためである。ただし、こうした二分法は、様々な規制の在り方に対応することが困難なため、日本の最高裁がこの考え方を受け入れているとはいい難い。

### *3* 憲法 21 条の保障領域 ●━━━━━━━━━━━━━━━━━━━●

#### （1） 表現の自由

憲法 21 条 1 項は、集会・結社・言論（口頭による情報伝達行為）・出版（印刷物による情報伝達行為）・「その他一切の表現」を保障する。つまり、表現行為自体と、表現行為の結果である情報とを保護している。

「その他一切の表現」とは、言論・出版以外の手段による情報伝達行為のことで、フィルム（映画、写真）、電波メディア（ラジオ、テレビ）、インターネットなどが含まれる。憲法 21 条は、この文言を用いて日本国憲法制定当時に存在しなかった表現手段をも保護対象にしている（集会と結社については第 8 講参照）。

#### （2） 通信の秘密

憲法 21 条 2 項は、通信の秘密を保障する。この「通信」とは、はがき、手紙、電信、電話、電子メール、インターネットなどを用いた相互コミュニケーションによる他者への意思・情報の伝達である。「秘密」とは、通信内容はもとより、差出人、受取人の氏名・居所、通信の日時、回数など通信に関するすべての事項の秘密である。この権利は絶対的なものではなく、例えば破産法 82 条や関税法 122 条、犯罪捜査のための通信傍受に関する法律（**通信傍受法**）などによる制約がある。

犯罪捜査のための通信傍受は、明文の根拠規定なしに、裁判所の令状に基づいて行われてきた。1999 年制定の通信傍受法は、特定の犯罪（当初は薬物や組織的な殺人など 4 類型だったが、2016 年の改正で窃盗、詐欺、殺人、誘拐、放火、児童ポルノなど 9 つの犯罪まで拡張）に限り、通信傍受を認める。この通信傍受には、地方裁判所裁判官が発付した傍受令状が必要である。また、予備的傍受（令状記載の傍受すべき通信に該当するかどうかを判断するための傍受）や別件傍受の限定、当事

者への事後通知など、一定の手続も定められている。しかし、2019年6月以降、通信事業者の立ち会いを不要（通信傍受23条1項）にして通信傍受の手続を簡易化するなど、通信の秘密やプライバシー権の侵害が危惧されている。

## Ⅱ 知る権利

### *1* 知る権利登場の背景 ●————————————●

憲法で表現の自由が保障されるようになった当時は、誰でも容易に利用できる**プリミティブ・メディア**（ビラ・チラシなどの紙媒体や口頭）しか存在しなかったため、人は必要に応じて情報の発信者と受領者のどちらにもなれると考えられていた。この「情報の発信者と受領者の互換性」が、表現の自由という権利の特徴である。

しかし、18世紀から19世紀にかけて新聞や電波メディアが発達した結果、それらを用いて大規模に情報を発信するマスメディア（新聞社、放送局、出版社など）や国家が情報の「発信者」の立場を独占し、一般の人々は情報の「受領者」の立場に固定されるという現象が起こった。この現象は、マスメディアや国家による意図的な情報の選定や不都合な情報の秘匿という問題や、必要な情報や真実が一般の人々に届かなくなるという問題につながる。そこで、こうした弊害を排除し、表現の自由を十分に保障するための手段として、**知る権利**が主張されるようになった。そして現在、表現の自由の一内容として、知る権利も憲法21条によって保障されると理解されている。

### *2* 知る権利の内容 ●————————————●

知る権利は、個人が情報を取得し、受領することを国家によって妨害されない権利（**自由権的側面**）と、必要な情報の提供を国家に求めることができる権利（**社会権的側面**）という2つの側面を有する権利である。

自由権的な意味での知る権利に関連して、**青少年保護育成条例**の問題がある。

ほぼすべての都道府県で制定されているこの条例は、18歳未満の青少年に対する「有害図書」の販売・配布・貸付などを禁止している。この禁止規定が憲法21条に違反する（「有害図書」という文言の不明確性や青少年の知る権利の侵害など）として争われた**岐阜県青少年保護育成条例事件**（最判1989・9・19刑集43・8・785）で、最高裁は、「思慮分別の未熟な青少年の性に関する価値観に悪い影響を及ぼし、性的な逸脱行為や残虐な行為を容認」し、「青少年の健全な育成に有害」であることは「社会共通の認識」であるから合憲と判断した。また、青少年が安全に安心してインターネットを利用できる環境の整備等に関する法律（青少年インターネット環境整備法、2008年制定）は、青少年による利用であることを携帯電話事業者との契約時に申告する責務を保護者に課すと同時に、携帯電話販売事業者に対し、フィルタリング導入を契約条件とすることを義務づけている。

### *3* アクセス権と情報公開請求権 ●━━━━━━━━━━━━●

社会権的な知る権利として、**アクセス権**や**情報公開請求権**がある。アクセス権とは、マスメディアを通じて表現する機会を請求する権利で、具体的には**反論権**（報道によって一定の不利益を受けた者が同じメディアに無償で反論の機会を請求する権利）や**意見広告掲載・放映請求権**（マスメディアが取り上げない主張を社会に知ってもらうため、有料の意見広告を掲載または放映するよう求める権利）をいう。

**サンケイ新聞事件**（最判1987・4・24民集41・3・490）では、反論文掲載請求権という形でアクセス権が争われた。最高裁は、この権利を認める明文規定が存在しないこと、この権利を認めることが表現の自由への間接的な制約になること（マスメディアに対して反論の機会の付与を強制することにつながる）を理由に、反論文掲載請求権を認めなかった。

情報公開請求権とは、国家に対し、国家が保有するすべての文書・情報の公開を請求する権利のことである。アメリカでは1970年代に情報公開制度が整備された。日本では、情報公開条例という形で地方公共団体が先行し、その後、1999年5月に行政機関の保有する情報の公開に関する法律（**情報公開法**）が制定され、ようやく国レベルでの情報開示請求制度が整えられた。

この法律は、秘密主義から公開主義への転換という意味で大きな意義を有した。しかし、知る権利の不明記、開示請求の対象の限定（行政文書のみが対象）、防衛や外交などの「不開示情報」に関する規定の不十分さなど、多くの問題点も指摘されていた。その後、情報公開法の改正は棚上げされ、2013 年 12 月には特定秘密の保護に関する法律（**特定秘密保護法**）が、国会での強行採決を経て制定された。これは、日本の安全保障に著しい支障を与えるおそれがあり、特に秘匿が必要とされる情報を幅広く「特定秘密」に指定して国民に公開しないことを可能にする、知る権利の保障に逆行した法律である。加えて、「特定秘密の取得行為」を処罰対象にしてマスメディアの報道・取材の自由や研究者の学問の自由をも侵害するなど、多くの問題点が指摘されている。

なお、情報公開に関連し、国の行政機関、独立行政法人、国立公文書館などを対象に、公文書の管理・保存・利用の統一的ルールを規定した**公文書管理法**が 2009 年に制定されている。しかし、南スーダン日報問題や加計学園問題などの文書隠蔽事件、森友学園の文書改ざん問題、公文書破棄が取りざたされた「桜を見る会」問題など、様々な問題が生じている。これら一連の問題を受け、政府は、文書管理の在り方の検証、職員の意識向上のための研修、ガイドライン改正など制度の整備といった取り組みを行っている。

## Ⅲ 事前抑制禁止の法理と検閲の絶対的禁止

### 1 事前抑制禁止の法理

表現の自由が人権として保護されている以上、国家は、この権利に対して不当な介入をしてはならない。特に表現活動に先立つ表現の自由の抑制は、事後の制限よりもはるかに強力な制限であるため、原則として許されない。これを、**事前抑制禁止の法理**という。この法理を受け、検閲をはじめとする事前抑制は原則として禁止される。

## 2 検閲の禁止 ●━━━━━━━━━━━━━━●

　憲法 21 条 2 項は、事前抑制の典型例である**検閲**を絶対的に禁止している。
裁判所による検閲の定義は、**札幌税関検査事件**（最大判 1984・12・12 民集 38・12・
1308）の中で示された。「公安又は風俗を害すべき書籍、図画、彫刻物その他の
物品」は、輸入禁制品に指定されており、個人輸入もできない（当時の関税定率
法 21 条 1 項 3 号、現在の関税法 69 条の 11 第 7 号）。税関は、輸入禁止の通知・処分
をする際に、輸入品の内容を審査する。この審査が検閲に該当するか否かが、
この事件で争われた。最高裁は、検閲を、「行政権が主体となって、思想内容
等の表現物を対象とし、その全部又は一部の発表の禁止を目的として、対象と
される一定の表現物につき網羅的一般的に、発表前にその内容を審査した上、
不適当と認めるものの発表を禁止する」という特質を備えたものと定義した。
その上で、①検査対象の表現物は既に海外で発表済みであり、輸入が禁止され
ても発表の機会が全面的に奪われるわけではないこと、②検査は関税の徴収手
続きの一部であり、思想内容などの網羅的審査規制を目的とするものではない
こと、③輸入禁止処分に対しては司法審査の機会があることを理由に、税関検
査は検閲に該当しないと判断した。

　なお、4 名の裁判官は、**明確性の原則**や**過度の広汎性ゆえに無効の理論**（表
現の自由の重要性に鑑み、この人権を制限する法令の文言が不明確だったり、過度に広範だ
ったりする場合には、そのことを理由として当該法令を違憲・無効とすべきという議論）を
援用し、関税定率法中の「風俗」という文言の不明確性と広汎性を理由に、そ
の規定を違憲とすべきだという見解を反対意見の中で示した。

　最高裁が示した検閲の定義は、検閲の主体を行政権のみとするなど非常に限
定的で、憲法 21 条 2 項の適用範囲を狭く設定している。そのため、検閲では
ないかと思われるようなものでも、検閲に該当しなくなるという問題がある。
また、最高裁が検閲の時期（＝「事前」）を表現物の「発表前」に限定している
点も、問題である。なぜなら、表現物の発表後に、公権力が、事前の検閲と同
等の抑止的効果を実質的に有する規制を行う可能性があるからである。そこで、

検閲の禁止と事前抑制禁止とを同義と解し、検閲の主体を「公権力」とし、「事前」の意味を表現物の「受領時」を基準とするのが、より適切な検閲の定義である。その上で、検閲は原則として禁止され、限られた場合にのみ例外が認められると考える（芦部・憲法・218頁）。

関連する判例に、教科書検定制度が検閲に該当するか否かが争われた**家永教科書裁判**がある。この制度では、全国的な教育の機会均等や教育内容の適切性の確保を目的に、文言の表記に加え思想内容も審査される。この検定に合格しないと小中学校・高校の教科書として使用できない（学教34・49・62条）。

最高裁は、札幌税関検査事件判決を引用し、教科書検定は「一般図書としての発行」を妨げるものではなく、「発表禁止目的や発表前の審査などの特質」がないため検閲に該当しないとして検定制度の合憲性を認めた。また、この制度による表現の自由への制約は「教育の中立・公正、一定水準の確保等の要請」のための「合理的で必要やむを得ない限度」であるとした（第1次訴訟　最判1993・3・16民集47・5・3483）。唯一、第2次訴訟1審判決（**杉本判決**　東京地判1970・7・17行集21・7別冊1）が、検定自体を合憲とした上で、本件審査は思想内容を事前に審査し、検閲に該当するという**適用違憲**の判決を出している。

なお最高裁は、第1次訴訟上告審において、教科書検定における文部大臣（現文部科学大臣）の合理的な裁量を認めつつも、判断の過程に「看過し難い過誤」がある場合には、その判断は裁量を逸脱し、違法になるという見解を示した。なお、第3次訴訟では検定の行き過ぎが認められる箇所が違法と判断された（東京地判1989・10・3判時臨時1990・2・15・3、東京高判1993・10・20判時1473・3、最判1997・8・29民集51・7・2921）。

## 3　裁判所による事前差止め　●━━━━━━━━━━━●

裁判所による**事前差止め**も、出版という表現行為に向けられる場合には、事前抑制の一種となる。事前差止めとは、他人の違法な行為により利益を侵害されるおそれのある者が裁判所に請求し、裁判所が侵害の発生・継続を阻止するためにその行為を禁止することである。

**北方ジャーナル事件**（最大判 1986・6・11 民集 40・4・872）では、公職選挙の立候補者に関する名誉毀損的な記事を掲載した雑誌の出版を事前に差止めることの合憲性が争われた。最高裁は、差止めの主体が裁判所であることを理由に、差止めは検閲に該当しないと判断した。

一方で最高裁は、事前抑制の弊害（表現の自由市場に表現物が出ない、事前抑制は予測に基づいて行われるため、事後抑制よりも実際の抑止効果が大きい）に言及し、出版物の事前差止めも事前抑制に該当するため原則として許されないとしながらも、「厳格かつ明確な要件」を満たす場合にのみ例外的に許容されるという見解を示した。その要件とは、①「その表現内容が真実でなく、又はそれが専ら公益を図る目的のものでないことが明白」であること、かつ②「被害者が重大にして著しく回復困難な損害を被る虞があるとき」という 2 つである。

## Ⅳ 報道機関における表現の自由

### *1* 報道の自由と取材の自由 ●━━━━━━━━━●

マスメディアには、憲法中に明文規定はないものの、**報道の自由・取材の自由**という独自の表現の自由が保障されている。**博多駅事件**（最大決 1969・11・26 刑集 23・11・1490）において、最高裁は、マスメディアを「国民の『知る権利』に奉仕するもの」と位置づけた上で、報道の自由を憲法 21 条によって当然に保障される権利だとし、取材の自由については「憲法 21 条の精神に照らし、十分尊重に値いする」ものだと示した。この決定では取材の自由の保障の程度が報道の自由よりも低いことが示唆されたが、報道にとって必須の前提である取材の自由も憲法 21 条によって保障されているという理解が一般的である。

これら 2 つの権利の具体的な内容として、報道の自由は「客観的な情報の伝達を国家から妨害されない権利」であり、取材の自由は「報道のための情報収集行為を国家から妨害されない自由」と理解される。

## *2* 取材の自由の制約 ●━━━━━━━━━━━━━━━━●

報道の自由に対する規制の目的は、主に名誉やプライバシーの保護であり、実名報道の問題や情報提供者の個人情報保護の問題などが関連する。新聞や番組の編集についてはマスメディアの自律的な判断に委ねられているが、情報発信前の編集の段階から、こうした点への配慮が求められているといえよう。一方、取材の自由に対する規制については、他の人権との調整をめぐり、これまで多くの問題が発生してきた。

### （1） 法廷の取材に対する規制

法廷の秩序維持や被告人のプライバシーの保護などを理由に、法廷での写真撮影や録音といった取材活動は、裁判所による許可制となっている（刑訴規215条、民訴規77条）。

不許可の通告を受けていたにもかかわらず公判開始後に写真を撮影したカメラマンが法廷の秩序維持に関する法律違反で過料に処された事件で、最高裁は、報道の自由は憲法21条に属し、「そのための取材活動も認められなければならない」とする一方で、公判廷における審判の秩序維持、被告人その他の訴訟関係人の正当な利益の保護を目的とした制限として、これを憲法に反するものではないと判断した（**北海タイムス事件**　最大決1958・2・17刑集12・2・253）。

**レペタ事件**（最大判1989・3・8民集43・2・89）は、法廷での取材活動の自由が正面から争われた事件である。最高裁は、法廷で傍聴人がメモを取ることの可否について、適正・迅速な裁判の実現という法廷が最も尊重する利益を妨げる場合には、法廷でのメモ行為は禁止・制限されるが、そうした場合は通常ありえず、「特段の事情のない限り」傍聴人の自由に任せるべきとし、「傍聴人のメモに関し配慮を欠くに至」っていたことを率直に認めた。

### （2） 取材源の秘匿に対する規制

取材源の秘匿を規制するということは、取材源の開示を強制することである。適正迅速な捜査や公平な裁判という社会的利益の実現は、時にマスメディアに対し、取材源の開示を強制する場合がある。この規制の代表的な例が、①刑事

裁判における取材源に関する証言の強制と、②捜査機関・裁判所による取材フィルムの押収である。こうした形での取材の自由の制約は、取材の「後」に、その取材で得た情報や資料を強制的に提出させることであり、取材活動への**将来的な委縮効果**（たとえば取材への協力者を獲得しづらくなる、取材情報を報道以外の目的で使用される可能性があるなど）を発生させる懸念がある。

　裁判での証言を拒否した記者が証言拒絶罪（刑訴 161 条）で起訴された**石井記者事件**（最大判 1952・8・6 刑集 6・8・974）で、最高裁は、憲法 21 条は「新聞記者に特種〔ママ〕の保障を与えたものではな」く、「公の福祉のため最も重大な司法権の公正な発動」に不可欠な証言の義務を犠牲にして証言を拒絶する権利まで保障したものではないと判示し、新聞記者の証言拒絶権を認めなかった。その後、取材を通して得られたメモやフィルムなどを公権力に渡さない権利に対する肯定的な姿勢が博多駅事件で示されたことを受け、最高裁は、取材源が「職業上の秘密」（民訴 197 条 1 項 3 号）に含まれることを初めて認め、保護に値する職業上の秘密に限定して、証言拒絶権を承認した（**NHK 記者証言拒否事件**　最決 2006・10・3 民集 60・8・2647）。

　先述の**博多駅事件**は、アメリカ空母の佐世保への寄港を阻止しようとした学生と機動隊との間で発生した衝突事件を収めた取材フィルムの提出を裁判所が報道 4 社に命令したことが報道・取材の自由を侵害するとして争われた事件で、取材の自由に関するリーディングケースとなっている。公正な裁判の実現とマスメディアの取材の自由は、どちらも憲法上の保護法益である。その衝突を解決するための判断枠組みとして、**比較衡量論**がここで用いられた。つまり、どちらの保護法益を優先するべきかは、「犯罪の性質、態様、軽重および取材したものの証拠としての価値」や「公正な刑事裁判を実現するにあたっての必要性の有無を考慮するとともに、他面において取材したものを証拠として提出させられることによって報道機関の取材の自由が妨げられる程度」や「報道の自由に及ぼす影響の度合その他諸般の事情を」比較衡量した上で決定される。そして最高裁は、「将来の取材の自由が妨げられるおそれ」というマスメディアの被る不利益よりも「公正な裁判の実現」を優先させた。比較衡量論は、検察

による取材テープの押収が問題となった**日本テレビビデオテープ押収事件**（最決 1989・1・30 刑集 43・1・19）や、警察による取材テープの押収が問題となった**TBS ビデオテープ押収事件**（最決 1990・7・9 刑集 44・5・421）でも踏襲されている。ただし、比較衡量論については、衡量すべき利益として何が選択されるのか、それぞれの利益にいかなる価値を認めるのかといった点が各裁判官に委ねられているため、恣意的な判断がなされる危険性が指摘されている。

### （3）　国家機密の取材に対する規制

　マスメディアによる取材・報道は、国民の知る権利に奉仕し、民主主義にも資すると考えられている。一方、法律は、取材を受ける側である公務員に対し、職務上知り得た秘密を漏らしてはいけないという守秘義務を課すと同時に（国公 100 条、地公 34 条など）、秘密漏えいの**そそのかし**を行った者に対する罰則規定も設けている（国公 111 条、地公 62 条）。

　沖縄返還に関する秘密文書の漏えいを外務省職員にそそのかした新聞記者が国家公務員法違反に問われた**外務省秘密電文漏洩事件**（最決 1978・5・31 刑集 32・3・457）において、最高裁は、秘密漏えいをそそのかすことを直ちに違法と判断するべきではなく、それが「真に報道の目的からでたものであり、その手段・方法が法秩序全体の精神に照らし相当なものとして社会観念上是認されるものである限りは、実質的に違法性を欠き正当な業務行為」だという見解を示した（ただし、この事件での新聞記者の取材行為は取材対象者の「人格の尊厳を著しく蹂躙」し、「正当な取材活動の範囲を逸脱」したとして、有罪とされた）。

## Ⅴ　インターネットと表現の自由

　近年、表現の自由をめぐる新たな問題がインターネットを舞台に生み出されている。例えばソーシャル・ネットワーク・サービス（SNS）上での匿名の誹謗中傷、名誉毀損、プライバシー権侵害やリベンジポルノ、著作権侵害などである。こうした問題への対抗手段として、既存の名誉毀損罪などに加え、私事性的画像記録の提供等による被害の防止に関する法律（**リベンジポルノ防止法**）

や特定電気通信役務提供者の損害賠償責任の制限及び発信者情報の開示に関する法律（**プロバイダ責任制限法**）、**著作権法**など、各種の法律が設けられている。しかし、これらの法律がインターネット上の人権侵害に十分に対応しきれていないのが、現状である。

インターネットにおけるプライバシー保護のため、「**忘れられる権利**（right to be forgotten)」という新しい権利が登場している。これは、インターネットに投稿されたまたは自分で投稿した、自分にとって不利益となる情報の削除を、検索エンジン運営事業者などに対して請求できる権利である。

忘れられる権利は、EU では、**EU データ保護規則**（General Data Protection Regulation：GDPR　2016 年発効）17 条の**削除権**という名称で明文化されている。この権利が確立したきっかけは、スペインの男性が自らの過去情報（社会保障費滞納による自己所有の不動産の差押え）に関する検索結果の削除を Google に求めた裁判である。EU 司法裁判所が初めて忘れられる権利を認め、注目を浴びた。この判決により、EU 圏内に在住するユーザーは、忘れられる権利を根拠に自分の個人情報を含む検索結果の削除を検索エンジン運営事業者に請求できることになった。ただし、この権利を行使することでどのような情報でも削除されるわけではなく、GDPR には「表現の自由の行使の場合」や「法的権利の立証・行使・保護の場合」など 5 つの例外規定（17 条 3 項）が設けられ、他の人権や利益との調整が図られている。

日本では、**デジタル・タトゥ問題**（前科など自己に不利益な情報が半永久的にインターネット上に残ってしまう問題）との関連で忘れられる権利が注目されている。忘れられる権利に初めて言及した判例が、**Google 検索結果削除請求事件**のさいたま地裁決定（保全異議申立審）（さいたま地決 2015・12・22 判時 2282・78）である（その上で検索結果削除命令を認めた）。この事件では、プライバシー権侵害を理由に、グーグルの検索結果に表示される自らの逮捕歴に関する情報を削除することが求められた。

最高裁は、忘れられる権利に言及せず、従来のプライバシー権侵害の問題の一種としてこの事案をとらえた。そして**ノンフィクション『逆転』事件**（書籍

での前科公表がプライバシー侵害に該当するかが争われた事件（最判 1994・2・8 民集 48・2・149）を踏襲し、「当該事実を公表されない法的利益」が「当該 URL 等情報を検索結果として提供する理由に関する諸事情」を「優越することが明らかな場合には」プライバシー権侵害を認め、検索結果の削除を検索エンジン運営事業者に請求できるという比較衡量の手法を用いた（最判 2017・1・31 民集 71・1・63）。本件では、児童買春が強い社会的非難を受ける前科であることなどを理由に、「本件事実を公表されない法的利益が優越することが明らかであるとはいえない」（明らかな法的利益の優越＝「明らか」要件）として、検索結果の削除は認められなかった。

　その後、前科情報に関する投稿（ツイート）の削除をツイッター社に請求した事件（最判 2022・6・24 民集 76・5・1170）において、最高裁は、比較衡量の手法を維持しつつ、その中の「明らか」要件を外して削除が認められる要件を緩和した。つまり、前科を公表されない法的利益がツイッターの投稿を一般に閲覧させ続ける理由に優越する場合、前科を公表された者は、投稿の削除を請求することができる。そして本件については、逮捕から約 8 年が経過して刑の執行も効力を失っていること、当該投稿が「長期間にわたって閲覧され続けることを想定」していないことなどを根拠に、当該投稿の削除を認容した。この判決には、忘れられる権利や**消去権**（right to erase）」の考え方が取り入れられているといえよう。なお、忘れられる権利に対する最高裁の姿勢はまだ定まっておらず、今後の動向が注目される。

---

**【チェック・ポイント】**

・表現の自由が重要とされる、2 つの要素は何か。

・検閲ではないかとして争われた法制度には、どのようなものがあるか。

・取材源の秘匿と公正な裁判の実現という利益との衝突は、どのように調整されるか。

---

**Book Guide**

佐々木隆『日本の近代 14　メディアと権力』（中央公論新社、2013 年）

松井茂記『マス・メディア法入門』〔第 5 版〕（日本評論社、2013 年）

松井茂記『インターネットの憲法学』〔新版〕（岩波書店、2014 年）

奥田喜道ほか『ネット社会と忘れられる権利　個人データ削除の裁判例とその法理』（現代人文社、2015 年）

J.S.ミル（関口正司訳）『自由論』（岩波文庫、2020 年）

宇賀克也『新・個人情報法の逐条解説』（有斐閣、2021 年）

**第8講　　表現の自由　②**

> **レジュメ**

Ⅰ　表現の自由に対する規制の種類：表現内容規制、表現内容中立規制
Ⅱ　表現内容規制：表現の内容自体の規制←他者の法益侵害、社会への害悪
　1　わいせつ表現：「わいせつ」の定義（チャタレイ事件）、認定方法の変遷
　　　＝個別のわいせつ表現→文書全体（「悪徳の栄え」事件)→全体的考察方法
　　　（「四畳半襖の下張り」事件）
　2　名誉毀損的表現：刑法 230 条の 2 が示す 3 要件（月刊ペン事件）、真実性要件
　　　は緩和
　3　プライバシー侵害的表現：プライバシー侵害の 3 要件（「宴のあと」事件)、
　　　裁判所による差止め（「石に泳ぐ魚」事件）
　4　営利的表現：営利的表現への規制も厳格な審査必要↔あん摩師等法事件
　5　差別的表現：ヘイトスピーチ対策法→大阪市と川崎市のヘイトスピーチ対
　　　処条例
　6　せん動的表現：明白かつ現在の危険の法理による合憲性審査が適切、破壊活動防止法
Ⅲ　表現内容中立規制：表現の「時・場所・方法」に対する規制＝表現内容は
　　無関係
　1　屋外広告規制：規制目的（「美観」）と手段との調整（大阪市屋外広告物条例事件）
　2　ビラ配布規制：住居侵入罪での起訴（立川テント村事件)、実質的な表現内容規制
Ⅳ　集会の自由と結社の自由
　1　集会の自由
　　（1）　施設使用の規制：条例の合憲限定解釈＝明白かつ現在の危険の法理
　　　　　（泉佐野市民会館事件)、「敵意ある聴衆の法理」の明確化（上尾市福祉会館事件）
　　（2）　集団示威運動の規制：「動く集会」、許可制自体の問題点（新潟県公安条
　　　　　例事件)、規制基準の不明確性（東京都公安条例事件、徳島市公安条例事件）
　2　結社の自由
　　（1）　結社の自由に対する一般的制約（強制加入など）：社会的意義確保の側面
　　（2）　結社の規制立法：特定の結社が対象（破壊活動防止法、団体規制法）
　　（3）　内部紛争への司法介入：団体と所属員との人権の調整（南九州税理士会
　　　　　事件・群馬司法書士会事件）

## Ⅰ　表現の自由に対する規制の種類

　表現の自由は、表現の「送り手」と、その表現や情報の「受け手」の存在を前提にしており、「受け手」と「送り手」の人権や利益が衝突した場合、どちらかの表現の自由が規制されることがある。ただし、日本国憲法が自己実現や自己統治の価値を有する重要な人権である表現の自由を手厚く保護してきた以上（第7講Ⅰ1参照）、この人権に対する規制を安易に許すべきではなく、その規制の適切性・必要性には十分な検討が必要である。

　表現の自由に対する規制は、①情報の発信・受信の前の段階で情報の伝達自体を妨げる検閲や事前差止め（第7講Ⅲ参照）、②表現・情報の中身に問題があるとして、その表現・情報の流通を妨害する**表現内容規制**、③表現の時・場所・方法の不適切さを理由に、それらを規制する**表現内容中立規制**に大別できる。

## Ⅱ　表現内容規制

　表現内容規制は、表現の内容それ自体に向けた規制である。ある表現内容が他者の人権や法益を侵害したり、社会に害悪を及ぼしたりする場合があるため、この種の規制が存在する。その代表的な例が、わいせつ表現、名誉毀損やプライバシー侵害的表現、営利的表現である。

### *1*　わいせつ表現

　性表現も表現の一種であり、憲法21条の保障を受ける。しかし、刑法175条のわいせつ物頒布罪は、わいせつな文書や図画、電磁的記録に係る記録媒体（DVDなど）、その他の「物」の頒布（無償・有償）・販売・公然陳列・有償頒布目的での所持に加え、電気通信によるわいせつな「電磁的記録」の頒布（インターネット上でのわいせつデータ頒布など）、有償頒布目的の保管も処罰対象として

いる。

　つまり、性表現の中でも「わいせつ」と判断されるものが、規制の対象となる。ここで、何が「わいせつ」に該当するかという点が重要になる。**チャタレイ事件**（最大判 1957・3・13 刑集 11・3・997）で、最高裁は、問題の文書が（イ）いたずらに性欲を興奮または刺激すること、（ロ）普通人の正常な性的羞恥心を害すること、（ハ）善良な性的道義観念に反することという、いわゆる**わいせつの 3 要件**を示し、各要件に該当するか否かは**社会通念**を基準に判断されるとした（何が社会通念かは裁判官が判断する）。チャタレイ事件から現在まで、最高裁はこの 3 要件を基本的に維持している。

　一方、わいせつ性の認定方法は、判例を経て大きく変化している。チャタレイ事件では、個別の性的描写が 3 要件に該当するかという点に注目し、芸術性とわいせつ性とは別次元だとして、芸術性や思想的価値を有する作品でもわいせつ物になりうるとされた。しかし、**「悪徳の栄え」事件**（最大判 1969・10・15 刑集 23・10・1239）において、わいせつ性は文書全体において判断されるべきであること、作品の芸術性・思想性が性描写による刺激を減少緩和する可能性があることが示された。さらに**「四畳半襖の下張り」事件**（最判 1980・11・28 刑集 34・6・433）では、わいせつ性の判断基準として、**全体的考察方法**が採用された。これは作品中の性描写の程度・手法、文書全体に占める比重、文書に表現された思想などとの関連性、文書の構成・展開、芸術性・思想性とによる性的刺激の緩和の程度などを考慮してわいせつ性を判断する手法である。この全体的考察方法を採用し、問題となった写真集が当時の関税定率法 21 条 4 号のいう「風俗を害すべき」物品に当たらないと判断した判例が、**メイプルソープ事件**（最判 2008・2・19 民集 62・2・445）である。

　最近の事例として、漫画家兼芸術家の女性が、自らの性器の立体データを頒布した事件がある（**「ろくでなし子」事件**　最判 2020・7・16 刑集 74・4・343）。この女性は、女性器に対する卑わいな印象を払拭し、この種の表現を日常生活に浸透させたいという自らの思想に基づく当該立体データの頒布には芸術性・思想性があるため、わいせつ物に該当しないと主張した。しかし最高裁は、「電磁的記

録が視覚情報であるときには、それをコンピュータにより画面に映し出した画像やプリントアウトしたものなど同記録を視覚化したもののみを見て」判断するのが相当とし、女性の主張を退けた。

　なお、わいせつな表現を見たくない人や未成年者の保護も必要である。性被害から未成年者を保護するため、2014年に児童ポルノ防止法が改正された。この改正では、児童ポルノが被害者の人権を著しく侵害することに鑑み、写真と電磁的記録を対象とした児童ポルノの定義を加筆してより明確化すると同時に、児童ポルノの単純所持を刑罰の対象とした。

## *2*　名誉毀損的表現

　人の名誉は、幸福追求権を根拠に認められる人格権の1つである。そのため、人の名誉を毀損する内容を含む表現に対しては、民事上および刑事上の制裁（民法710条損害賠償責任、723条の名誉回復のための処分、刑法230条の名誉毀損罪）が科せられる。しかし同時に、人の名誉を害する全ての表現を不当なものとして制裁の対象とするわけにはいかない。なぜなら、ある者の名誉を害する事実（たとえば政治家など公的な立場にある者の著しい怠慢、不行跡など）を公にすることが、社会的利益になる場合があるためである。そこで、表現の自由と名誉毀損との調整が必要になる。

　その調整役が刑法230条の2である。この条文は、①公共の利害に関する事実に係り（**公共利害事実性**）、②その目的が専ら公益を図る目的に出たものと認められ（**公益目的性**）、③事実の真否を判断して真実であることの証明がある場合（**真実性**）には、名誉毀損罪が成立しないことを規定する。

　第1の公共利害事実性とは、公衆が関心を持つべき事実のことである（たとえば公訴提起前の犯罪事実や、選挙の立候補者に関する事実）。なお、芸能人や有名人の私事（離婚、不倫など）は通常これに該当しないが、その個人の社会的活動の性質や社会への影響力の程度によっては該当する場合もある（**「月刊ペン」事件**最判1981・4・16刑集35・3・84）。第2の公益目的性は、公共利害事実に関する通常の報道であれば当然に充足すると考えられている（誹謗中傷や罵詈雑言など特定の

場合は除く）。第3の真実性の要件について、「事実が真実であることの証明がない場合でも、行為者がその事実を真実であると誤信」したことについて、「確実な資料、根拠に照らし相当の理由があるときは、犯罪の故意がなく、名誉毀損の罪は成立しない」（相当性の証明）という緩やかな解釈を採用している（**夕刊和歌山時事事件** 最大判 1969・6・25 刑集 23・7・975）。

　なお、名誉毀損を理由とした事前規制が、裁判所による差止めである。最高裁は、差止めが例外的に許容される場合の要件を自ら定立している（北方ジャーナル事件（本書第7講III 3））。

### *3* プライバシー侵害的表現 ━━━━━━━━━━━━━━

　表現の自由とプライバシー権（本書第3講IV 3）との衝突が問題になった判例として、**「宴のあと」事件**（東京地判 1964・9・28 下民集 15・9・2317）が有名である。これは、無断で小説のモデルにされた元政治家が、作者の三島由紀夫と出版社に対し、プライバシー権侵害を理由とする損害賠償と謝罪広告を求めた事件である。裁判所は、プライバシー権の侵害が認められる要件として、公開された内容が①私生活上の事実または事実らしく受け取られるおそれのあることがらであること（**私事性**）、②一般人の感受性を基準にして本人の立場に立った場合公開されたくないだろうと認められることがらであること（**秘匿性**）、③一般の人々に未だ知られていないことがらであること（**非公知性**）を示した。

　プライバシー権侵害を根拠に事前差止めを認めた判例として、元外相の長女の離婚記事を掲載した雑誌販売の事前差止めを求めた「週刊文春」事件（東京高決 2004・3・31 判時 1865・12）と、小説の登場人物のモデルとされた人物が差止め請求をした**「石に泳ぐ魚」事件**（最判 2002・9・24 判時 1802・60）がある。

### *4* 営利的表現 ━━━━━━━━━━━━━━━━━━

　営利的表現とは、企業などによる営利目的の宣伝や広告のことで、経済活動の一環として個別具体的な法律で規制されてきた（景表4条、医療6条の5、薬66条など）。政治との直接的なつながりが弱いため、営利的表現の保障の度合いは政

治的表現などよりも低いとする見解がある。しかし、消費者の購買意欲を刺激し、消費者に商品知識を伝達する営利的表現は、消費者の日常生活に直結し、彼らの「知る権利」に寄与するものである。そのため、消費者の利益を著しく損なうおとり広告（景表5条3号）や不実の告知（事業者が一定の重要な事項について虚偽の情報を提供すること）は許されるべきではない。また、営利的表現の規制の合憲性は、経済的自由権ではなく表現の自由にかかわる違憲審査基準を用いて厳格に審査されるべきである。

　なお、**あん摩師等法事件**（最大判1961・2・15刑集15・2・347）で、最高裁は、広告の無制限な許容が虚偽広告や誇大広告の流布につながるという「おそれ」を根拠に、法律で定められた事項以外の広告への記載を禁じたあん摩師等法7条を「国民の保健衛生上の見地から、公共の福祉を維持するためやむをえない措置」であると判断している。

　この判決に対しては、虚偽広告などがなされるという漠然とした「おそれ」を根拠に適応症という「事実」の広告の禁止を安易に是認したという学界からの批判や、一般的な適応症を記載しただけの、虚偽誇大にわたらない広告はあん摩師等法7条違反にはならないという少数意見などが出されている。

## 5　差別的表現 ●━━━━━━━━━━━━━━━━━━━━━●

　差別的表現とは、社会の少数者集団（少数民族や性的少数者など）に対する、差別・排斥・憎悪・侮辱などの表現を意味する。代表的な例がヘイトスピーチである。

　差別的表現に対し、日本はこれまで、刑法の名誉毀損罪（230条）や侮辱罪（231条）など既存の法律で対応してきた。京都の朝鮮人学校周辺で当該学校を中傷する表現を伴う示威活動を行って、授業を妨害すると共に、その様子をインターネット上で公開した行為について、民法上の不法行為を理由に損害賠償請求を認めた事例がある（最決2014・12・9判例集未登載　この訴訟の被告の一部は刑法の威力業務妨害罪により有罪とされている）。

　日本は、1995年に人種差別撤廃条約に加入した。しかし、この条約の4条

(a)（b）（人種的優越または憎悪に基づく思想の流布、人種差別の扇動、人種差別を助長および扇動する団体・宣伝活動への参加を、締約国が犯罪として禁止する義務を含む規定）については、日本国憲法 21 条やその他の権利の保障と「抵触しない限度において」その義務を履行するという留保宣言を付けた。しかし、2014 年 7 月、国連の自由権規約委員会が、この条約に基づき、日本に対して対策強化を求める勧告を公表した。その結果、本邦外出身者に対する不当な差別的言動の解消に向けた取組の推進に関する法律（**ヘイトスピーチ対策法**）が 2016 年 5 月に成立した。

　この法律が対象としているのは、「専ら本邦の域外にある国若しくは地域の出身である者又はその子孫であって適法に居住するもの……に対する差別的意識を助長し又は誘発する目的で公然とその生命、身体、自由、名誉若しくは財産に危害を加える旨を告知し又は本邦外出身者を著しく侮蔑するなど、本邦の域外にある国又は地域の出身であることを理由として、本邦外出身者を地域社会から排除することを煽動する不当な差別的言動」である。同法は、このような表現の解消に向けて国、国民、地方公共団体がそれぞれ果たすべき責務なども定めている。この法律を受け、大阪市が 2016 年に大阪市ヘイトスピーチ対処条例を定め、2019 年には全国で初めて刑事罰を盛り込んだヘイトスピーチ対処条例を川崎市が制定した。大阪市の条例にはヘイトスピーチを行った人や団体の公表が規定されており、その違憲性が裁判で争われたが、最高裁は、比較衡量の手法を用い、「合理的で必要やむを得ない限度」の表現の自由への制約であるとして合憲と判断した（最判 2022・2・15 民集 76・2・190）。

### *6* せん動的表現 ●━━━━━━━━━━━━━━━━━━━━━━━━●

　せん動とは、法律で禁止されている行為を実行させる目的で、文書・言論などにより、他人にその行為を実行する決意を発生させたり、助長させたりするような刺激を与えることである。アメリカでせん動的表現として問題となったのが政治的表現だったことを背景として、こうした表現も 21 条の保護対象に含まれるという見解が一般的である。

しかし同時に、せん動的表現は、破壊活動防止法（同法について、本講IV 2(2)）をはじめ、国家公務員法111条や地方公務員法63条などの法律で個別に規制されている。これらの規制は、表現活動の結果として他者が実際に犯罪を実行した場合に処罰する刑法の教唆罪とは異なり、犯罪実行を決意・助長させるような表現行為自体を処罰対象とている。

せん動的表現行為に対する法規制の憲法適合性を判断するにあたっては、**明白かつ現在の危険の法理**を用いるべきという学説が有力である。アメリカの判例理論として発展したこの基準は、ある表現行為が社会に実質的な害悪を引き起こす明らかに差し迫った重大な危険が存在する場合にはじめて、その表現行為の制約が許されるという考え方で、きわめて厳格な基準である（芦部・憲法・227頁）。せん動的表現行為への規制は、慎重さが必要であることから、明白かつ現在の危険の法理の適用は、法規制の憲法適合性判断に有益な手法と思われる。

## Ⅲ　表現内容中立規制

表現内容中立規制は、表現の内容に関係なく、表現行為の「時・場所・方法」を対象とした規制である。戸別訪問の禁止（公選138条）が例としてあげられる。表現内容を直接制限するものではないため、表現内容中立規制の合憲性の判断には、表現内容規制を審査する厳格な基準よりもやや緩やかな**LRAの基準**（Less Restrictive Alternatives、略してLRA）を適用してもよいとされている。これは、問題となっている規制の目的を達成するために現に採られている手段に比べ、「より制限的でない他の選びうる手段」が存在するかどうかを検討し、そのような手段が存在する場合には、当該現行の規制を違憲と判断する手法である。アメリカの裁判所で用いられたこの手法は、日本でも学説上有力なものと考えられているが、二重の基準論と同様、必ずしも全面的に日本の裁判所に受け入れられているわけではない。

## 1 屋外広告規制

屋外広告とはビラや立て看板のことで、これらを貼ったり設置したりすることは、**屋外広告物条例**や軽犯罪法1条33号前段よって規制されている。

このリーディングケースが、橋柱や電柱にビラ貼りをしたことが屋外広告物条例に違反するとされた**大阪市屋外広告物条例事件**（最大判1968・12・18刑集22・13・1549）である。最高裁は、都市の「美観風致の維持」という規制目的のための「必要且つ合理的な制限」だとして、屋外でのビラ貼り禁止を合憲と判断した。大分県屋外広告物条例事件（最判1987・3・3刑集41・2・15）でも大阪市屋外広告物条例事件をほぼ全面的に踏襲し、街路樹の「支柱」への立て看板設置禁止を合憲と判断している。

## 2 ビラ配布規制

ビラの配布は、道路交通法や鉄道営業法などによって制裁の対象とされる場合がある。私鉄駅の構内でのビラ配布が鉄道営業法35条（「鉄道地内」における物品配布の禁止）と刑法130条後段（不退去罪）違反とされた事件で、最高裁は、「他人の財産権、管理権を不当に害する」表現手段の規制は「必要かつ合理的」であり、ビラ配布を鉄道営業法35条・刑法130条後段違反とすることは憲法21条に違反しないと判断した（**吉祥寺駅構内ビラ配布事件** 最判1984・12・18刑集38・12・3026）。なお、この判決では、ビラ配布という表現手段が「軽視することのできない意味」を持っていること、比較衡量によってビラ配布の規制の許容性を判断すべきことが指摘されている（伊藤正己裁判官補足意見）。**立川テント村事件**（最判2008・4・11刑集62・5・1217）は、防衛庁立川宿舎敷地内での、反戦グループによる自衛隊イラク派遣に反対する内容のビラの無断投函が住居侵入罪（刑130条前段）に当たるとして起訴された事件である。最高裁は、ビラ配布という表現手段の行使のためであっても、管理権者の意思に反して無断で敷地内に入ることは管理権者の意思や住人の私生活の平穏を侵害するとして住居侵入罪の成立を認めた。

この判決に対しては、表現内容中立規制という形をとりつつ、実質的には特定の政治的言論を狙い撃ちする表現内容規制であるという批判や、ビラ配布という表現行為に伴う軽微な法益侵害（この場合は住居侵入）を処罰することの適切性の問題が指摘されている。

## Ⅳ　集会の自由と結社の自由

憲法21条は、集会の自由と結社の自由も保障している。そのため国家は、集会の開催や団体の結成を原則として妨害してはならない。しかし、一定の場所に大勢の人が同時に集まることや反社会的な目的で団体を作ることは、他者の人権と衝突する。そのため、これらの自由は、言論や出版とは異なる特殊な制約に服するのである。

### 1　集会の自由

集会とは、多数の人が何らかの共通の目的をもって一定の場所に集まることで、一定の場所に多数の人が集合する場合と、集団示威行動（デモ行進）のような「動く集会」の場合とがある。集会に対する規制法の中核は、各地の**公安条例**である。これは、集会や集団行進・集団示威行動を行う場合、公安保持のため、事前に公安委員会に届け出て許可を得なければならないことを定めた条例で、表現内容中立規制の一種である。

#### （1）　施設使用の規制

地方自治法は、住民による公共施設（公民館、市民ホールなど）の利用を正当な理由なしに拒否してはならず、また住民の利用に際し不当な差別をすることを禁じている（自治244条2項・3項）。しかし、公共施設の利用に関する条例には、利用手続きや不許可事由が定められている。その事由に該当する場合はその公共施設を使用できず、集会の自由が制限される。こうした公共施設の使用に対する規制が争われた事例に、皇居外苑の使用を不許可処分としたことの違憲性、違法性が争われた**皇居外苑使用不許可事件**（最大判1953・12・23民集7・13・1561）、

**泉佐野市民会館事件**（最判 1995・3・7 民集 49・3・687）、**上尾市福祉会館事件**（最判 1996・3・15 民集 50・3・549）、暴走族による集団暴走行為を「集会」と同視し、暴走族追放条例を合憲とした**広島市暴走族追放条例事件**（最判 2007・9・18 刑集 61・6・601）がある。

特に重要なのが、泉佐野市民会館事件である。関西新空港反対の集会を開催するため、主催者団体が泉佐野市に会館の使用許可を申請した。しかし、市側は、主催者が過激派団体であり、集会の開催によって周辺住民の平穏な生活を乱すおそれがあることが、「公の秩序を乱すおそれがある場合」と「その他会館の管理上支障がある場合」（泉佐野市民会館条例 7 条 1 号・3 号）とに該当するとして、許可しなかった。その不許可処分の違憲性・違法性が争われたのである。

最高裁は、同条例 7 条が定める不許可事由を、その集会によって「人の生命、身体又は財産が侵害され、公共の安全が損なわれる危険を回避し、防止することの必要性が優越する場合」という意味に限定解釈し、その危険性の程度については「明らかな差し迫った危険の発生が具体的に予見されることが必要」（**明白かつ現在の危険の法理**）であると示した。その上で、主催者である過激派団体のこれまでの活動や対立グループとの衝突事件の発生などに鑑み、集会関係者に加え、会館職員や近隣住民などの生命・身体・財産が侵害される危険性が「具体的に明らかに予見」されたとして、不許可処分は違法ではないと判断した。

加えて最高裁は、集会の主催者の対立グループによる妨害などで紛争が起こるおそれがあることを理由に施設使用を不許可とすることは憲法 21 条の趣旨に反するとして、**敵意ある聴衆の法理**（hostile audience）にも触れている。これは、ある集会の開催に際し、その集会の目的や主催者の思想に反対し対立するグループによる妨害のおそれのみを根拠に平穏な集会の開催を禁止することは違憲だというアメリカの判例理論である。

この法理は、上尾市福祉会館事件判決の中で、一定の基準が示され、明確化された。この事件では、市の福祉会館の使用不許可処分の違法性が争われた（使用目的は、過激派の内部抗争で殺害された労働組合幹部の合同葬を開催するため）。最

高裁は、敵意ある聴衆の存在を理由に公共施設の利用を拒否できるのは、「警察の警備等によってもなお混乱を防止することができないなど特別の事情がある場合に限られる」という基準を示し、条例中の「会館の管理上支障がある」とされる事態の発生が客観的な事実に照らして具体的に明らかに予測されたとはいえないとして、福祉会館の使用不許可処分を違法と判断した。

　敵意ある聴衆の法理は、民間施設（ホテル、私立学校・大学、会館など）の使用拒否の違法性を争った**プリンスホテル日教組会場使用拒否事件**（東京高判 2010・11・25 判時 2107・116）でも用いられている。これは、会場周辺での右翼団体による妨害行為が一般の利用客や近隣住民への迷惑になることを理由に、プリンスホテルが日本教職員組合による施設利用（教育研究全国集会の開催）と宿泊とを拒否した事件である。判決では、組合が当該ホテルを集会の会場として利用した場合でも、一般の利用客へ重大な不利益が発生することを認めるに足る的確な証拠はないとして、プリンスホテル側に損害賠償が命じられた。

### （2）　集団示威運動の規制

　集団示威行動も、公安条例による規制の対象である。集団示威行動は、「動く」という特徴のため、公衆の道路・公園などの利用との調整、他の集団行動との重複による混乱の回避、円滑な交通・安全などを目的として、事前に公安委員会の許可を受けなければならない。こうした制限について、第 1 に「許可」制を採ること自体の合憲性と、第 2 に許可条件の明確性について争いがある。

　許可制を採ること自体の合憲性について、最高裁は、①届出だけで集会を行える届出制の採用は許されるが、国家の側が許可・不許可を決定する一般的な許可制の採用は許されない、②公共の秩序の保持などの理由で、特定の場所または方法について、合理的かつ明確な基準の下に許可制（限定的な許可制）を条例で採用することは許される、③公共の安全に対して「明らかな差し迫った危険」を及ぼすことが予見される時には、集団示威行動などを不許可とする規定を設けることができるという基準を示した（**新潟県公安条例事件**　最大判 1954・11・24 刑集 8・11・1866）。この判決は、行政側の裁量的判断の余地をなるべく限定し

ようとした点が評価された。しかしその後、集団行動が「甚だしい場合には一瞬にして暴徒と化」すことは「群集心理の法則と現実の経験に徴して明らかである」として、公安条例が設定している曖昧な基準を合憲とする判決が出されている（**東京都公安条例事件** 最大判 1960・7・20 刑集 14・9・1243）。

　特定の場所や方法について許可制としても良い場合の、「合理的かつ明確な基準」とは何か。不明確な基準による不許可が違法であることはもちろん、許可条件に反した行動などに対し罰則が科される場合があるため、この明確性は重要なポイントである。**徳島市公安条例事件**（最大判 1975・9・10 刑集 29・8・489）では、「交通秩序を維持すること」という徳島市公安条例が定める許可条件の文言の不明確性が問題になった。最高裁は、この文言の具体的内容を明確化していないことは「立法措置として著しく妥当を欠く」としながらも、ある刑罰法規の不明確性が憲法 31 条に違反するかどうかは、「通常の判断能力を有する一般人の理解において、具体的場合に当該行為がその適用を受けるものかどうかの判断を可能ならしめるような基準が読みとれるかどうか」で判断されると述べるにとどまっている。

## *2*　結社の自由

　結社とは、複数の人が共通の目的のために団体を結成する行為、およびその意思形成に複数の人が服する団体のことである。そして結社の自由とは、①結社を結成する・しない、団体加入する・しない、結社の構成員であり続ける・脱退することについて国家の干渉を受けないという個人を主体とする権利と、②結社が団体としての意思を形成し、その実現のために活動することについて、国家の干渉を受けないという団体自体を主体とする権利とを意味する。つまり結社の自由は、個人と団体という 2 つの主体が存在する権利である（赤坂正浩・憲法講義(人権)・96 頁）。なお憲法 20 条と 28 条は、宗教的結社と労働組合についてそれぞれ個別の規定を設けている（政党については本書第 18 講 I を参照）。

### （1）　結社の自由に対する一般的制約

　法人格の取得には、会社法、一般法人法、労働組合法などで法律上の制限が

設けられている（たとえば法人の設立には一定の法定要件の充足を必要とするなど）。こうした制限は、取引の安全を図ることなどが目的で、結社それ自体の制限ではないため、違憲な干渉とはならない。

　また、弁護士法8条、弁理士法17条、税理士法18条が定める強制加入規定は、専門技術の水準、公共性の維持のために必要とされるものであり、当該団体がその目的に沿っている限りで合憲と理解される。結社の自由に対するこうした一般的制約は、結社を規制する側面がある一方で、結社の社会的意義を確保する意味合いも含んでいる。

### （2）　結社の規制立法

　集会と同様、結社も絶対的な保障を受けるわけではない。実際、既存の社会や政治制度を破壊するような結社は許されるべきではないと考えられている。ドイツは民主主義の価値を否定し破壊する勢力を許さない民主主義（**戦う民主主義**）を採用しており、この考えが、基本法9条2項（刑事法律や憲法的秩序・国際協調の思想に反する結社の禁止）や同21条2項（自由で民主的な基本秩序を侵害・除去したり、国家の存立を危うくしたりする政党を違憲とする規定）に反映されている。

　しかし、日本では、ドイツと異なり、結社の目的が「思想」に留まっている限り、解散などの措置を行うことは思想・良心の自由との関係からも許されないと理解されている。そのため、具体的にどのような結社を危険とし、どのように取り締まるかは、結社の自由や表現の自由などとの関係で非常に難しい問題である。一方、一定の結社を対象にした規制立法は存在している。その代表例が、**破壊活動防止法**と、無差別大量殺人を行った団体の規制に関する法律（**団体規制法**、オウム新法）である。

　破壊活動防止法の目的は、「暴力主義的破壊活動」を行った団体の規制である。暴力主義的破壊活動とは、刑法の定める内乱や外患誘致などの行為、これらを目的とする教唆・せん動・宣伝行為、そして「政治上の主義若しくは施策を推進し、支持し、又はこれに反対する目的」でなされる殺人、強盗、放火、汽車・電車などの転覆、公務執行妨害、およびこれらの行為のせん動である。公安審査委員会は、これら暴力主義的破壊活動を過去に行った団体が、こうし

Ⅳ　集会の自由と結社の自由　　**125**

た活動を「継続又は反復して将来さらに」「行う明らかなおそれがあると認めるに足りる十分な理由があるとき」は、特定地域内での集会・デモ行進の禁止、機関誌の印刷・頒布の禁止、破壊活動に関与した役職員・構成員が当該団体のために行う行為の禁止といった処分を下すことができる（期間は6カ月を超えてはいけない）。これらの処分が有効ではないと判断された場合、当該団体の解散の指定が同法7条に基づいて行われる。

破壊活動防止法7条の解散指定が「暴力主義的破壊活動を行う明らかなおそれ」という包括的かつ不明確な規定の下で行われる点や、「教唆」にさえ至らない「せん動」まで規制の対象にする点など、多くの批判がなされている。なお、1996年7月、オウム真理教について団体解散指定処分の請求が初めてなされたが、公安審査委員会が1997年1月に請求を留保付きで棄却する決定を下したため、同法の適用例は現在でも存在しない。

### （3） 結社の内部紛争に対する司法介入

結社とは、国家の法体系や公序良俗、公共の福祉に反しない限り、自治的な法により自らを規律し行動しうる「部分社会」だと一般に解されている。そのため、結社内部で発生した紛争の解決は、基本的にその結社に委ねられている。

しかし、結社内部での紛争が個人の人権や自由、公共の秩序などにかかわる場合には、司法介入が行われる。実際、税理士会などの強制加入団体による決議が、所属会員の思想・良心の自由を侵害するか否かが争われた。**南九州税理士会事件**（最判1996・3・19民集50・3・615）では、設立目的の範囲外の行為である政治献金を行うという税理士会の決議に従わなかった会員に対し、役員選挙の選挙権・被選挙権を停止したことが争われ、**群馬司法書士会事件**（最判2002・4・25集民206・233）では、阪神淡路大震災の復興支援の目的で会員から負担金（登記申請一件につき50円）を徴収する決議が問題となった。

南九州税理士会事件判決において、最高裁は、強制加入団体である税理士会には様々な思想を有する人が所属しており、政治献金については「個人的な政治的思想、見解、判断等」に基づいて会員個人が決定するべきであるとして、会員の思想・良心の自由への配慮を示した。一方、群馬司法書士会事件判決では、

復興支援を目的とする負担金の徴収は会員の政治的・宗教的立場や思想・良心の自由を侵害するものではなく、また負担金も会員に過大な負担を課す額ではないことから、思想・良心の自由の侵害は否定されている。

```
┌──────【チェック・ポイント】──────┐
│ ・わいせつ性の認定方法は、どのように変化したか。        │
│ ・ビラ配布という表現手段を規制する根拠は、どのようなものか。  │
│ ・結社の自由に対する規制立法にはどのようなものがあるか。    │
└───────────────────────────┘
```

**Book Guide**

奥平康弘ほか『性表現の自由』（有斐閣、1986 年）

平山信一『名誉棄損信用毀損──人の心を傷つける「暴力」とたたかう法律』（自由国民社、1995 年）

奥平康弘『これが破防法』（花伝社、1996 年）

成原慧『表現の自由とアーキテクチャ　情報社会における自由と規制の再構成』（勁草書房、2016 年）

奥平康弘『なぜ「表現の自由」か』〔新装版〕（東京大学出版会、2017 年）

阪口正二郎ほか『なぜ表現の自由か　理論的視座と現況への問い』（法律文化社、2017 年）

志田陽子ほか『新しい表現活動と法』（武蔵野美術大学出版局、2018 年）

高橋和之『人権研究Ⅰ　表現の自由』（有斐閣、2022 年）

経済活動の自由 職業選択の自由
と財産権の保障

レジュメ

I　職業選択の自由
　（1）　職業選択の自由の意義と規制の根拠
　　　　・意義：職業選択の自由＋職業遂行の自由（＝営業の自由）
　　　　・制約：内在的制約＋政策的制約
　（2）　職業選択の自由の規制の合憲性
　　　　・警察的・消極的規制：内在的制約 ⇒ 必要最小限度のもの
　　　　・社会経済的・積極的規制：政策的制約 ⇒ ゆるやかな審査
　（3）　経済的自由と規制緩和
　　　　・規制＝悪ではなく、個別具体的な検討が必要
II　居住・移転の自由
　（1）　居住・移転の自由の意義
　　　　・居住・移転の自由＝住所の決定・変更の自由（旅行の自由を含む）
　（2）　海外渡航の自由
　　　　・憲法上の根拠：「海外に移住する自由」or「移転の自由」
　　　　・旅券法による規制：「日本国の利益又は公安を害する」場合
　　　　　　　　　　　　　　の発給拒否
　（3）　国籍離脱の自由：無国籍になる自由の保障まで含まない
III　財産権の保障　・人権としての個人的財産の保障
　　　　　　　　　　・制度的保障としての私有財産制度の保障？
IV　財産権の制約
　　　　・財産権の制約　　　内在的制約と政策的制約
　　　　・違憲とされた事例：森林法分割制限違憲判決
　　　　・「法律」には「条例」も含まれる。
V　損失補償
　　　　・財産権の制約　一般的な制約⇒補償なし
　　　　　　　　　　　　特別な制約＝「特別な犠牲」⇒「正当な補償」
　　　　　　　　　　　　　　　　　　　：相当な補償　or　完全な補償
　　　　・国家賠償：国家の合法的行為による侵害・損失補償
　　　　　　　　　　国家の違法な行為による侵害・賠償制度
　　　　＊　両者の間にあるもの・過失なき財産侵害？（予防接種禍訴訟）

# Ⅰ 職業選択の自由

## *1* 職業選択自由の意義と規制の根拠 ●━━━━━━●

**職業選択の自由**（22条1項）は、各人自らが従事する職業を選び、そしてその職業を行う自由を意味するものと解されている。つまり、文字どおりの「職業」を「選択」する自由のみならず、選択したあとにその職業を遂行することの自由、いわゆる**営業の自由**をも含まれるとするのが通説である（宮沢・憲法Ⅱ・391頁、法協・註解上・442頁、佐藤功・コメ上・388頁、小林・講義上・512頁、佐藤幸・憲法・335頁。なお、「営業の自由」の根拠を、22条の職業選択の自由と29条の財産権保障の両者に求める見解も有力である。樋口ほか・注解憲法Ⅱ・91頁、芦部・憲法・245頁、浦部・憲法・238頁）。判例も、「職業選択の自由を保障するというなかには、広く一般に、いわゆる営業の自由を保障する趣旨を包含しているものと解すべき」（後掲・小売市場許可制事件最高裁判決）とし、あるいは憲法22条1項は、「狭義における職業選択の自由のみならず、職業活動の自由をも包含しているものと解すべきである」（後掲・薬局開設距離制限事件最高裁判決）として同様の立場をとる。

　そして、憲法の22条には、13条に出てきた「公共の福祉」がもう一度出てくる。これは、他の人権に比べて、「公共の福祉」による制約をより強く受けることを示している。経済活動の自由を保障するだけでは、貧富の格差が拡大する一方であり、生存と福祉のために国家が様々な活動をするようになると、経済活動に対する制限を行うことが必要になってきている。このことを、日本国憲法は、「公共の福祉」という言葉を二度登場させることによって、確かめている。この点は、裁判所も認めていることである。たとえば、「個人の経済活動の自由に関する限り、個人の精神的自由等に関する場合と異なって、右経済社会政策の実施の一手段として、これに一定の合理的規制措置を講ずることは、もともと、憲法が予定し、かつ許容するところと解するのが相当であ」る

（後掲・小売市場無許可開設事件最高裁判決）という。

## *2* 職業選択の自由の規制の合憲性 ●—————————————●

### （1） 警察的・消極的規制と社会経済的・積極的規制

　職業選択の自由には様々な目的で規制が行われる。それを大雑把に分けると2つになる。警察的・消極的規制と社会経済的・積極的規制である。

　**警察的・消極的規制**とは、他人の生命や健康などに対する危害や犯罪行為の発生を防止するために行われる規制である。憲法の考え方からいえば、13条の「公共の福祉」に基づく人権の内在的な制限のために行われる規制ということになる。たとえば、医師という職業を選択する自由はあるといっても、医療についての専門的な知識と能力がなければ医師にはふさわしくない。そこで、医者になるには、国家試験に合格し、厚生労働大臣の免許を受けなければならないとされている（医師2条）。

　もう1つの、**社会経済的・積極的規制**とは、労働者や社会的弱者の生存と生活の保障（つまり、社会権の実現）のために行われる規制である。たとえば、労働法という分野があり、人を雇って仕事をしてもらうにはいろいろな規制がある。誰をどのような条件で雇おうとまったく雇う側の経済活動の自由であると思うかもしれないが、社会の中で常に弱い立場にいる労働者を保護する必要があり、それの裏返しとして、雇う側が規制を受けることになる。

　そして、これらの規制の目的を達成するために、様々な規制方法が用いられる。その類型を列挙すれば、① 全面禁止するもので、管理売春の禁止などがある。② 国家独占事業とされるもので、旧来の郵便事業（2003年4月から日本郵政公社が設立され、郵便事業への民間参入も許可制となり、2007年10月からは、公社が行う郵便事業を郵便事業株式会社が承継した。）やたばこ専売制（1985年4月廃止）がこれにあたる。③ 特許制（特権の付与）として、電気、ガス、鉄道、バスなどの公益事業がある。④ 資格制は、先にあげた医師に加え、薬剤師や弁護士などがある。⑤ 許可制（本来的な自由の制約）としては、飲食業、貸金業、風俗営業などに対する規制がある。⑥ 届出制としては、理容業などに課されている。

### （2） 規制の合憲性

　裁判所がこれらの規制の合憲性をチェックする際には、警察的・消極的規制については厳しく、社会経済的・積極的規制についてはゆるやかにチェックすべきであると考えられている。すなわち、警察的・消極的規制は、害を防止・除去するのが目的であるからその目的を達成するために必要最小限度のもので十分であり、必要以上の規制について厳しくチェックする必要がある一方で、社会経済的・積極的規制についてはその規制の内容については国会での政策的判断で行われる部分が多く、裁判所の判断になじまないから、ゆるやかなチェックにならざるを得ないということになる。ただ、規制目的が異なっても、実際に規制が行われる手段が同じものである場合もあり、規制される側の事情も考慮すると、一概には決められない。規制目的と手段を踏まえつつも、1つ1つの事情に即して、検討する必要があるということになろう（芦部・憲法・249頁）。近年、社会経済的・積極的規制についての違憲審査基準を再検討すべきであるという意見が多く出され、最高裁は、社会経済的・積極的規制の合憲性判断基準について、いわゆる**明白性の原則**（「著しく不合理であることの明白である場合」だけ違憲となるとする）をとっているが、これは事実上審査をしないことを意味するものであると批判されている。たとえば、「行為を規制することによって社会権なり弱者保護が実現されるということが、合理的な程度にはいえなければならない」という意味での**厳格な合理性の基準**が妥当するとする見解も示されている（浦部・憲法・100頁）。

　以下、代表的な判例を紹介する。まず、警察的・消極的規制として問題となったものに、**薬局開設距離制限事件**（最大判1975・4・30民集29・4・572）がある。この事件は、薬局の開設を申請したが、既存の薬局からおおむね100メートル離れていなければならないとする配置基準に合わないとして不許可となったので、この基準が憲法22条に違反するとの理由で不許可処分の取消しをもとめたものである。最高裁判所は、許可制は、それが社会・経済政策上の積極的な目的のための措置ではなく自由な職業活動が社会公共に対してもたらす弊害を防止するための消極的、警察的措置である場合には、許可制に比べて職業の自

由に対するよりゆるやかな制限である職業活動の内容や態様に対する規制によっては目的を十分に達成することができない場合に用いることができるとの一般論を述べたあと、薬局の適正配置規制が、消極的、警察的措置であり、国は薬局が偏在すれば競争が激化し、一部薬局の経営不安定を招く結果、不良医薬品の供給の危険があり医薬品乱用を助長すると主張するが、そのような事情は認められず、許可制をとる必要性と合理性を説明する理由とはならないとして、憲法22条1項に違反し、無効である、とした。

　社会経済的・積極的規制の事例としては、**公衆浴場法違反事件**（最大判1955・1・26刑集9・1・89）をあげることができる。この事件は、知事の許可を受けないで公衆浴場を経営したとして、起訴されたものである。最高裁判所は、公衆浴場の設置場所が配置の適正を欠いて、偏在すれば利用者である国民にとって不便であり濫立すれば競争がはげしくなり衛生設備が低下するおそれがあるが、このようなことは公共の福祉に反するものであって、距離制限などを理由として公衆浴場の経営の許可を与えないとする規定は、憲法22条に違反しない、とした。1955年の判決では、この規制がどのような立法目的であるのかについて明らかにされなかったが、後に最高裁判所は、積極的・社会経済政策的な規制であると位置づけて、再び距離制限について合憲判断を示している（最判1989・1・20刑集43・1・1。ただし、最判1989・3・7判時1308・111は、「国民保健及び環境衛生の確保」という消極規制と「既存公衆浴場業者の経営の安定」という積極規制の両方を立法目的として認定した）。

　次に、**道路運送法違反事件**（最大判1963・12・4刑集17・12・34）がある。この事件は、運賃をもらう目的で自家用車を使用する行為（＝白タク行為）が、「自家用自動車は、有償で運送の用に供してはならない」とする道路運送法に違反したとして起訴されたものである。最高裁判所は、自動車運送事業の免許制について、日本の交通および道路交通の実情に照らしてみて、道路運送法が目的とする道路運送事業の適正な運営および公正な競争の確保と道路運送の総合的な発達に副うので、合憲とした上で、免許制を維持するために白タク行為の禁止も許されるとした。

３つ目のものとして、**小売市場無許可開設事件**（最大判 1972・11・22 刑集 26・9・
586）がある。この事件は、知事の許可を受けないで、小売市場を建設し、小売
商人に店舗を貸し付けたとして起訴されたものである。最高裁判所は、社会経
済分野において規制を行うかどうか、どのような規制を行うのかは立法府の判
断にまつほかなく、裁判所はその判断を尊重するのを建前として、規制が著し
く不合理であることが明らかな場合に限って違憲となるとの一般論を展開した
あとで、小売市場の許可制は、経済的基盤の弱い小売商の事業活動の機会を確
保し、小売商の正常な秩序を維持するために、過当競争が招く共倒れを防ぐた
めのものであるから、その目的において一応の合理性を認められ、手段と態様
においても明らかに著しく不合理とはいえないとした。

　なお、その後の最高裁の判例には、酒類販売業免許制度を存置した立法府の
判断が著しく不合理とはいえないとした**酒類販売免許制事件**（最判 1992・12・15
民集 46・9・2829）や登記供託手続の代理を司法書士に業務独占をさせ行政書士に
認めないことは合理的であるとした**司法書士法違反事件**（最判 2000・2・8 刑集 54・
2・1）のように、規制目的を明確にしないものもあり、判例の理解において、
規制目的のみで割り切ってしまうことはできないことに注意する必要があろう。

### *3* 経済的自由と規制緩和 ●━━━━━━━━━━━━━━━●

　景気対策として、**規制緩和**が必要であるとよくいわれる。たしかに余分な規
制は、流通のコストを高め、結果として商品価格を引き上げることになるので、
消費者にとっても不利益となる。しかし、規制の中には、国民の生命や健康の
ためのものもあることを考えると、一概に規制緩和が望ましいともいえない。
たとえば、食品衛生法については、規制緩和が必要であるという意見もあるが、
逆に、国民の健康・衛生を考えれば、2000 年夏に頻発した「異物混入」事件
のような事態を防止するためにも、食品生産工場に対する様々な規制は厳格に
実施されるべきであろう。また、以前の**大店法**（大規模小売店舗法）は、「大規模
小売店舗における小売業の事業活動を調整することにより、その周辺の中小小
売業の事業活動の機会を適正に確保」することを目的とした積極的規制であっ

たが、手続の不透明さが従前から批判され、中小小売業という弱者保護という積極的目的を十分に果たすことのできない運用実態も指摘されていた。そこで、大店法は廃止され、**大店立地法**（大規模小売店舗立地法）が制定された。大店立地法は、店舗面積が千平方メートルを越える大型店を対象に、自治体が出店者に駐車場などの渋滞対策や騒音対策、廃棄物の処理方法など環境対策を求め、店舗形態などの改善を求めることができることとしたが、出店が原則自由化されたために、郊外に大型店舗が進出し中心市街地の商店街の空洞化がみられたことから、現在、大店立地法の見直しが進められ、「まちづくり」の観点から規制を行う条例を制定する動きがある。

　規制自体は、自由を制限することであるから、規制＝悪と考え何でもなくせばいいような気になりがちであるが、そもそも何のための規制であるのか、というところから個別具体的に検討することが必要である。

## Ⅱ　居住・移転の自由

### *1*　居住・移転の自由の意義 ●━━━━━━━━━●

　**居住・移転の自由**とは、自分の住むところを自分で好きな所に決めたり、変更する自由である。これには、一時的に生活するところを変更する旅行の自由も当然に含まれる。この自由が経済活動の自由として定められているのは、封建時代には、たとえば、内職で小物を作った農民が町まで売りに出ることさえ自由ではなく、まさに、当時にすれば、生活の糧を売るために必要であると考えられた自由であった。現在では、それは当然のこととして、それに加えて、どこに住むかということは、経済的な問題のみならず、その人の生活全体に及ぶ事柄になっているので、その点をふまえて居住と移転の自由を考える必要がある。

　憲法は 22 条 2 項で、「外国に移住する自由」と「国籍を離脱する自由」も認めている。広い意味での「居住・移転の自由」にはこれらも、含まれる。

## *2* 海外渡航の自由 ●━━━━━━━━━━━━━━━━━━━━━●

### （1） 海外渡航の自由の根拠

　一時的な**海外渡航の自由**が憲法上保障されているとすることについては異論はないが、その根拠となる憲法上の規定がどれであるかについては争いがある。多数説は、22 条 2 項の「外国に移住する自由」に含まれるとする（法協・註解上・253 頁、佐藤功・コメ上・398 頁、佐藤幸・憲法・333 頁、芦部・憲法・253 頁、辻村・憲法・245 頁、浦部・憲法・244 頁など）。有力説は、22 条 1 項の「移転の自由」に含まれると考える（小林・講義上・508 頁、宮沢・コメ・256 頁、長谷部・憲法・253 頁）。判例（**帆足計事件** 最大判 1958・9・10 民集 12・13・1969）は、憲法 22 条 2 項の「外国に移住する自由」に外国へ一時旅行する自由も含まれると解している。

### （2） 旅券法による規制

　海外を旅行するのには**旅券**（いわゆるパスポート）が必要である。旅券法 13 条は、「著しく且つ直接に日本国の利益又は公安を害する行為を行う虞があると認めるに足りる相当の理由がある者」に対して、外務大臣が旅券の発給を拒否できると定める。この合憲性が問題となった事件（前掲・帆足計事件）で、最高裁判所は、「日本国の利益又は公安を害する」などの理由で、旅券を拒否することは合理的な制限であり、占領下の日本が当面した国際情勢の下ではモスクワの国際会議に参加することが「日本国の利益又は公安を害する」と判断した外務大臣の処分は違法ではない、とした。有力説は、このような漠然とした基準で憲法上の権利を制約することは許されないとする（宮沢・憲法Ⅱ・389 頁、小林・講義上・509 頁、芦部・憲法・253 頁、浦部・憲法・246 頁）。

## *3* 国籍離脱の自由 ●━━━━━━━━━━━━━━━━━━━━━●

　憲法 22 条 2 項は、**国籍離脱の自由**を保障する。「日本の国民は、日本人であることを欲する者によって構成されるべきものとする原則に立ち、国籍をはなれる自由をみとめた」とされる（宮沢・憲法Ⅱ・395 頁）。したがって、国籍を離脱するのに条件を付することは原則として許されないが、現代世界では国籍な

き世界市民が認められる状況にはなく、無国籍の防止が求められているので、同条の保障には、無国籍になる自由の保障までも含むと解することはできないだろう。このような趣旨を受けて、国籍法11条1項は、「日本国民は、自己の志望によつて外国の国籍を取得したときは、日本の国籍を失う」と定め、国籍の離脱が各自の自由な意思に基づいて行われることを確認するとともに、外国籍を取得していることを条件としている。

　他方において、「国籍唯一の原則」はグローバル化のなかで動揺をみせており、多くの国々で重国籍が許容されるようになってきている。父母の国籍が異なる場合や日本国民が国籍取得につき出生地主義の国で生まれた場合などに重国籍が生じることになるが、それらの事情は本人のアイデンティティと深く結びついている。1つの国籍の選択を強いることが、国籍離脱の自由を侵害しないかどうか考えるべき段階にきている（東京高判2023年2月21日判例集未登載は、国籍法11条1項を合憲とし、最決2023年9月28日は、上告を棄却した）。

## Ⅲ　財産権の保障

　憲法29条1項は、「財産権は、これを侵してはならない」と定める。

　まず、**財産権**には、財産的価値を有する一切のものに対する権利を含む（通説＝法協・註解上・565頁、宮沢・コメ・286頁、佐藤功・コメ上・478頁、佐藤幸・憲法・309頁）。たとえば、土地所有権などの物権、買主に対する売主の代金請求権などの債権、著作権などの無体財産権などである。

　さらに、29条1項は、権利としての財産権を保障していると同時に、**私有財産制度**を保障しているのであるといわれる（通説＝法協・註解上・561頁、宮沢・憲法Ⅱ・406頁、小林・講義上・528頁、佐藤功・コメ上・478頁、芦部・憲法・255頁、佐藤幸・憲法・346頁、加藤・憲法・113頁）。しかし、私有財産制度とは何かということについては、明らかではない。過去のソ連における社会主義経済システムにおいても、個々人の私有財産がまったく否定されていたわけではない。逆に、資本主義においても、数多くの財産権の制約が見られるのであり、私有財産が

制約されることもある。資本主義と社会主義との決定的違いを生産手段の公有化、その意味での私有化の否定と考えれば、生産手段を私有することを人権として保障しているという見解をとらないかぎり、憲法 29 条にとって資本主義か社会主義かの問題は、関与するところではない（なお、ここでは、解釈論として述べたのであって、日本国憲法を含む日本社会が資本主義体制であることに違いはない）。結局は、個人の財産権の保障を前提としつつも、財産法システム全体については国民の選択に委ねていると解するしかないであろう（長谷部・憲法・241 頁、松井・憲法・547 頁）。

## Ⅳ　財産権の制約

　憲法 29 条 2 項は、「財産権の内容は、公共の福祉に適合するやうに、法律でこれを定める」とする。ここでいう「公共の福祉」のための規制には、他人に害を及ぼす権利行使などが認められないとする内在的制約を根拠とする規制に加えて、**福祉国家**の理念にのっとり国民の生存権保障のためになされる社会経済的な政策的制約を根拠とする規制も含まれる（芦部・憲法・256 頁）。

　財産権の制約が違憲とされた例として、**共有林分割制限違憲判決**（最大判1987・4・22 民集 41・3・408）がある。この事件は、森林法が森林の共有林の細分化を防ぐために一定の場合に共有の分割を禁止した点が争われた事件である。最高裁判所は、森林の細分化を防止するという目的の必要は認められるが、共有森林について原物分割をしても直ちにその細分化をきたすとはいえないので、分割請求権を制限することは、その目的を達成する手段としての合理性と必要性のいずれも肯定できないとして、違憲であるとの判断を示した。

　憲法の条文には、「法律」とだけ書かれているが、地方公共団体が制定することを認められている**条例**も含まれると解される。その理由としては、① 憲法 94 条が 41 条の例外をなすこと（佐藤功・コメ上・484 頁）、② 条例は地方議会という民主的基盤にたって制定されていること（浦部・憲法・215 頁）、③ 実質的には法律と差がないこと、そして、④ 公共の福祉を理由とする制限が自由権

の場合にくらべてよりゆるやかな財産権について、条例による制限を認めないのはアンバランスであることの4つの理由があげられる（後掲・奈良県ため池条例事件は、明示はしていないが、肯定説を前提とする）。

## Ⅴ　損失補償

### *1*　損失補償の意義

#### （1）　損失補償の要否

憲法29条3項は、「私有財産は、正当な補償の下に、これを公共のために用ひることができる」と定めている。ここでいう「公共のために」とは、単なる個別的な利益を越えた社会公共の利益を意味するが、結果として特定の者が利益を得た場合であっても、その事業全体の目的が「公共のため」であればよいとされる（最大判1952・1・9刑集6・1・4および後掲・農地改革事件参照）。

**損失補償**とは、適法な行為によってこうむった特別の犠牲を補塡するものである。違法な国家活動により生じた損害に対する賠償とは違う（後述参照）。補償を受けうる者は、一般的制限をこうむった者ではなくて、**特別の犠牲**をこうむった者である。この点に関する事件としては、**奈良県ため池条例事件**（最大判1963・6・26刑集17・5・521）がある。この事件は、ため池の堤とう（＝土手）に農作物などを植えることを禁止した条例に違反したとして起訴されたものであるが、最高裁判所は、災害を未然に防ぐという社会生活上のやむをえない必要からくることであり、公共の福祉のため当然我慢しなければならず、この程度の制限は、財産権を有する者が当然我慢しなければならない責務であるから、憲法29条3項の損失補償も必要としない、とした。

#### （2）　正当な補償

**正当な補償**については、**完全補償説**と**相当補償説**がある。完全補償説は、損失補償の金額は市場価格と一致すべきであるとするが、それに対し、相当補償説は、必ずしも市場価格と完全に一致することを必要ではなく、その当時の経

済状態を前提とし合理的に算出される相当な金額であればよいとする。

　この点につき、敗戦直後の**農地改革事件**（最大判 1953・12・23 民集 7・13・1523）で、最高裁判所は、相当補償説に立ち、市場価格に比べるとかなりの低額で農地を地主から強制的に買い上げ小作人に売却することを合憲とした。現在では、最高裁判所も、土地収用法の事例につき、「特別な犠牲の回復をはかることを目的」とするものであるから、「完全な補償、すなわち、収用の前後を通じて被収用者の財産価値を等しくならしめるような補償をなすべきであり、金銭をもって補償する場合には、被収用者が近傍において被収用者と同等の代替地等を取得することをうるに足りる金額の補償を要する」（最判 1973・10・18 民集 27・9・1210）と述べ、完全補償説に立っている。多くの学説は、農地改革は農村の民主化のための社会改革という例外的な事例であり、「正当な補償」については、原則として完全補償説に立つべきであると考えている（芦部・憲法・263 頁）。

### （3）　補償規定がない場合の救済

　憲法 29 条 3 項を素直に読めば、特別の犠牲を課する場合については、その根拠となる法律に補償規定がなければならないことになりそうである。だが、最高裁判所は、法律に補償規定がなくても、憲法を直接根拠にして補償を請求できるとした（最大判 1968・11・27 刑集 22・12・1402）。

## *2*　国家賠償 ●━━━━━━━━━━━━━━━━━━━━━━━━●

　損失補償と対比すると理解しやすいものとして、**国家賠償**がある。憲法 17 条は、「何人も、公務員の不法行為により、損害を受けたときは、法律の定めるところにより、国又は公共団体に、その賠償を求めることができる」と定める。それを具体化した法律が**国家賠償法**である。国家賠償法 1 条 1 項は、「国又は公共団体の公権力の行使に当る公務員が、その職務を行うについて、故意又は過失によつて違法に他人に損害を加えたときは、国又は公共団体が、これを賠償する責に任ずる」として、公務員による故意・過失による損害賠償責任を国家が代位して賠償するものとしている。2 条 1 項は、「道路、河川その他の公の営造物の設置又は管理に瑕疵があつたために他人に損害を生じたときは、

国又は公共団体は、これを賠償する責に任ずる」として、営造物の設置・管理の瑕疵に基づく損害賠償責任を認めている。

　さて、損失補償と国家賠償の違いは、損失補償が国家の合法的な行為によって国民の財産的利益を害したときになされるのに対して、国家賠償は、国家が違法な行為によって国民の財産的利益などを害したときになされる点である。そして、国民が国家活動によって損害をこうむっているにもかかわらず、これらの2つの谷間にあたるために救済を受けることができないということがありうる。すなわち、**予防接種禍に対する損害賠償請求訴訟**においては、国家賠償法1条が故意または過失を条件とするため、接種担当者の過失が認定できない場合には、国家賠償の対象とはならない。では、損失補償の対象となるかというと、29条3項は、財産権に対する保障であるから、生命や身体に対する侵害に適用するにはなじまないとされる。学説の中には、財産以上の価値である生命や身体に対する適法な侵害に対する損失保障として29条3項を援用するという解釈論も主張されている。判例では、東京地判1984年5月18日（判時1118・28）が、「憲法13条後段、25条1項の規定の趣旨に照らせば、財産上特別の犠牲が課された場合と生命、身体に対し特別の犠牲が課せられた場合で、後者の方を不利に扱うことが許されるとする合理的理由はない」として憲法29条3項の類推適用を認めた。しかし、判例の大勢は、過失の認定を緩やかに認定する傾向にある（たとえば、最判1991・4・19民集45・4・367、東京高判1992・12・18判時1445・3）。このように過失責任を拡大してもなお救済できない場合に対応するために、生命・身体に対する損失補償論が論じられる余地があろうが、生命・身体を「公共のために用ひる」という論理の承認への抵抗感から憲法13条の問題であるとする学説もある（佐藤幸・憲法・199頁）。

　なお、**郵便法違憲判決**（最大判2002・9・11民集56・7・1439）では、特別送達郵便物について、郵便業務従事者の軽過失による不法行為により損害が生じた場合に、国の損害賠償責任を免除・制限することは、それを認めないからといって、郵便をなるべく安い料金で公平に提供するという目的の達成が害されるわけでなく、裁判関係の書類の唯一の送付手段であり、書記官などの裁判所関係者の

軽過失の場合には賠償責任が肯定されることからすると、目的達成の手段としての合理性、必要性は認めがたく、憲法17条に違反するとされた。これを受け、直ちに判決の趣旨に沿った法改正がなされた。

┌─────【チェック・ポイント】─────┐

・警察的・消極的規制と社会経済的・積極的規制はどのようなものか。それぞれの内容を簡単に説明し、一例をあげなさい。
・損失補償が必要か否かの基準を、何と呼ぶか。
・損失補償と国家賠償の違いを述べなさい。

└──────────────────────┘

**Book Guide**

渡辺洋三『財産権論』(一粒社、1985年)

藤井俊夫『経済規制と違憲審査』(成文堂、1996年)

宇賀克也『国家補償法』(有斐閣、1997年)

西埜章ほか『損失補償法』(一粒社、2000年)

小高剛『用地買収と補償』〔第4版〕(有斐閣選書、2003年)

矢作弘『大型店とまちづくり』(岩波新書、2005年)

中島徹『財産権の領分』(日本評論社、2007年)

松尾弘『財産権の保障と損失補償の法理』(大成出版社、2011年)

西埜章『国家賠償法コンメンタール』〔第2版〕(勁草書房、2014年)

国籍問題研究会編『二重国籍と日本』(ちくま新書、2019年)

# 第10講 人身の自由

レジュメ

I 人身の自由
- 詳細な権利規定は、旧憲法下での人身の自由の侵害に対する反省から
- 憲法18条（奴隷的拘束・苦役からの自由）は人身売買・強制労働を禁止する

II 適正手続の保障
- 罪刑法定主義：① 法律の規定の明確性　② 規制内容の合理性　③ 罪刑の均衡
- 第三者所有物没収事件判決 → 告知と聴聞を受ける権利の要請

III 刑事手続の概要
　刑事手続は、① 捜査　② 起訴　③ 公判の3段階からなる

IV 被疑者の権利
- 不法な逮捕からの自由：令状主義 → 例外：現行犯逮捕、緊急逮捕
- 不法な侵入、捜索、押収からの自由も令状主義により保障される
- 弁護人依頼権：被疑者には国選弁護人は付かない。接見交通権が重要
- 黙秘権・拷問の禁止・代用刑事施設

V 被告人の権利と刑事裁判のルール
- 被告人の権利：① 公平な裁判所の迅速な公開裁判を受ける権利（高田事件判決）　② 証人審問権・証人喚問権　③ 弁護人依頼権（国選弁護人が付く）
- 刑事裁判のルール：① 自白に関するルール（任意性の疑わしい自白の排除と補強証拠の要求）　② 伝聞証拠に関するルール（証人審問権から引き出される）　③ 違法収集証拠に関するルール（不法な捜索、押収からの自由の確保）　④ 一事不再理（検察官上訴は認められる）　⑤ 残虐な刑罰の禁止（死刑は合憲）
- 刑事補償請求権：刑事補償法が具体化している

VI 犯罪被害者への配慮
- 犯罪被害者保護法：傍聴への配慮、公判記録の閲覧・謄写、損害賠償
- 刑事訴訟法：被害者と遺族の意見陳述制度、被害者参加制度
- 検察審査会法：被害者と遺族の申立て、意見書等の提出
- 犯罪被害者等給付金の支給等に関する法律、犯罪被害者等基本法
- 受刑者処遇法

# ⅠⅠ　人身の自由

　個人の身体を拘束することは、自由に対する深甚な侵害となる。なぜならば、**人身の自由**は人間のあらゆる活動の前提となるからである。人身の自由が奪われていたら、精神活動の自由も経済活動の自由も意味のないものとなろう。日本国憲法は、18条で奴隷的拘束および苦役からの自由を定め、31条で法定手続を保障し、33条から39条でかなり詳細な刑事手続上の権利を保障している。このように日本国憲法が人身の自由について手厚い保障をしているのは、旧憲法下で見られた公権力による人身の自由に対する不当な侵害を再現しないためである。

　憲法18条は、「何人も、いかなる**奴隷的拘束**も受けない。又、犯罪に因る処罰を除いては、その意に反する**苦役**に服させられない」と定めている。奴隷のように束縛したり、本人の意思を無視して強制的に働かせることは、人間なら誰もがもっている自由で独立した人格を踏みにじることに他ならず、個人の尊厳に反することは明白である。したがって、こうしたことを公権力が行うことは当然禁止されるし、また、国民相互間でも行われるべきではない。すなわち、憲法18条は国家と国民の間だけでなく、私人間でも直接的な効力をもつと解される。たとえば、戦前には、前借金により自由を拘束する人身売買のような芸娼妓契約や監禁状態で土木工事などに従事させるタコ部屋というものがあったが、これらは憲法18条に反するものである。もちろん、憲法18条を援用せずとも、芸娼妓契約は、公の秩序や善良な風俗に反する契約などを無効とする民法90条により認められない。また、労働基準法が、「使用者は、暴行、脅迫、監禁その他精神又は身体の自由を不当に拘束する手段によつて、労働者の意思に反して労働を強制してはならない」(5条)と定め、これに違反した者は、「1年以上10年以下の懲役又は20万円以上300万円以下の罰金に処する」(117条)としているので、タコ部屋なども認められない。

　ところで、憲法18条により禁止されない「意に反する苦役」はあり得るだ

ろうか。たとえば、刑法18条は罰金や科料を完納し得ない者を労役場に留置するとしているが、これは憲法18条が「犯罪に因る処罰の場合を除いては」としているので問題はない。また、災害対策基本法65条・71条、消防法29条5項、道路法68条2項などは、非常の場合に国民に労役を強制できると定めているが、この労役が非常の場合に緊急かつ一時的に課されるものなので、憲法違反とはならないと解されている。禁止される苦役か否かは、課される労役の目的や程度により判断されよう。もちろん、徴兵制は、「意に反する苦役」に他ならないので、禁止される（第14講II 3参照）。

## Ⅱ 適正手続の保障

憲法31条は、「何人も、法律の定める手続によらなければ、その生命若しくは自由を奪はれ、又はその他の刑罰を科せられない」と定めている。ここに「法律の定める手続」とあるので、**法定手続の保障**ともいうが、後述するような理由から**適正手続の保障**という方が適切である。

憲法31条は、字面だけ見れば、「法律の定める手続によれば、刑罰を科することができる」、または「刑罰を科するには法律の定める手続が必要である」ということを定めているだけであるともいえるが、そうではない。法律で定めさえすれば、その内容はどうでもよいというわけではないからである。したがって、適正手続の保障は、次の4つのことを要請していると解される。

①　刑罰を科するには、犯罪と刑罰に関するルール（**実体法**）があらかじめ法律で定められていること。

②　法律で定められた実体法の内容が適正であること。

③　刑罰を科するための手続に関するルール（**手続法**）が法律で定められていること。

④　法律で定められた手続法の内容が適正であること。

まず、①の要請は、**罪刑法定主義**という。どのような行為が犯罪とされ、どのような刑罰が科されるのかがあらかじめ分かっていなければ、国民は安心し

て自由に行動することができないであろう。また、刑罰法規は、国民の自由に直接関わるものであるから、国民の代表者である国会が法律という形式で定めることが適切である。ただし、罪刑法定主義は日本国憲法に特に明示されていないが、旧憲法23条でも規定されていたくらいの近代法の基本原則であるから、これを日本国憲法が排除しているとは考えられない。

　また、罪刑法定主義からすれば、ある行為がなされた後、それを犯罪とする法律を制定して処罰することはできないはずである。これを特に**事後法の禁止**といい、憲法39条は、「何人も、実行の時に適法であった行為……については、刑事責任を問はれない」と定めている。

　②の要請は、刑罰法規が法律で定められていればよいというだけでなく、その内容も適正なものでなければならないということである。具体的に実体法の内容が適正であるためには、次の3つの基本的要請が満たされていなければならない。

　（ａ）　法律の規定の明確性　刑罰法規があっても、どのような行為が犯罪として禁止されているのか（犯罪の構成要件）が、漠然としていて曖昧であるならば、結局、国民は何が犯罪であるか分からなくなってしまう。刑罰法規は一般人であれば誰もが理解できるように明確でなければならない。

　（ｂ）　規制内容の合理性　刑罰法規が、本来、犯罪として処罰する必要のない行為まで処罰の対象としているというように、刑罰法規の内容は不合理なものであってはならないのである。

　（ｃ）　罪刑の均衡　軽微な犯罪にあまりにも重い刑罰が定められているならば、そのような刑罰法規は適正なものとはいえない。犯罪の重さと刑罰の重さは釣り合っていなければならないのである。

　③の要請は、憲法31条が明示しているところである。憲法37条1項が、「すべて刑事事件においては、被告人は、公平な裁判所の迅速な公開裁判を受ける権利を有する」と定めているので、刑罰はこのような裁判を通じて科されることになる。また、裁判に先立って警察や検察の犯罪捜査が行われるが、これも刑罰を科すための手続きに含まれ、法律によるコントロールを受けること

になる。捜査・起訴・公判からなる刑事手続全体をカバーする法律として刑事訴訟法が作られている。

　④の要請は、憲法31条の「法律の定める手続」という文言が、「法律の定める『適正な』手続」であることを意味する。その内容として特に重要なのが、**告知と聴聞を受ける権利**である。これは国民が刑罰やその他の不利益を科される場合、あらかじめなぜ刑罰を科されるのかを告知され、釈明の機会を与えられることを要求する。これについて、**第三者所有物没収事件**が重要である。密輸による関税法違反で没収された貨物の中に被告人以外の第三者の貨物も含まれていたところ、これは憲法31条違反ではないかが争われた事件で、最高裁は、「所有物を没収せられる第三者についても、告知、弁解、防御の機会を与えることが必要」であり、これなくして第三者の所有物を没収することは憲法31条に違反すると判示した（最大判1962・11・28刑集16・11・1593）。

　憲法31条が行政手続にも適用されるかどうかも問題である。最高裁は、成田新法事件判決で、行政手続が刑事手続ではないとの理由のみで憲法31条の保障外にあると判断すべきではないとした。ただし、同条の保障が及ぶ場合でも、行政手続は行政目的に応じて多種多様であるから、常に必ず事前の告知、弁解、防御の機会を与えることを必要とするものではないとした（最大判1992・7・1民集46・5・437）。同様に、憲法35条の令状主義や憲法38条1項の黙秘権の保障が行政手続に及ぶかも問題となる。最高裁は、川崎民商事件判決で、「当該手続が刑事責任追及を目的とするものでないとの理由のみで、その手続における一切の強制が当然に右規定［憲法35条1項］による保障の枠外にあると判断することは相当ではない」とし、また、憲法38条1項の保障は、「純然たる刑事手続においてばかりではなく、それ以外の手続においても、実質上、刑事責任追及のための資料の取得収集に直接結びつく作用を一般的に有する手続には、ひとしく及ぶものと解する」とした（最大判1972・11・22刑集26・9・554）。

# Ⅲ　刑事手続の概要

　国家は国民の安全を守り、社会の秩序を維持するために、犯罪に対する刑罰権をもっている。この権力が濫用されたら、無実の者が犯人として処罰されかねないであろう。そこで、憲法は、刑事手続、すなわち、犯罪捜査と刑事裁判の手続について基本的なルールを定めている。

　刑事手続をどのように構成するかについては、2つの考え方がある。前者は、刑事手続の基本目的は人権保障の確保、または無実の発見であり、そのためには適正な手続の保障が必要であって、被疑者・被告人と捜査機関が対等な当事者であり、裁判所は中立なアンパイヤであることが適当であるという考え方である。後者は、刑事手続の基本目的は社会秩序の維持であって、そのためには犯罪の真相を解明して犯罪者を必ず処罰する必要があり、裁判所や捜査機関が刑事手続において主導的な役割を果たすことが適当であるという考え方である。旧憲法下では、後者の考え方が強かったので、人権保障の観点が後退し、ひいては冤罪を生み出してしまうこともあった。日本国憲法は、このような過去の経験を反省して基本的に前者の立場をとっている。

　刑事手続は、大別すると、① **捜査**、② **起訴**、③ **公判**の3つの段階からなる（図 10-1 参照）。

　① 犯罪が発生すると、捜査機関（警察・検察）が捜査を行う。証人を捜し、証拠を集め、必要があれば被疑者の身柄を拘束し（逮捕）、取調べをする。警察が捜査した事件は原則として検察官に送致され、検察官は必要があれば被疑者の身柄を拘束し（勾留）、引き続き取調べをする。警察が逮捕した場合、48 時間以内に送検し、検察官は 24 時間以内に裁判官に対して勾留請求を行う。勾留は 10 日間、やむを得ぬ事情があれば最大 10 日間の延長が認められる。

　② 捜査の結果、犯罪の嫌疑があり処罰の必要性があれば、検察官が起訴する。犯罪の嫌疑がなければ不起訴とされ、犯罪の嫌疑はあるが処罰の必要性がなければ起訴猶予とされる。このように起訴するか否かは検察官の裁量に任さ

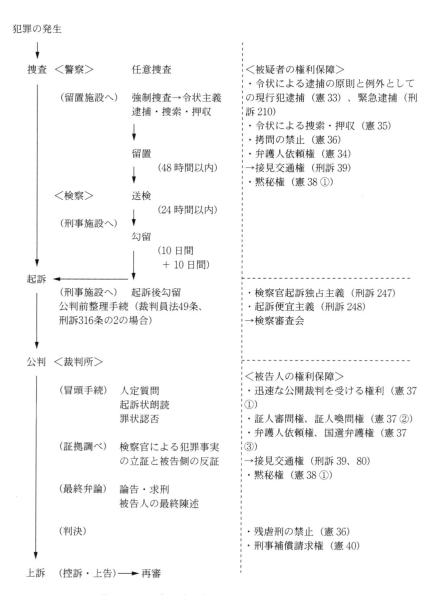

犯罪の発生

捜査　＜警察＞　　　任意捜査

（留置施設へ）　　強制捜査→令状主義
　　　　　　　　　逮捕・捜索・押収

　　　　　　　　　留置
　　　　　　　　　　（48 時間以内）

＜検察＞　　　　　送検
　　　　　　　　　　（24 時間以内）
（刑事施設へ）

　　　　　　　　　勾留
　　　　　　　　　　（10 日間
　　　　　　　　　　　＋ 10 日間）

起訴

（刑事施設へ）　　起訴後勾留
公判前整理手続（裁判員法49条、
刑訴316条の2の場合）

公判　＜裁判所＞

（冒頭手続）　人定質問
　　　　　　　起訴状朗読
　　　　　　　罪状認否

（証拠調べ）　検察官による犯罪事実
　　　　　　　の立証と被告側の反証

（最終弁論）　論告・求刑
　　　　　　　被告人の最終陳述

（判決）

上訴　（控訴・上告）──→ 再審

＜被疑者の権利保障＞
・令状による逮捕の原則と例外として
の現行犯逮捕（憲33）、緊急逮捕（刑
訴210）
・令状による捜索・押収（憲35）
・拷問の禁止（憲36）
・弁護人依頼権（憲34）
→接見交通権（刑訴39）
・黙秘権（憲38 ①）

・検察官起訴独占主義（刑訴247）
・起訴便宜主義（刑訴248）
→検察審査会

＜被告人の権利保障＞
・迅速な公開裁判を受ける権利（憲37
①）
・証人審問権、証人喚問権（憲37 ②）
・弁護人依頼権、国選弁護権（憲37
③）
→接見交通権（刑訴39、80）
・黙秘権（憲38 ①）

・残虐刑の禁止（憲36）
・刑事補償請求権（憲40）

図 10-1　刑事手続の流れ（身柄が拘束される場合）

れており、これを**起訴便宜主義**という（刑訴248条）。また、検察官だけが起訴を行うが、これを検察官の**起訴独占主義**という（刑訴247条）。なお、検察官の起訴裁量をチェックするものとして、市民から構成される**検察審査会**がある。被害者等の申立てがあれば、不起訴処分につき、不起訴相当、不起訴不当ないし起訴相当の議決をする（法的拘束力はない）。起訴相当の議決後、再び検察官が不起訴処分をしたとき、検察審査会は起訴議決をすることができ、この場合、裁判所が指定した弁護士は当該事件を起訴することが義務づけられ、検察官の職務を行う（検審30条以下）。

③ 裁判が開始されると、被疑者は被告人となり、弁護人の助けを借りて、検察官と対決する。証拠調べを通じて検察官の犯罪事実の立証と被告の側の反証活動がなされる。裁判官は公平・中立な立場から、事実認定をもとにして判決を下す。第1審の判決に不服があれば、被告人・検察官は**上訴**（控訴、上告）できる。ただし、**控訴**については、事実誤認、量刑不当、法令適用の誤りなど、**上告**については、憲法違反、判例違反など、上訴の理由は制限されている。なお、裁判が終了し、判決が確定した後でも、事実誤認を理由とする例外的な救済手段として**再審**がある。再審申立て理由は、無罪を言い渡すべき「明らかな証拠をあらたに発見したとき」（刑訴435条6号）などである。

## Ⅳ 被疑者の権利

### *1* 不法な逮捕からの自由 ●━━━━━━━━━━━●

捜査は相手方の同意を要しない**強制捜査**とそうではない**任意捜査**に分かれる。捜査段階でも捜査機関と被疑者が対等な当事者であるとすれば、任意捜査が原則で、強制捜査は例外となる。強制捜査は、プライバシーや人身の自由の制限を伴うので、これらを不当に制限しないように特別な規律が課されている。その1つが**令状主義**である。

逮捕について、憲法33条は、「何人も、現行犯として逮捕される場合を除い

ては、権限を有する司法官憲が発し、且つ理由となつてゐる犯罪を明示する令状によらなければ、逮捕されない」と定めている。すなわち、捜査機関が被疑者を逮捕する場合、**司法官憲**（裁判官を意味すると解される）が発する逮捕令状が必要であり、これにはなぜ逮捕されるのかの理由が明示されていなければならないのである。ただし、「現行犯として逮捕される場合を除いては」とあるように、**現行犯逮捕**の場合は逮捕の必要性が高く、誤認逮捕の可能性も低いので、令状主義の例外とされている。

憲法には逮捕状による**通常逮捕**と現行犯逮捕しか定められていないが、刑事訴訟法は準現行犯逮捕（212条2項）と緊急逮捕（210条）を認めている。

**準現行犯逮捕**とは、「犯人として追呼されている」者、「臓物又は明らかに犯罪の用に供したと思われる凶器その他の物を所持している」者、「身体又は被服に犯罪の顕著な証跡がある」者、または「誰何されて逃走しようとする」者が、「罪を行い終わつてから間がないと明らかに認められるとき」、現行犯人とみなして、令状によらずして逮捕することである。

**緊急逮捕**とは、「死刑又は無期若しくは長期3年以上の懲役若しくは禁錮にあたる罪を犯したことを疑うに足りる充分な理由がある場合で、急速を要し、裁判官の逮捕状を求めることができないとき」、その理由を告げて令状によらず被疑者を逮捕することである。逮捕後、「直ちに裁判官の逮捕状を求める手続」をしなければならず、「逮捕状が発せられないときは、直ちに被疑者を釈放しなければならない」。緊急逮捕については、その合憲性を疑う見解も有力であるが、最高裁は、「厳格な制約の下に、罪状の重い一定の犯罪のみについて、緊急已むを得ない場合に限り、逮捕後直ちに裁判官の審査を受けて逮捕状の発行を求めることを条件とし、被疑者の逮捕を認めることは、憲法33条規定の趣旨に反するものではない」と判示した（最大判1955・12・14刑集9・13・2760）。

逮捕については、余罪捜査と**別件逮捕**の問題もある。被疑者に複数の犯罪の疑いがある場合、そのうちの1つの罪（本罪）で被疑者を逮捕し、他の罪（余罪）についても取り調べることを余罪捜査というが、通常の余罪捜査自体は違法とまではいえない。最高裁は、「もっぱら、いまだ証拠の揃っていない本件

について取調べる目的で、証拠の揃っている別件の逮捕に名を借り、その身柄の拘束を利用して、本件について逮捕して取調べるのと同様な効果を得ることをねらいとした」場合は、違法となるとしつつ、事実 A について逮捕・勾留の理由と必要があり、事実 A と事実 B が社会的事実として一定の密接な関連がある場合、事実 B について取り調べても、それは事実 A についての取調べであり許されるとしている（最決 1977・8・9 刑集 31・5・821）。

## *2* 不法な侵入、捜索、押収からの自由 ●━━━━━━━━●

　憲法 35 条は、「① 何人も、その住居、書類及び所持品について、侵入、捜索及び押収を受けることのない権利は、第 33 条の場合を除いては、正当な理由に基づいて発せられ、且つ捜索する場所及び押収する物を明示する令状がなければ、侵されない。② 捜索及び押収は、権限を有する司法官憲が発する各別の令状により、これを行ふ」と定めている。捜査機関が被疑者の住居に侵入し、証拠物件を捜索・押収するには、裁判官が発する令状が必要であり、この令状なしに捜索・押収を行うことはできない。ただし、憲法 35 条は憲法 33 条の場合を除外して侵入、捜索および押収を受けることのない権利を保障しているので、「33 条による不逮捕の保障の存しない場合においては捜索押収等を受けることのない権利も亦保障されない」。33 条は「現行犯」の場合に令状なくして逮捕されても「不逮捕の保障には係りなきことを規定している」ので、「35 条の保障も現行犯の場合には及ばない」。よって、現行犯の場合、令状によらず犯行現場で捜索、押収等をなしうるとする法律は憲法 35 条に違反しない（最大判 1955・4・27 刑集 9・5・924。なお、本件は国税犯則取締法 3 条 1 項に関する事件）。

　GPS 捜査について、最高裁は次のように判示した（最大判 2016・3・15 刑集 71・3・13）。すなわち、憲法 35 条の保障対象には、「住居、書類及び所持品」に準ずる私的領域に「侵入」されることのない権利が含まれ、「合理的に推認される個人の意思に反してその私的領域に侵入する捜査手法である GPS 捜査は、個人の意思を制圧して憲法の保障する重要な法的利益を侵害するものとして、刑訴法上、特別の根拠規定がなければ許容されない強制の処分に当たる」

（最決 1976・3・16 刑集 30・2・187 参照）とし、「令状がなければ行うことのできない処分と解すべきである」とした（なお、最高裁は、GPS 捜査について、刑訴法 197 条 1 項ただし書の「この法律に特別の定のある場合」に当たるとして同法が規定する令状を発付することには疑義があり、その特質に着目して憲法、刑訴法の諸原則に適合する立法的な措置が講じられることが望ましいとする）。

## *3* 抑留・拘禁に対する保障 ●━━━━━━━━━━━━●

　被疑者と捜査機関とが対等であるとすれば、被疑者は一方的に捜査の対象となるわけではなく、捜査という攻撃に対する防禦権が被疑者に保障されていなければならない。この点につき、憲法 34 条は、「何人も、理由を直ちに告げられ、且つ、直ちに弁護人に依頼する権利を与へられなければ、抑留又は拘禁されない。又、何人も、正当な理由がなければ、拘禁されず、要求があれば、その理由は、直ちに本人及び弁護人の出席する公開の法廷で示されなければならない」と定めている。本条の前段は、抑留・拘禁（刑事訴訟法でいう逮捕に伴う留置・勾留）という形で身体を拘束される被疑者に**弁護人依頼権**を保障している。しかし、憲法 37 条 3 項は被告人にのみ国選弁護人を保障するにとどまり、被疑者にはこれを保障していない。そのため、刑事訴訟法 37 条の 2 は、「死刑又は無期若しくは長期 3 年を超える懲役若しくは禁錮に当たる事件について」、「被疑者が貧困その他の事由により弁護人を選任することができないときは」、勾留段階から国選弁護を保障している。また、各地の弁護士会による当番弁護士制度も実施されている。

　ところで、弁護人依頼権が文字通り弁護人を選ぶだけの権利であったら何の意味もない。それは被疑者が防禦のために弁護人と面会し、援助を受ける権利であると解される。刑事訴訟法 39 条 1 項は、これを**接見交通権**として保障し、被疑者・被告人は、立会人なくして、弁護人と接見し、書類または物の授受をすることができるとしている。

　また、憲法 34 条後段は、拘禁に対しては裁判所のチェックが働くようにしている。刑事訴訟法の**勾留理由開示制度**（82 条以下）は、これを具体化したもの

である。

### *4* 取調べに対する権利 ●─────────────────●

　憲法 38 条 1 項は、「何人も、自己に不利益な供述を強要されない」と定め、被疑者・被告人のみならず、証人にも供述の自由（**黙秘権**）を保障している。いいたくないことを無理やりいわせることは人間の尊厳に反するし、そもそも、知らないことは供述しようがないわけであるから、供述を強要することは虚偽の供述をもたらしかねない。そこで黙秘権が保障されなければならないのである。なお、最高裁は、自己の氏名は不利益な供述に該当しないとしている（最大判 1957・2・20 刑集 11・2・802）。関連して、憲法 36 条は、「**拷問**……は、絶対にこれを禁ずる」と定めている。拷問が犯罪捜査のためとはいえ認められるはずはないし、拷問による自白など信用性はない。

　また、**代用刑事施設**の問題がある。原則として、逮捕後の留置は留置施設（警察留置場）でなされ、勾留は刑事施設（拘置所、拘置支所）でなされる。しかし、刑事収容施設法は、留置施設を刑事施設に代用することを認めており（15 条）、これは代用刑事施設と呼ばれる。被疑者の身柄を警察の手もとに置くので取調べに都合がよいため、被疑者勾留は留置施設でなされるのが常態化している。被疑者の防御権保障を弱めるおそれがあると批判されている。

## Ⅴ　被告人の権利と刑事裁判のルール

### *1* 被告人の権利 ●─────────────────●

　憲法 37 条 1 項は、「すべて刑事事件においては、被告人は、公平な裁判所の迅速な公開裁判を受ける権利を有する」と定めている。裁判が異常に長引けば、証拠が散逸し、証人の記憶も不確かになるおそれがあるし、なによりも、被告人の精神的肉体的負担も重くなる。15 年間も審理が放置されていた**高田事件**について、最高裁は、審理の著しい遅延により、**迅速な裁判**を受ける権利が侵

害される異常な事態が生じた場合には、法律の規定がなくても、裁判そのもの
を打ち切って免訴の判決をすべきであるとした（最大判 1972・12・20 刑集 26・10・
631）。また、**裁判の公開**は手続の適正さを確保するために不可欠である。

憲法 37 条 2 項は、「刑事被告人は、すべての証人に対して審問する機会を充
分に与へられ、又、公費で自己のために強制的手続により証人を求める権利を
有する」と定め、自分に不利な証言をする**証人を審問する権利**と、自分に有利
な証言をする**証人を喚問する権利**を保障している。これは事実認定が適切に行
われるために不可欠な権利である。

憲法 37 条 3 項は、「刑事被告人は、いかなる場合にも、資格を有する弁護人
を依頼することができる。被告人が自らこれを依頼することができないときは、
国でこれを附する」と定め、私選弁護人を依頼できない被告人に**国選弁護人**を
保障している。

### *2* 自白に関するルール

憲法 38 条 2 項は、「強制、拷問若しくは脅迫による自白又は不当に長く抑留
若しくは拘禁された後の自白は、これを証拠とすることができない」と定めて
いる。このようなやり方で得られた自白は、**任意性が疑わしい自白**であり、虚
偽の可能性が高く、裁判を誤らせるおそれがある。また、強制や拷問により自
白を採取すること自体やってはならないことであるから（36 条・38 条 1 項）、その
ようにして得られた自白を証拠として採用しないことにして、取調べの中で強
制、拷問、脅迫が行われないようにしたのである。

また、憲法 38 条 3 項は、「何人も、自己に不利益な唯一の証拠が本人の自白
である場合には、有罪とされ、又は刑罰を科せられない」と定め、安易に自白
によりかかって事実認定を行わないようにしている。したがって、自白を支え
る別の証拠（**補強証拠**）が要求されることになる。

### *3* 伝聞証拠に関するルール

すでに見たように、憲法 37 条 2 項は被告人に証人審問権を保障し、不利な

証言に対して反対尋問、つまり反論することを認めている。ここから、犯罪事実に関する資料は反対尋問を経て証拠となり得るというルールが引き出される。たとえば、目撃者ではない B が法廷で「A が目撃したといっていた」と証言したとしても、これはまた聞きの証拠、つまり**伝聞証拠**であり、A が本当に目撃したかどうかは B に対する反対尋問を通しては確かめようがない。したがって、伝聞証拠は排除されることになる。これについて、刑事訴訟法 320 条1 項は、「……公判期日における供述に代えて書面を証拠とし、又は公判期日外における他の者の供述を内容とする供述を証拠とすることはできない」としている。ただし、例外として、一定条件を満たした検察官の面前でなされた供述を録取した書面などは証拠とされ得る <small>(刑訴 321 条以下)</small>。

## 4　違法収集証拠に関するルール　●━━━━━━━━━━━━●

　すでに見たように、憲法 35 条は、令状によらなければ住居・書類・所持品について侵入・捜索・押収を受けない権利を保障している。この権利の保障を確実にするためには、令状によらず違法に押収された所持品などを証拠とすることはできないというルールを立てておくことが適切である。最高裁も、憲法 35 条の令状主義の精神を没却するような重大な違法がある証拠物を証拠とすることが、将来の違法な捜査を抑制するために相当でないと認められる場合は、その証拠物を証拠として用いてはならないと判示した <small>(最判 1978・9・7 刑集 32・6・1672)</small>。

## 5　一事不再理　●━━━━━━━━━━━━━━━━━━●

　憲法 39 条は、「何人も……既に無罪とされた行為については、刑事上の責任を問はれない。又、同一の犯罪について、重ねて刑事上の責任を問はれない」と定めている。前者は、無罪の判決が確定した場合、後者は有罪の判決が確定した場合を念頭に置いた規定になっているが、ともかく確定した裁判を蒸し返して、無罪を有罪にしようとしたり、軽い刑罰を重くしようとしたりして、被告人を再度危険な目にあわせてはならないとしている。なお、本条は確定判決

を蒸し返すことを禁じているだけなので、検察官による上訴は認められると解されている（最大判 1950・9・27 刑集 4・9・1805）。

### *6* 残虐な刑罰の禁止 ●━━━━━━━━━━━━●

　憲法 36 条は、「……**残虐な刑罰**は、絶対にこれを禁ずる」と定めている。これについては、特に死刑が残虐な刑罰にあたるか否かが問題となるが、最高裁は、憲法 13 条・31 条の反対解釈、死刑の威嚇力による一般予防効果、死刑による特殊な社会悪の根絶を理由に死刑は違憲ではないとし、ただ、火あぶり・釜ゆで・さらし首などは残虐な刑罰にあたるとした（最大判 1948・3・12 刑集 2・3・191）。また、太政官布告 65 号に基づく現在の絞首刑の執行方法は違憲ではないとしている（最大判 1955・4・6 刑集 9・4・663）。ただし、1989 年に国連で**死刑廃止条約**が成立し、91 年に発効したことには留意すべきである（賛成 59、反対 26、棄権 48、日本は反対した）。

　憲法学説では、死刑が残虐な刑罰に該当するとの見解は有力ではない。しかし、死刑が、生きることを本質的前提とする人間にとって苛酷であり、その性質上誤判に対して救済不可能であることからすると、死刑の合憲性は再考を要する。

### *7* 刑事補償請求権 ●━━━━━━━━━━━━●

　憲法 40 条は、「何人も、抑留又は拘禁された後、無罪の裁判を受けたときは、法律の定めるところにより、国にその補償を求めることができる」と定めている。ここにいう「法律」として、**刑事補償法**が作られている。ちなみに、抑留・拘禁による補償額は、1 日あたり 1,000 円以上 1 万 2,500 円以下とされている（同法 4 条 1 項）。

## Ⅵ　犯罪被害者への配慮

刑事手続が国家の刑罰権の発現として構成されているために、犯罪の被害者

やその遺族は刑事裁判の当事者とはならない（当事者は被告人と検察官）。ただし、ある程度の配慮がなされている。たとえば、**犯罪被害者保護法**は、被害者（場合によっては家族など）が裁判を傍聴できるように配慮すること（2条）、原則として公判記録を閲覧・謄写できること（3条）、被害に対する賠償に関する被告人と被害者の合意を公判調書に記載するよう求めること（その記載は裁判上の和解と同一の効力をもつ）および損害賠償命令を申し立てること（17条）を認めている。また、刑事訴訟法は、被害者とその遺族の意見陳述制度（292条の2）や被害者参加制度（316条の33）を設けており、**検察審査会法**は、検察審査会への申立ておよび意見書等の提出を被害者だけでなくその遺族にも認めている（38条の2）。犯罪被害者や遺族の経済的支援のために犯罪被害者等給付金の支給等に関する法律が制定されている。また、広く犯罪被害者等のための施策を総合的かつ計画的に推進するために犯罪被害者等基本法も制定されている。

---

**【チェック・ポイント】**

- 窃盗罪の最高刑を死刑とする法律規定は憲法に違反するか、その理由は何か。
- 逮捕や捜索、押収のための令状は誰が発するのか。
- 最高裁は、緊急逮捕をどのような理由で合憲としているのか。
- 被疑者にも国選弁護人が付される条件は何か。刑訴法の条文をあげよ。

---

**Book Guide**

小田中聰樹『冤罪はこうして作られる』（講談社現代新書、1993 年）

菊田幸一『いま、なぜ死刑廃止か』（丸善ライブラリー、1994 年）

河原理子『犯罪被害者』（平凡社新書、1999 年）

浜田寿美男『自白の心理学』（岩波新書、2001 年）

小坂井敏晶『人が人を裁くということ』（岩波新書、2011 年）

**レジュメ**

I　社会権の意義と特質
　1　社会権の誕生の経緯
　　・資本主義の発展による貧富の格差：「国家からの自由」から「国家に
　　　　　　　　　　　　　　　　　　　　　よる自由へ」
　　　　18・9 世紀的国家観：消極国家（自由国家）　レッセ・フェール
　　　　20 世紀的国家観：積極国家（社会国家）　国家の社会への積極的関与
　2　社会権の意義
　　・「人間に値する生存」を確保する権利（ワイマール憲法 151 条 1 項）
　　・憲法 25〜28 条：20 世紀の憲法としての社会権規定
II　生存権
　1　生存権の意味
　　・憲法 25 条：請求権的性格と自由権的性格を合わせもつ複合的権利
　2　生存権の法的性質
　　　①プログラム規定説　②法的権利説（抽象的権利説・具体的権利説）
　3　生存権訴訟の展開
　　・朝日訴訟、堀木訴訟……プログラム規定説、広範な立法裁量の容認
　　・生存権裁判の動向……法の下の平等との関係　外国人の生存権
　4　生活困窮者自立支援法の制定
III　環境権
　1　環境権登場の背景：4 大公害裁判と環境権の提唱
　2　環境権の法的性質：「新しい人権」としての環境権の提唱
　　　→ ① 憲法 25 条説　② 憲法 13 条説　③ 13 条と 25 条の二重包装説
　3　環境権裁判の動向と問題点：裁判所は環境権を認めていない
　　・大阪空港公害訴訟控訴審判決……人格権から実質的な環境権の承認
　　・大阪空港公害裁判最高裁判決……航空行政権を理由に差止め認めず
　4　環境基本法と国の環境保全の責務
　　・環境基本法の意義
　　・福島第一原発事故と基本法の改正

## Ⅰ　社会権の意義と特質

　日本国憲法では、25 条で「生存権」を、26 条で「教育を受ける権利」を、27 条・28 条でそれぞれ「勤労の権利」および「労働基本権」を保障している。これらの権利は、すでに学んできた自由権とは異なり、一般的に社会権ないし社会的基本権と呼ばれている。思想・表現の自由、財産権などの自由権が、「国家からの自由」をその本質とするのに対して、**社会権**は「国家による自由」、つまり国家による積極的な施策を個人が要求する権利（請求権）である。

### *1*　社会権誕生の経緯

　社会権が人権として容認されたのは、20 世紀に入ってからのことである。

　近代初期（18・19 世紀）の資本主義の勃興期には、個人の生活はもっぱら自己の責任と決定に委ねられるものとされ、特に経済生活においては「私的自治の原則」が強調されることにより、国家の任務は、警察・国防や徴税など国民生活に最低限必要な消極的なものに限定されるべきであると考えられていた。こうした国家の私的自治への領域への介入を最小限にとどめることにより、個人の創意と工夫を自由にすることが社会全体の発展と幸福につながるという考え方が支配していたのである。この考え方を、**レッセ・フェール**（**自由放任主義**）といい、そうした国家のあり方を**自由国家**（**夜警国家**）、あるいは**消極国家**という。この思想は、とりわけ資本主義発展の基本的な哲学であった。こうした哲学にたつ近代憲法の思想は、もっぱら国家からの自由を要求する自由権が基本的人権の本質であるとされ、特に財産権を中心とする経済的自由権には絶対的な保障が及ぶとされた。

　ところが 20 世紀に入ると、レッセ・フェールの思想とそれに基づく自由経済競争を基調とする資本主義体制は、資本家（富者）と労働者（貧困者）との階級分化という社会的・経済的不平等を生み出した。また 1929 年に始まる世界恐慌に代表される経済恐慌や不況が頻発するようになり、多くの失業者や生活

困窮者を生み出した。こうした社会的・経済的矛盾は、一方で1917年のロシア革命に代表される**社会主義革命**を成功させ、資本主義国家に深刻な打撃を与えた。かくして近代初期に確信された楽観的なレッセ・フェールの哲学は破綻し、資本主義国家は、その体制の維持・発展のために、このような社会的・経済的な問題の解決を迫られることになった。こうして国家は、生活困窮者や失業者に最低限の生活保障を施し、労働者と資本家との関係に介入し労働者に一定の保護を与え、さらに経済恐慌や不況をなくすために経済政策を積極的に打ち出すことになるのである。このように国家が国民生活の健全化のために積極的に関与する国家のあり方を**社会国家**、あるいは**積極国家**という。

### *2* 社会権の意義 ●━━━━━━━━━━━━━━━━━━━●

こうした社会国家の考え方を表したのが1919年に制定されたドイツの**ワイマール憲法**である。その151条1項は「経済生活の秩序は、すべての者に人間に値する生存を保障する目的をもつ正義の原則に適合しなければならない。この限度内で、個人の経済的自由は確保されなければならない」と規定し、「人間に値する生存」の確保が国家目的とされた。また153条では、「所有権は義務をともなう」と規定され、かつては絶対的と考えられた財産権を中心とする経済的自由権も一定の制約に服することを明言した。つまり、社会的・経済的弱者が真に自由を享受するためには、生存の確保が不可欠であり、そのためには国家が一定の役割を果たすべきことが確認されたのである。このことは、18・19世紀の近代憲法の人権保障のあり方が、もっぱら「国家からの自由」を意味したのに対して、20世紀の憲法は、国家の積極的な活動を通して自由を確保する「国家による自由」という新たな憲法的価値を表明したことを意味する。

さらに第2次大戦後、1948年の世界人権宣言が社会保障を受ける権利（22条）および労働に関する権利（23条）を保障するに至り、1966年の国際人権規約A規約も「相当な生活水準についての並びに生活条件についての不断の改善についての権利を認める」と宣言するなど（11条1項）、国際社会でも社会権が広く容認され、国家が個人の生活に配慮することが要請されるに至っている。

## Ⅱ　生　存　権

### *1*　生存権の意義　●━━━━━━━━━━━━━━━━●

　人間がその尊厳を確保するための基本的条件である自由を享受するためには、何よりもまず生存の確保が保障されていなければならない。明日の生活にもことかくとなれば、自由権は絵に描いた餅にすぎなくなるであろう。そこで憲法25 条 1 項は「すべて国民は、健康で文化的な最低限度の生活を営む権利を有する」と規定し、個人の**生存権**を保障している。また 2 項では「国は、すべての生活部面について、社会福祉、社会保障及び公衆衛生の向上及び増進に努めなければならない」と規定し、国家が国民の福祉の向上に配慮しなければならないとしている。

　この生存権をはじめとする社会権は、伝統的な自由権とは異なり、国家に対し作為を要求する権利である。生存権に即していえば、国民が国家に「人間に値する生存」を保障することを求める権利であるということができる。

　ただし、近年の学説では、自由権と社会権とを単純に区分することはできず、社会権といえども自由権的な側面を合わせもつ複合的権利であるとする主張が唱えられてきている。つまり、社会権も自由権と同様、国家の不作為を要求する側面をもっているという。このことを生存権についていえば、「人間に値する生存」を確保する権利は、国家の作為を請求する権利と、国家によって「人間に値する生存」を侵害されない権利をも合わせもっているといえる。

### *2*　生存権の法的性質　●━━━━━━━━━━━━━━●

　憲法 25 条 1 項の法的意味については、学説・判例の間で厳しい対立が見られる。大別すると、プログラム規定説と法的権利説に分かれる。さらに法的権利説も、権利の性質をめぐって、抽象的権利説と具体的権利説に分かれている。

### （1）　プログラム規定説

　日本国憲法施行後しばらくは、この説が通説であった。**プログラム規定**とは、憲法条項の中で、政治的綱領ないし政策的指針を規定したにすぎない規定をいい、個人の具体的権利とはいえない規定のことを指す。前述のように、ワイマール憲法の社会権規定の解釈ではこの説が通説であった。

　この説によると、憲法 25 条は、国政を運営するにあたって、すべての国民が健康で文化的な最低限の生活を営むことができるよう、国の責務として宣言した規定にすぎないということになる。その理由としては、① 権利の内容と具体的実現方法が不明確なこと、② 資本主義体制のもとでは個人の生存の確保については個々人の責任に帰せられていること、③ 生存権の具体化には財政的裏づけが必要であり、政府の財政政策や予算の有無により左右されること、などがあげられている。憲法制定直後の最高裁判決である**食糧管理法違反事件**判決では、生存権について、「この規定により直接に個々の国民は、国家に対して具体的、現実的にかかる権利を有するものではない」と述べ、プログラム規定説にたっていた（最大判 1948・9・29 刑集 2・10・1235）。

　今日の学説でプログラム規定説にたつものはほとんどない。たしかに敗戦直後は、国家も財政的に窮乏しており、社会福祉立法などの法整備も整っていなかったのであるから、生存権規定がプログラム規定的な意味しかもっていないと説かれたことにも、一応の理解はできる。しかし、プログラム規定説は、憲法 25 条が「権利」と明記しているにもかかわらず、これを国の政策指針とする綱領的規定（プログラム）と解する点で、25 条の趣旨に沿うものとはいえない。

### （2）　抽象的権利説（通説）

　**抽象的権利説**は、プログラム規定説に対し、憲法 25 条 1 項は、国民に法的権利として生存権を保障した規定であり、したがって国はその生存権を確保する義務を負うとする学説である。現在の支配的な考え方である。ただしこの説は、「健康で文化的な最低限度の生活」という文言は抽象的であり、この規定からは具体的な権利の内容を確定することはできず、生存権は、その内容が立法によってはじめて具体化することになる抽象的権利であると見る。

したがって、この抽象的権利説によると、25条1項を根拠に国に対して「健康で文化的な最低限度の生活」を保障することを要求することはできず、国の生存権保障の不履行を裁判によって争うこともできないことになる。しかし、生活保護法のような生存権を具体化する立法がある場合には、25条を解釈基準として、当該立法の内容の是非や行政による裁量権の逸脱・違法性を、裁判を通して問うことができることになる。

### （3）　具体的権利説

　**具体的権利説**は、抽象的権利説と同様、生存権規定に法的権利性を認める考え方にたつ。しかしこの説では、抽象的権利説とは異なり、憲法25条1項のレベルで、具体的な生存権の権利の内容は確定しうるとする。つまり、「健康で文化的な最低限度の生活」の具体的内容は、その時々の社会の生産水準や国民の所得水準、あるいは文化的・社会的発展状況などの要素から、客観的・具体的に確定できるとするのである。そして、この説は、憲法25条1項を根拠に、直接、具体的な給付請求権を主張することはできないが、国がそれを具体化する法律を作らないことにより生じた侵害に対し（つまり、立法の不作為により生じた生存権侵害に対し）、国民は**立法不作為の違憲確認訴訟**を求め国家賠償法に基づく損害賠償を請求できるとする。

## *3*　生存権裁判の展開 ●━━━━━━━━━●

　1950年に**生活保護法**が制定され、生存権の具体化が図られた。生活保護法では生活保護基準額の決定を厚生大臣（現・厚生労働大臣）に委ねており、国が算定する生活基準月額などをめぐり、生存権訴訟が提起された。その裁判での具体的問題点は、①生存権の法的性質はどのようなものか、②「健康で文化的な最低限度の生活」水準に関する厚生大臣の判断は誤っていないか、という点である。以下では、生存権裁判の展開を見ていこう。

### （1）　朝日訴訟

　生活保護法による生活保護基準額が、憲法25条1項にいう「健康で文化的な最低限度の生活を営む権利」を充たすものであるか否かが争われたのが**朝日**

訴訟である。最高裁判所は、原告の死去により請求を却下したが、「念のため」として生存権の法的性質について概要次のように述べた。① 健康で文化的な最低限度の生活というものは抽象的な相対概念であり、その具体的内容は多数の不確定要素を総合的に考慮してはじめて決定できるものである。② その具体的な判断は厚生大臣の裁量に委ねられる（最大判 1967・5・24 民集 21・5・1043）。

この判決は、前述の食糧管理法違反事件最高裁判決の打ち出したプログラム規定説を踏襲したものであり、学界から厳しい批判を浴びた。これに対し、第 1 審判決では、憲法 25 条および生活保護法 3 条にいう「健康で文化的な最低限度の生活」とは、「理論的に特定の国における特定の時点において一応客観的に決定すべきものであり、またしうるものである」として、厚生大臣の裁量を否定した（東京地判 1960・10・19 行集 11・10・2921）。この判旨は、抽象的権利説にたったものと見ることができ、生活保護法という生存権の具体化立法を媒介として、憲法 25 条 1 項の法的権利性を肯定した点で一応の評価ができよう。

### （2） 堀木訴訟

**堀木訴訟**は、障害福祉年金と児童扶養手当の併給禁止規定について争われたケースである。最高裁は、次のように判示した（最大判 1982・7・7 民集 36・7・1235）。① 憲法 25 条 1 項を具体化する立法措置は立法府の広い裁量に委ねられており、それが著しく合理性を欠き、明らかに裁量の逸脱・濫用にあたらない限り裁判所は審査しない。② 児童扶養手当と障害福祉年金は同一の性格を有しており、併給禁止は立法裁量の範囲内である。

最高裁は、生存権の意義は認めてはいるものの、従来のプログラム規定説を踏襲し、併給禁止について広範な立法裁量を認めた。しかしながら、障害者福祉年金も児童扶養手当も、いずれも社会的あるいは身体的にハンディを負った人々に対する最低限度の生活を保障する国の施策といえる。その意味からすると、本件の併給禁止は立法裁量を超えたものということができよう。

### （3） その他の裁判

生存権の保障は、最低限の生活も送ることができない社会的・経済的弱者を救済し、実質的平等を確保しようとする意義をもち、憲法 14 条 1 項の規定す

る法の下の平等とも深く関連する。

　老齢福祉年金の夫婦受給制限を定めた国民年金法の違憲性が争われた**牧野訴訟**において、東京地裁は、単身の老齢者と老齢者夫婦を差別し、夫婦各々の老齢年金の支給を制限する条項につき、「到底差別すべき合理的理由があるものとは認められない」とし、法の下の平等を根拠に違憲と判示している（東京地判1968・7・15判時523・21）。

　また、長期間にわたり学生無年金障害者への救済措置をとらずに放置した国の怠慢（立法不作為）が憲法25条および14条に違反するかが問われた**学生無年金障害者訴訟**で、東京地裁は、憲法14条の法の下の平等違反と立法不作為に基づく違憲性を認定した（東京地判2004・3・24判時1852・3）。これに対し、最高裁は、無拠出年金を支給する旨の規定を設けるなどの立法措置を講じるかどうかは「立法府の裁量の範囲内に属する事柄」であると述べ、年金制度の立法化については国会の広範な立法裁量に属するものとし、立法不作為があったとしても憲法25条および14条に違反しないものと判示している（最判2007・9・28民集58・3・647）。しかしながら、年金受給者の選定基準に不合理な差別的取扱いがあれば、憲法25条のみならず14条の法の下の平等違反となり、それを放置した国会の怠慢は、立法不作為による生存権違反として、違憲と判断されよう。

　さらに、**永住外国人生活保護訴訟**では、外国人の生存権保障の是非が争われた。福岡高裁は「国は、難民条約の批准等及びこれに伴う国会審議を契機として、外国人に対する生活保護について一定範囲で国際法及び国内公法上の義務を負うことを認めたものということができる。……よって、生活保護法あるいは本件通知の文言にかかわらず、一定範囲の外国人も生活保護法の準用による法的保護の対象になるものと解するのが相当であ」ると判示して（福岡高判2011・11・15判タ1377・104）、永住外国人への生活保護法の適用を認めたが、最高裁は「外国人は、行政庁の通達等に基づく行政措置により事実上の保護の対象となり得るにとどまり、生活保護法に基づく保護の対象となるものではなく、同法に基づく受給権を有しないものというべきである。」と判示して、永住外国人への生活保護法の適用を否定している（最二判2014・7・18判自386・78）。

### *4* 生活困窮者自立支援法の制定 ●――――――●――――――●

こうした中にあって、2013 年には、生存権保障の一貫として、経済的に困窮し、最低限度の生活を維持することができなくなるおそれのある人を対象とし、自立支援を行うために必要な事業などの策定や費用負担などを定める**生活困窮者自立支援法**が制定された。

## Ⅲ 環 境 権

### *1* 環境権登場の背景 ●――――――――――――――――●

環境破壊はいまや世界的規模で進みつつある。大気汚染、水質の汚染、オゾン層の破壊などの地球環境の破壊は、人類の存亡の危機にまでつながるものと憂慮されている。こうした環境の破壊もまた、「人間に値する生存」にとって大きな脅威になっている。

わが国では、1950 年代から始まる高度経済成長が 1970 年代にピークを迎えたが、ちょうどその頃環境破壊もピークを迎える。すなわち、全国的な規模で自然環境の破壊が進み、公害問題を引き起こし、人々の生命や健康を脅かしたのである。こうした状況の中にあって、甚大な被害をあらかじめ防ぐことの大切さが認識され、主張されるようになったのが、新しい権利としての**環境権**である。

### *2* 環境権の意味と憲法上の位置づけ ●――――――●――――――●

環境権は伝統的な人権のカタログの中には含まれていない「新しい人権」として提唱された。環境権は、一般的に、「良好な環境を享受し、かつこれを支配する権利」、あるいは「健康で快適な環境の回復・保全を求める権利」と定義されている。

しかし、その憲法上の位置づけについては、学説は大きく次の3つに分かれ

る。①憲法25条から導かれるとする説、②憲法13条から導かれるとする説、③憲法13条・25条二重包装説、である。①の説は「良好な環境を享受する」ことは憲法25条1項の「最低限度の生活を営む権利」の重要な1つの要素であると考えられるので、積極的な環境保護立法の制定を請求しうる権利であると説かれる。②の説によると、憲法13条の保障する生命・自由および幸福追求の権利から派生する権利であるとする。③の説は、良い環境を享受する権利は、人間の尊厳や自由にとっての基本条件であるとともに、環境保全は生存権の基本条件でもありうる。その意味で環境権は憲法13条と25条の双方にまたがる権利である、とする。

この環境権の憲法上の位置づけをめぐる議論については、いまだ通説的見解はないが、③の説が妥当であるように思われる。なぜならば、良い環境を享受する権利とは、一方で、環境破壊からの自由、言い換えると、良い環境のもとで生活を送ることを妨害されない権利という側面（自由権的な側面）とともに、環境を破壊されないための事前の措置を国に求める請求権としての側面（社会権的側面）をも合わせもった複合的な権利であるといえるからである。良い環境のもとで生活することは、生命や健康を維持し、自由を享受するための基本条件である。また、環境、とりわけ自然環境は、ひとたび破壊されると取り返しがつかないという性質をもっているがゆえに、環境破壊を防ぐための積極的な国の施策がとられなければならない。自然環境保全のためには、裁判による工事の差止め訴訟や立法による自然保護政策の整備が必要である。

## *3* 環境権裁判の動向と問題点 ●————————————●

注目されるのは、**大阪空港公害訴訟**の控訴審判決である。この訴訟では、大阪空港周辺の住民が、空港の航空機の離発着に伴う騒音により肉体的・精神的被害を受けたとし、環境権と人格権を根拠に損害賠償と夜間の離発着の差し止めを求めていた。これに対し大阪高裁は、過去の被害に対する損害賠償と将来請求についても一部容認した上で、環境権は否定したものの、憲法13条の人格権に基づく妨害排除請求権による私法上の差止請求を認め、夜間の離発着の

差止請求を容認する判決を下した（大阪高判 1975・11・27 判時 797・36）。しかし、本件最高裁判決では、夜間離発着の規制については運輸大臣の「空港管理権」と「航空行政権」は不可分一体のものであることを理由に、民事上の差止請求を否定した（最大判 1981・12・16 民集 35・10・1369）。

## *4* 環境基本法と国の環境保全の責務 ●━━━━━━━━━━●

　以上見てきたように、環境権に基づく裁判が提起され、憲法学説で環境権が説かれる中、1967 年に公害対策基本法が、1972 年には自然環境保全法が定められたが、1993 年に、この 2 法は廃止され、わが国の包括的な環境政策の基本を定める**環境基本法**が施行された。同法には環境権を直接認める規定はないが、立法目的として「現在及び将来の国民の健康で文化的な生活の確保に寄与するとともに人類の福祉に貢献すること」(1条) をあげ、基本理念として、①環境の恵沢の享受と継承 (3条)、② 環境への負荷の少ない持続的発展が可能な社会の構築 (4条)、③ 国際的協調による地球環境保全の積極的推進 (5条) を掲げた。

　同法では、こうした理念に基づき、国、地方公共団体、事業者、国民の責務について規定した (6条~9条)。とりわけ、国の施策の策定等にあたっての環境保全についての配慮を定めている (19条)。

　2012 年 6 月には、**福島第一原発事故**による放射能漏れ汚染被害に対応するため、環境基本法が改正され (2013 年 6 月施行)、それまで同法から適用除外されていた放射性物質についても環境基本法の対象とされるに至り、環境大臣が放射性物質による大気汚染・水質汚濁の状況を常時監視し、放射性物質による汚染についても環境影響評価を行うことになった。

━━━━【チェック・ポイント】━━━━
・自由権と社会権の相違について、説明しなさい。
・生存権をめぐる 3 つの学説をあげなさい。
・環境権の憲法上の根拠条文は何か。

**Book Guide**

中村睦男『社会権の解釈』（有斐閣、1983 年）

大須賀明『生存権論』（日本評論社、1984 年）

中村睦男・永井憲一『生存権・教育権』（法律文化社、1989 年）

湯浅誠『反貧困—「すべり台社会」からの脱出』（岩波新書、2008 年）

生存権裁判を支援する全国連絡会編『朝日訴訟から生存権裁判へ』（あけび書房、2014 年）

尾形健編『福祉権保障の現代的展開　生存権論のフロンティアへ』（日本評論社、2018 年）

藤井康博『環境憲法学の基礎——個人の尊厳に基づく国家・環境法原則・権利』（日本評論社、2023 年）

第**12**講　社　会　権　② 教育権と労働権

```
┌─ レジュメ ─────────────────────────────────┐

  Ⅰ　教育を受ける権利
  1　教育を受ける権利の意味
    ・学説：① 社会権説　② 主権者教育権説　③ 学習権説
    ・「能力に応じて、ひとしく」教育を受ける権利の意味
  2　教育権の所在
    ① 国民教育権説：通説・杉本判決　② 国家教育権説：政府見解
    ③ 折衷説：旭川学テ事件最高裁判決、最近の有力説
  3　教育を受けさせる義務と義務教育の無償制の意味
  4　学校生活における子どもの権利
    ・管理教育と生徒の人権侵害……体罰・校則・内申書による管理教育
  5　「子どもの権利条約」と子どもの人権保障
    ・子どもの権利の確認・子どもの権利主体性の確立
  Ⅱ　労働基本権
  1　勤労の権利……憲法 27 条
  2　労働基本権の保障……① 団結権　② 団体交渉権　③ 争議権
  3　公務員の労働基本権の制限と判例の流れ
    ・政令 201 号：公務員の労働基本権の制限 → 公共の福祉・全体の奉仕
                 者論
    ・公務員の争議行為の禁止：60 年代以前 → 公共の福祉・全体の奉仕者
                           論、66 年全逓東京中郵事件 → 判例変更、
                           73 年の全農林警職法事件最高裁判決 → 判
                           例変更（公務員の地位の特殊性）
    ・学説の見解：公務員の職務の性質や違いに応じて、規制は必要最小
                限にとどめるべき。
  Ⅲ　公務員の政治的行為の禁止
    ・国家公務員法 102 条＋人事院規則 14-7：刑事罰の対象
    ・猿払事件最高裁判決：「国民全体の利益」で合憲 → 学説は批判的
    ・近年の最高裁判決：堀越事件判決、世田谷国公法事件

└───────────────────────────────────────┘
```

## ① 教育を受ける権利

19世紀から20世紀初頭にかけ、各国では教育は国家の責任において行うべきであるとする**公教育**の必要性が主張され、学校制度が設けられるようになった。これは一方で、国家からの要請と、他方で国民からの要請という2つの異なった要因から推進された。国家の要請は、経済的発展のために一定の知的能力をもつ労働者の育成が不可欠であると考えられた結果であった。また国民からの要請としては、個人の自己実現や人格の発展、および社会生活や職業生活を送るにあたっての基礎学力や教養を身につけるためには、貧富の格差に関わりなく教育が施されるべきであり、それは国家の任務であるという要求が提起されたという背景をもつ。

このような教育に対する国家および国民の要請から、日本国憲法は、26条1項で「すべて国民は、法律の定めるところにより、その能力に応じて、ひとしく教育を受ける権利を有する」と規定し**教育を受ける権利**を保障するとともに、2項で「すべて国民は、法律の定めるところにより、その保護する子女に普通教育を受けさせる義務を負ふ。義務教育は、これを無償とする」と定め、義務教育の無償化を保障している。また憲法26条を受けて、教育基本法や学校教育法などが制定され、教育の目的や学校制度が具体的に定められている。

しかし、この「教育を受ける権利」をめぐっては、国家の側からの論理と国民の側からの論理の拮抗・対立から、換言すると、国家の教育政策的視点と国民の権利の視点から、鋭い対立を見ている。このことは、憲法26条の「教育を受ける権利」の主体は誰かという論点と結びついている。

### *1* 教育を受ける権利の現代的意味 ●━━━━━━━━━●

憲法26条の保障する「教育を受ける権利」がいかなる意味・内容をもつ権利かという点につき、学説は大きく3つに分かれている。

第1の説は、教育を受ける権利をもっぱら社会権としてのみ捉える考え方で

あり、かつての通説であった。この考え方では、教育を受ける権利は、「生存権の文化的側面」をなすものであり、経済的側面から、国民が教育の機会均等を配慮すべきことを国家に要求する権利として理解される。

たしかに教育を受ける権利は、国家および国民からの要請に基づく公教育の整備に対する要求から、歴史的には生存権とならんで社会権として発展してきた。しかし今日では、教育を受ける権利を、教育のもつ本質を探ることにより、個人の人格の発展や参政権的意義をも包摂する自由権的側面をも考慮した権利として再構成がなされている。それが次に見る2つの学説である。

第2の説は、**主権者教育権説**と呼ばれる学説である。この説によると、教育を受ける権利は、国家権力の政策ないし行政に対する積極的な教育内容にまでわたる請求権を含む権利として理解される。国民は、平和と民主主義を尊重する将来の「主権者」たる国民を育成するという目的をもつ「教育」を受ける権利を請求できるとされる。この学説は、教育を国民主権の原則と結びつけ、展開していく点にその特質がある。

第3の説は、**学習権説**であり、現在最も有力な学説となっている。教育を受ける権利の背景には、すべての国民、特に子どもは生まれながらに教育を受け、学習することにより人間的に成長・発達していく権利、すなわち学習権を有していると説く。この子どものもつ学習権を実現するために、憲法26条1項の教育を受ける権利を通じて、国民は国家に対してその条件整備を請求する権利をもっているのである。この学習権は、26条のみならず、13条の幸福追求権、23条の学問の自由及び21条の知る権利と結びついた「新しい権利」として捉えられている。学習権説によれば、教育を受ける権利は、自由権と社会権の複合的権利であるとして、① 教育が国家からの不当な支配を受けない自由権的側面とともに、② 国民が国家に対して合理的な教育制度の整備と適切な教育を受ける機会を請求しうる積極的な行為を求める社会権的な側面を合わせもつ権利とされる。

このように学説は分かれているが、これら学説は相互に対立するものではない。むしろ第3の学習権説が、他の2つの説を包括した現代的意義を有してい

る説といえる。その理由は次の通りである。第1に、教育が個人の人格形成に必要不可欠なことはいうまでもない。個人の人格の発達および自己実現は、一定の知識や教養を身につけ、個人の潜在的能力を開花させることを通じてなされていくものであるが、それこそまさに教育の過程にほかならない（学習権説の基礎）。第2に、同時にそのことは、民主国家を担い発展させていく将来の主権者を育成することにほかならない。憲法26条を受けて1947年に制定された（旧）**教育基本法**がその第1条で、教育の目的として、人格の完成とともに、平和的な国家および社会の形成者を育成することをあげていることはこのことを物語っている。つまり教育というものは、個人が人格を完成する基礎であるとともに、将来の民主的国家の形成者（主権者）を作り出す源泉として極めて重要であるということである（教育基本法は、2006年に改正され、国家主義的傾向の強いものにかえられたが、第1条の教育の目的について、人格の形成と平和で民主的な国家と社会の形成者の育成という点は維持されている）。

　こうした教育の目的から考えると、教育を受ける権利は、本質的に、個人の自由な人格の形成と幸福追求、あるいは将来の主権者の育成にとって不可欠な権利であり、国家の統制から自由な権利として位置づけられつつも、学習権・主権者教育権を実現するために、国民は、憲法26条1項の教育を受ける権利により、教育条件の整備を請求しうる権利が保障されると考えるべきである。

　また憲法26条1項は、教育を受ける権利を「その能力に応じて、ひとしく」保障されるべきであるとしているが、その意味について、学説は、人それぞれの能力と適性に合わせて、同じように教育を受ける権利を保障しているものと解している。このことは、国民は、人間の発達可能性を実現していくために、あらゆる手段を適切に保障されているという意味に解せられる。この点で、わが国では**障害児教育**が議論されてきたが、1979年から障害者に対する養護学校への義務制が施かれている。

## 2　教育権の所在

　以上のように、教育を受ける権利は社会権的側面をもつため、国家は国民の

「教育を受ける権利」を実現するために、積極的な措置をとる責務を負うことになる。しかしそこで問題となるのは、どこまで国家は教育に介入できる権限を有するかという問題である。つまり国家は教育内容にまで立ち入って決定する権限（教育権）を有するか否かという問題である。

　この教育権の所在をめぐる問題については、**国家の教育権説**と**国民の教育権説**に分かれて厳しい対立を見ている。

　「国家の教育権説」では、国家（より具体的には文部科学省）は教科書を含めて、教育内容全般についても大幅な決定権限をもっているとする。「国民の教育権説」によれば、国家は、学校制度や施設、体育館、図書館などの教育のハード面（教育の「外的事項」）を整備する義務を負っているのみで、教育の内容（教育の「内的事項」）に関しては、せいぜい指導助言ないし大綱的基準の法的設定が認められるにとどまり、教育内容そのものに介入する権限はないとする。教育内容についての決定権限をもつものは、親およびその付託を受けた教師、教科書執筆者を中心とする国民全体であるとする。第2次**家永訴訟**1審判決（杉本判決）も、「子どもの教育を受ける権利に対応して子どもを教育する責務をになうものは親を中心とした国民全体」であると述べ、国民の教育権説の立場に立った（東京地判 1979・7・17 判時 604・29）。

　この考え方の対立に対し、1961年の文部省による全国一斉学力テスト（学テ）の実施が、（旧）教育基本法10条（教育は不当な支配に服してはならない）等に違反するか否かが争われた**旭川学テ事件訴訟**最高裁判決では、**折衷説**が採られた。最高裁は、教師の教育の自由は「一定の範囲においてこれを肯定するのが相当である」が、「国民全体の意思を組織的に決定、実現すべき立場にある国は、……必要かつ相当と認められる範囲において、教育内容についてもこれを決定する権能を有する」。ただし「子どもが自由且つ独立の人格として成長することを妨げるような国家介入」は、憲法26条・13条の規定からも許されないとした（最大判 1976・5・21 刑集 30・5・615）。学説でも、教育権の所在をめぐる議論の中で、この折衷説が有力になりつつある。そこでは、国家・教師・親が、それぞれ子どもの教育を受ける権利を実現すべき義務を負っているのであり、

そのためには、それぞれが適切な役割を分担していくことが重要であることが説かれている。教育を受ける権利の主体は、もちろん学習権を有する「子ども」である。子どもは、人格を発展させ能力の開花を果たす権利をもっている。そうであるならば、具体的な教育内容について、国家か教師集団のいずれかが排他的に決定権限をもっていると考えるのではなく、「国民の教育権説」に立ちつつも、大綱的基準は国家が、それを受けて教師が個々の子どもの能力に応じて教育を行い、親もまた教育内容について責任を担うと考えるべきであろう。

### *3* 教育を受けさせる義務と義務教育の無償 ●————————●

憲法26条2項は「すべて国民は、法律の定めるところにより、その保護する子女に普通教育を受けさせる義務を負ふ。義務教育は、これを無償とする」とし、子どもに**教育を受けさせる保護者の義務**と**義務教育の無償**を定めている。この目的は、子どもたちすべてに教育を受ける権利を保障する。

教育の義務制度については、教育基本法5条1項が、子どもの保護者に普通教育を受けさせる義務を負わせている(学校教育法16条で9年の普通教育とされる)。

また義務教育の無償についての規定をめぐっては、**授業料無償説**と**就学経費無償説**が対立している。「授業料無償説」は、通説・判例の立場であり、義務教育の対価としての授業料は徴収しないという意味である。これに対して、「就学経費無償説」は、就学に必要な一切の経費は無償にすべきだと主張する。子どもの就学に要する費用とそれ以外の生活費とを分けることは不可能だとの批判もあるが、学校生活に必要な経費を特定化することはできないわけでもないであろう。ただ実際には、1963年以来、法律で、義務教育で使用される教科書については、無償で児童・生徒に配布されている。

### *4* 学校生活における子どもの権利 ●————————●

わが国の学校では、体罰や厳しすぎる校則、あるいは内申書を使った生徒の管理などにより、日常的に生徒に対する人権侵害が行われている。「教育的配慮」という名のもと、教師が生徒の人権を侵害する例は枚挙にいとまがない。

この背景には、受験競争の激化や、国家による教育への統制に基づく教師への締めつけがもたらした「管理教育」の存在がある。

### （1） 体罰・校則

学校教育法 11 条は、校長・教員に教育上の必要から懲戒権を認めているが、**体罰**を加えることは禁止している。また、1948 年の法務庁（現・法務省）長官の出した「児童懲戒権の限界について」という通達でも、身体的侵害を与えたり肉体的苦痛を与える懲戒を禁止している。つまり、生徒への懲戒権として体罰は、法的には禁止されているのである。教育実践上、一定の懲戒権は許容されようが、体罰は、個人の尊厳を侵害し、憲法の保障する苦役の禁止や人身の自由に反する人権侵害行為にほかならない。したがって、体罰を加えた教員は、刑法上・民法上、その責任が問われることになる。

次に**校則**との関係で争われた事件として、熊本県の**玉東中学事件**がある。これは、公立中学が定めた頭髪の丸刈りを強制する校則の違憲性が争われた事件である。原告である生徒は、丸刈り強制が、憲法が保障する人身の自由や表現の自由に違反するとして、校則の無効確認を求めた。これに対し熊本地裁は、1985 年、髪型が思想・表現の自由と見られる場合は極めて稀であることなどを理由として、原告の主張を退けた（熊本地判 1985・11・13 行集 36・11・12・1875）。

校則には、頭髪のほか、服装やバイクの禁止など、生徒の私生活の領域にかかわるものが多い。これらの問題をめぐっても、多くの訴訟が提起されている。この問題については、憲法 13 条の自己決定権の問題であるとする見解が有力である（第 3 講のIV参照）。校則は、生徒が学校教育を受けるにあたり、憲法上の学習権を実現するためにのみ制定されるべきであり、学習権の保障に直接関わらない私事については、校則による規制は許されないと考えるべきであろう。

### （2） 子どもの思想・信条の自由

学校における生徒の思想・信条の自由の制限が争われた訴訟として、**麹町中学内申書裁判**がある。この訴訟では、いくつかの高校を受験して不合格となった生徒が、その不合格の理由が学生運動に関わったことを記載した内申書にあるとして、千代田区等を相手どって国家賠償法に基づく損害賠償を求めた。そ

の理由は、内申書への記載内容が、生徒の思想・信条に関わるものであり、憲法 19 条に違反するものであるというものであった。

1 審は、生徒の思想信条の自由は最大限認められるべきであり、生徒の表現の自由やこれに関わる行動も、それが生徒の精神的発達に伴う自発的行為である場合には、学校の正常な運営や教育環境が破壊されない限り、マイナス評価をすることは違法であり、当該内申書のマイナス評価は教師の教育評価権を逸脱し違法であるとし、原告の主張をほぼ認めた（東京地判 1979・3・28 判時 921・18）。しかし、東京高裁はこれを覆し（東京高判 1982・5・19 判時 1041・24）、最高裁もまた「いずれの記載も、上告人の思想、信条そのものを記載したものではないことは明らかであり、右の記載に掛かる外部的行為によっては上告人の思想、信条を了知しうるものではないし、また、上告人の思想、信条自体を高等学校の入学選抜の資料に供したものとは到底解することはできない」として、原告の主張を退けた（最判 1988・7・15 判時 1287・65）。しかし、第 1 審判決のいうように、生徒の政治活動の自由は、他の生徒の学習権の妨害とならない限りで原則として許されるというべきであろう。子どもの自発的な意見の形成や人格の発達、および精神的な成長のためにも、意見表明の権利は尊重されなければならない。

### 5 「子どもの権利条約」と子どもの人権保障 ●————————●

1989 年 11 月に**子どもの権利条約**が成立し、わが国では 1994 年 5 月に批准・承認された。

この条約では、第 1 に、子どもを「保護の客体」として捉えるのではなく発達可能態として捉え、「権利を享有し行使する主体」として位置づけ、意見表明権（12 条）、思想・良心・宗教の自由（14 条）、集会・結社の自由（15 条）、プライバシーの権利（16 条）などの基本的人権の保障を締約国に義務づけているとともに、教育の目的を「人格、才能ならびに精神的および身体的能力を最大限可能なまでに発達させること」（29 条 1 項 (a)）としている。

第 2 に、「子どもの発達権」ともいうべき権利を実現することを特に重視し、家庭環境を重視し、生活水準の保障や有害な労働からの保護を定めている。

第3に、教育との関わりで条約は、28条で、「教育についての子どもの権利」を特に保障し、「教育の機会の平等」を基礎として達成する（同条1項）と同時に、学校懲戒に関連し、「学校の規律が子どもの尊厳と一致する方法で、かつこの条約にしたがって行われることを確保するためのすべての適当な措置」をとることを締約国に求めている（同条2項）。

　最後に、条約は、「子どもの最善の利益」を図るために、あらゆる立法・行政その他の措置をとることを国家に義務づけている（3条・4条）。

　この「子どもの権利条約」の批准以降、わが国では子どもの権利の保護に対する意識が急速に高まってきている。その中にあって、条約批准以後はじめて正面から子どもの権利擁護を定めた法律として、**児童買春・児童ポルノ禁止法**が注目される。この法律は、子どもの性的搾取・性的虐待行為は、子どもの権利を著しく侵害するものであるとの認識に立ち、大人による子ども買春行為、子どもポルノ（チャイルドポルノ）に関わる行為を犯罪として処罰する目的で制定された。それとともに、この法律で特に特徴的なことは、被害者となった子どもが捜査や裁判の過程で名誉や尊厳が害されないよう配慮することが規定されていること、あるいはマスコミによるプライバシー侵害の規制、これら行為を未然に防止するために国民の理解を深めるための教育・啓発活動・調査研究が行われるべきこと、被害者である子どもの身体的・心理的ケアを行い、支援体制の整備を行うことなどが規定され、子どもたちの権利が最大限配慮されていることである。子どもポルノについては、2014年の通常国会で、「単純所持」禁止を盛り込んだ法改正がなされた。この改正法により、「子どもポルノ（デジタル画像含む）」を所持していただけでも、「自己の性的好奇心を満たす目的」で行われた場合、1年以下の懲役または100万円以下の罰金とする刑事罰が科されることになった。

　この子どもポルノの「単純所持」の禁止については、これまで国際社会からも、大人による性的搾取から子どもを守るために、強くわが国に求められてきていた。他方、わが国では、表現の自由や学問の自由などとの兼ね合いから、規制に慎重論もあった。今回の「単純所持」の処罰規定に「自己の性的好奇心

を満たす目的」という限定要件が付けられていることから、表現の自由や学術研究の自由を大きく損なうことはないと考えられる。とはいえ、表現の自由の重要性からすると、慎重かつ厳格な法適用が望まれる。

　また地方レベルでは、**川崎市子どもの権利条例**が2000年12月に制定され、2001年4月から施行されている。この子どもの権利条例では、「子どもは権利の全面的な主体」として位置づけ、子どもの最善の利益の確保や差別の禁止、子どもの意見の尊重など、子どもの諸権利が総合的かつ現実的に保障されるとしている（前文）。そして、安心して生きる権利、ありのままの自分でいる権利、自分を守り守られる権利、自己決定権、家庭・学校・地域における子どもの権利を具体的に保障している。さらにこの条例で特徴的なことは、市政に子どもの意見を反映させるため「子ども会議」を開催すること、また子どもの権利保障のために「子どもの権利委員会」を設置し、そこで子どもの権利侵害行為に対する調査・審議を行い、それに基づき市長が必要な措置をとるべきことを制度化したことである。この条例は、子どもの権利を実現するための国や地方自治体の施策を考えるにあたり、1つのモデルケースとして注目されている。

## Ⅱ　労働基本権

　日本国憲法では、27条1項で「勤労の権利」を保障し、2項で労働条件の法定化を規定している。28条では労働基本権を保障している。これらの権利は、生存権同様、社会権に属する。旧憲法の下では、労働に関わる事項は、法律で定められていたが（工場法など）、日本国憲法では、憲法上の権利として労働者の権利を保障している。

### *1*　勤労の権利 ●━━━━━━━━━━━━━━━━━━━●

　憲法27条1項は「すべて国民は、勤労の権利を有し、義務を負う」と規定し、**勤労の権利**を保障している。この規定の意義は、働く意思と能力を有している労働者が労働の場を得られないとき、国に就労の機会を提供する責務を課

すことにある。職業安定法、雇用保険法などは、国のこの責務を立法化したものであり、雇用・失業対策はそのための具体的な施策である。

また2項では、「賃金、就業時間、休息、その他の勤労条件に関する基準は、法律でこれを定める」と規定している。この規定の意味は、労働契約を使用者と労働者の間だけで自由に締結させれば、力関係において圧倒的に力の弱い労働者の立場からすると、労働者に不利になることから、国が労働契約に介入し、積極的に労働者の権利を保護する点にある。労働基準法や最低賃金法などは、この規定を受けて制定されたものである。

3項では「児童は、これを酷使してはならない」と規定して、**児童酷使の禁止**を定めている。労働における児童の酷使は、発達途上の子どもにとって身体的・精神的な害悪が大きい。労働基準法では、未成年者など「年少者」の保護を規定している（同6章）。そこでは、労働者として使用できる最低年齢を、児童が満15歳に達した日以後の最初の3月31日が終了するまでは、労働者として使用することを禁止している（労基法56条1項、ただし同条2項では、健康や福祉に有害ではない軽易な事業につき、行政官庁の許可を受けて、満13歳以上の児童の就学時間外使用を認めている。映画・演劇につき13歳未満の児童の就労が認められている。）。

### *2* 　労働基本権保障の意義 ●━━━━━━━━━━━━━━━━●

憲法28条は「勤労者の団結する権利及び団体交渉権その他の団体行動をする権利は、これを保障する」と規定している。旧憲法では、労働者の権利は一切規定されていなかった。日本国憲法では、社会的・経済的弱者である労働者に憲法上の社会権として**労働基本権**を保障している。

28条で、労働者の次の3つの権利を保障している。①**団結権**、②**団体交渉権**、③**団体行動権**（争議権）であり、これを**労働三権**という。この規定を受けて、**労働組合法**、**労働関係調整法**が制定されている。これに**労働基準法**を加えて、**労働三法**と呼ぶ。

①　**団結権**　団結権とは、労働者が労働組合を結成し、団結する権利である。労働者が団結することは、労働者を使用者と対等の関係にするための基本条件

といえる。団結権の保障により、労働組合はその目的と組織の維持を図るため、所属組合員に対し一定の統制権をもつことが認められている。

② 団体交渉権　団体交渉権とは、労働組合が使用者と、賃金や労働時間あるいは福利厚生などの労働条件について交渉する権利である。使用者と労働者は団体交渉により一致を見た労働条件について労働協約を結び、使用者にその履行を約束させる（労組14条）。

③ 団体行動権　団体行動権とは、労働組合が、団体交渉の結果、その要求を受け入れられなかった場合に認められる、争議行為および職務をボイコットする権利（ストライキ権）である。

これら労働基本権には3つの性質がある。

第1に、社会権としての性質である。労働者は国家に対し、労働基本権を保障する措置を要求し、国家はその施策を実施する義務を負わなければならない。2つ目は、自由権的な性質である。国家には、労働基本権を制限するような立法や国家行為が禁止される。たとえば、労働組合法1条2項は、争議行為に対する刑事免責が規定されている。これは、労働組合の活動として行われた行為は、暴力行為を除き、たとえ通常の場合には刑法上の罪にあたるような行為であったとしても、刑法上の「正当業務行為」として刑事罰を免責されるということである（刑35条参照）。またストなどにより、労働契約に基づく就労義務を放棄する行為があったとしても、民法上の債務不履行や不法行為責任は問われない（労組7条1項・8条）。このことは団体交渉や争議活動のような労働組合の活動の自由を保障するためには、極めて重要な条件であるといえる。

第3は、使用者と労働者という私人の間に労働基本権の保障が適用されるという点である。労働基本権の性質上、使用者は労働基本権を尊重する義務を生ずることは、当然のことである。

## *3*　公務員の労働基本権 ●————————————●

労働基本権の限界の問題として大きな議論のあるのは、公務員の労働基本権の問題である。1948年のマッカーサー書簡に基づき制定された**政令201号**は

すべての公務員の団体交渉権と争議権を禁止した。これに従って制定された諸法令では、公務員の労働基本権が広範に制約されている。① 警察職員、消防職員、自衛隊員、海上保安庁職員、および刑事収容施設に勤務する公務員については三権のすべてが、② 非現業の一般の公務員は団体交渉権と争議権が、③ 現業に携わる公務員、国営企業職員および地方公営企業の地方公務員には争議権が、それぞれ制限されている。

　こうした公務員に対する広範な労働基本権の制約、中でも争議権全面禁止に対しては、多くの裁判でその違憲性が争われた。1960 年代までの判例では、憲法 12 条・13 条の「公共の福祉」や、憲法 15 条 2 項の「全体の奉仕者」としての公務員の位置づけから、争議行為の禁止を簡単に合憲としていた。

　しかし、1966 年の**全逓東京中郵事件**の最高裁判決（最大判 1966・10・26 刑集 20・8・901）では、従来の判例理論に大きな変更を加えている。すなわち最高裁判所は、① 公務員についても労働基本権は保障される、② 公務員の労働基本権の制約も必要最小限でなければならないとするなど、公務員の労働基本権に好意的な判決を下した。また 1969 年の**都教組事件**最高裁判決（最大判 1969・4・2 刑集 23・5・305）や全司法仙台事件最高裁判決（最大判 1969・4・2 刑集 23・5・685）では、地方公務員法 61 条 4 号や国家公務員法 110 条 1 項 17 号の定める争議行為の「あおり」行為の処罰規定の違憲性が問題となった。最高裁は、次のように処罰規定が合憲的に適用される場合を厳格に限定し、処罰適用の範囲を絞り込む新しい手法をとり（これを**合憲限定解釈**と呼ぶ）、ストライキの「あおり」行為を行った被告人を無罪とした。すなわち、処罰規定が適用されるには、① 当該争議行為が違法性の強い場合で、② あおり行為自体も違法性が強い場合に限定される、と。この基準を**二重のしぼり論**と呼び、学界でも一定の評価が得られている。

　しかし、1973 年の**全農林警職法事件**最高裁判決（最大判 1973・4・25 刑集 27・4・547）は、この「二重のしぼり論」を排し、① 公務員の地位の特殊性や職務の公共性、② 公務員の労働条件は国会の立法裁量であることを理由に、公務員の争議行為の禁止は合憲であると判示した。この判決をもって、公務員の争議

行為を最大限尊重しようとした 60 年代の最高裁の試みは終わりを迎え、その後、この判決がリーディング・ケースとして踏襲され、現在に至っている。

この判例変更には、多くの学説は批判的である。すなわち、公務員に一律に労働基本権を規制することは妥当ではなく、その職務の性質や違いに応じて、規制は必要最小限の範囲にとどめるべきであるとしている。たしかに、公務員の争議権の行使は国民生活に大きな影響を与えかねない。しかしそのことをもって、憲法上の基本的権利である労働基本権を制限する合理的な根拠とはならない。公務員であろうと私企業の労働者であろうと、労働により生活を営んでいることには変わりはない。国会により公務員の労働条件が決定されたとしても、それが不当であった場合には当然労働者である公務員は、自らの「人間たるに値する生活（生存権）」を守るために、意思表明を行ってしかるべきである。憲法 28 条の趣旨は、まさにこの点にこそある。

公務員も憲法 28 条の適用を受ける以上、労働基本権の制限・禁止は、必要最小限のものでなければならない。

## Ⅲ 公務員の政治的行為の禁止

公務員は、社会権である労働基本権が制限・禁止されているほか、自由権についても多くの点で制限・禁止されている。国家公務員の場合、国家公務員法（国公法）102 条において、**政治的行為の禁止**が定められている。具体的に禁止される政治的行為は、この条項では規定されておらず、すべて**人事院規則 14-7** に委任されている（地方公務員法では 36 条に具体的な制限事項が列挙されている）。

人事院規則 14-7 は、広汎に一般職にある国家公務員の政治活動を禁止し、事実上、選挙権行使以外のほとんどの行為が禁止されており、しかも規則違反者に刑事罰が科されている（国公 110 条）。

最高裁判所は、かつて公務員の政治活動の制限の根拠として公務員の「全体の奉仕者」性と、「政治にかかわりなく法規の下において民主的且つ能率的に運営されるべき行政の継続性と安定性」をあげ、公務員の政治活動の制限を定

めた国家公務員法を合憲と判示した（最大判 1958・3・12 刑集 12・3・501）。

　通説は、公務員の政治活動をこのような抽象的な理由で制限ないし禁止することは、違憲と見ている。そこで**猿払事件**では、労働組合活動の一環として行われた政治活動につき、1・2 審とも刑事罰を加えてまで公務員の政治活動を禁止することは、**必要最小限の制限（LRA の基準）** を超えていると判示し、国家公務員法 110 条、人事院規則 14-7 に限定解釈を加えた。

　これに対し最高裁は、公務員の労働基本権の制限を含めて合憲とする流れに従って、政治的行為の禁止は憲法違反ではないと判示した。すなわち最高裁は「公務員の政治的中立性を維持し、行政の中立運営とこれに対する国民の信頼を確保するという国民全体の共同利益」を強調し、これを根拠に政治活動の禁止を合憲と判断した（最大判 1974・11・6 刑集 28・9・393）。

　しかしながら、公務員も、国民として憲法上の政治活動の自由をもっており、公務員が政治活動を行うにあたって、行政活動に障害が具体的に生まれる場合に限って、公務員の政治的行為の制限が例外的に認められると考えるべきである。公務員の職種、職務権限、勤務時間中であるか時間外であるかなどを考慮せず、一律に政治行為を禁止することは、政治的表現の自由の侵害といえる。

　この点について、近年の判例として、国家公務員が休日に行った政党のビラ配布が国公法違反に問われた**堀越事件**と**世田谷国公法事件**の最高裁判決が注目される。

　この 2 つの事件については、同日に最高裁で判決が下され、従来の判例を踏襲し、国家公務員法および人事院規則に定める罰則規定については合憲とした。ただ、堀越事件判決では、管理職的地位になく、職務の内容や権限に裁量の余地のない国家公務員によって、職務とまったく無関係に、ビラ配布行為がなされたのであり、公務員の職務遂行の政治的中立性を損なうおそれが実質的に認められるものとはいえず、政治的行為の制限にかかる罰則規定の構成要件に該当しないとして無罪とした（最判 2012・12・7 刑集 66・12・1337）。

　これに対し、世田谷国公法事件判決では、ビラ配布が、管理職の地位にあり、指揮命令や指導監督等を通じて他の多数の職員の職務の遂行に影響を及ぼすこ

とのできる地位にあった者によってなされたものであり、公務員の職務遂行の政治的中立性を損なうおそれが実質的に生ずるものとして、罰則規定を適用することは合憲であるとした（最判 2012・12・7 刑集 66・12・1722）。

　この最高裁判所の判決手法は、広範にわたる国家公務員の政治行為に対する罰則規定の適用にあたり、管理職・非管理職という職務上の区分による適用の是非を認め、一定の限定解釈を加えている点で評価できる。ただ、勤務時間中か時間外であるかの区別は認めていないため、刑罰対象はいまだ広すぎるといえる。

```
┌─【チェック・ポイント】─────────────────┐
│                                        │
│ ・教育権に関する 3 つの説をあげなさい。              │
│ ・子どもの権利条約における「子どもの人権」とは何か。        │
│ ・労働三権とは何か。それぞれあげなさい。              │
│ ・公務員の労働基本権の制約を認めた有名な判決は何か。        │
│ ・公務員の政治活動の禁止を合憲とした有名な判決は何か。       │
│                                        │
└────────────────────────────────┘
```

**Book Guide**

中村睦男・永井憲一『生存権・教育権』（法律文化社、1989 年）

荒井誠一郎『教育の自由―日本における形成と理論』（日本評論社、1993 年）

内野正幸『教育の権利と自由』（有斐閣、1994 年）

大久保史郎「労働と憲法」樋口陽一編『講座・憲法学　第 4 巻』（日本評論社、1994 年）

永井憲一・寺脇隆夫編『解説/子どもの権利条約』〔第 2 版〕（日本評論社、1994 年）

渡辺賢『公務員労働基本権の再構築』（北海道大学出版会、2006 年）

笹山尚人『労働法はぼくらの味方』（岩波ジュニア新書、2009 年）

竹信三重子『しあわせに働ける社会へ』（岩波ジュニア新書、2012 年）

日本弁護士連合会子どもの権利委員会編著『子どもの権利ガイドブック』〔第 2 版〕（明石書店、2017 年）

**レジュメ**

I　戦争の違法化：1919 年国際連盟規約、1928 年不戦条約(但し、自衛戦争は合法)

　　　　　　　　 1945 年国連憲章：武力行使の禁止 (戦争禁止概念よりも広い)

　　第 2 次大戦後、各国の憲法で侵略戦争の禁止を明文化する傾向

II　憲法 9 条の意義

　1　戦争の放棄……通説：侵略戦争＋自衛戦争の放棄。

　　　1 項：侵略戦争の放棄、2 項：自衛戦争の手段の禁止 (戦力不保持)

　2　個別的自衛権：「外国からの違法な侵害に対し、自国を防衛するため、
　　　　緊急の必要がある場合、それを反撃するために武力を行使しうる権
　　　　利」。

　　　集団的自衛権：「自国と国際条約などで密接に関係する外国 (同盟国) に
　　　　対する武力攻撃が行われた場合、これを自国が直接攻撃されていな
　　　　いにもかかわらず、自国への攻撃があったとみなし、同盟国の利益
　　　　のために相手国に対し武力攻撃をする権利」→国連憲章 51 条で初め
　　　　て認められた国際法上の権利

　　　！2014 年 7 月政府解釈の変更により集団的自衛権行使は合憲。

　　　→憲法学の通説とは異質。

III　自衛隊の合違憲性

　　政府解釈……自衛権の存在から「自衛力」の正統性を引き出す。

　　「自衛力」は「戦力」ではない。「戦力」より下位の兵力を有すること
　　の合憲化＝「必要最小限の実力」

　　！「自衛力」と「戦力」の区別は相対的/世界情勢によって変化

　　　長沼第 1 審 (福島判決)……自衛隊は戦力。唯一の自衛隊の違憲判決。

IV　憲法による防衛法制への制約

　1　文民統制：憲法 66 条 2 項/現職自衛官は文民ではない。

　　　防衛省設置法旧 12 条/文官優位の規定。現在は、背広組と制服組は同格。

　2　徴兵制の禁止：政府解釈は憲法 18 条を根拠とする。憲法 9 条は引用せず。

# I 戦争の違法化

　従来、近代国家が国家間の紛争を武力でもって解決することは、国際法上、認められていた。しかし20世紀の第1次世界大戦は、「全面戦争」の様相を見せ、国家のあらゆる資源が戦争目的に供され、敗戦国のみならず戦勝国も多大な人的、物的損失を経験した。この悲惨な大戦を契機に、人類ははじめて国際法上、戦争を違法視し、同時に戦争を抑制する方法を構想した。具体的には、1919年、**国際連盟**（League of Nations）が創設され、その国際連盟規約の締約国は「戦争ニ訴エサルノ義務」を負うとされた。また1928年には、アメリカの国務長官ケロッグとフランスの外相ブリアンの強いリーダーシップの下、**不戦条約**が構想され、各国は日本も含めてこの条約を締結した。

　不戦条約第1条は「締約国ハ国際紛争解決ノ為戦争ニ訴フルコトヲ非トシ且其ノ相互関係ニ於テ国家ノ政策ノ手段トシテノ戦争ヲ抛棄スル」と規定している。しかしこの規定は、2つの点で問題があった。1つは、この規定によって放棄される戦争は、もっぱら侵略戦争であって、自衛戦争は放棄されないと解された点である。もう1つは、戦争だけが違法・制限されたにとどまり、戦争にまで至らない武力行使や事実上の戦争（日本語では「事変」と呼ばれるもの）などは、禁止されていなかった点である。

　第1次世界大戦後、国際社会は一時期平和を回復するが、1939年9月、ヒットラー率いるドイツ国防軍がポーランドに軍事侵攻することで、第2次世界大戦が始まった。しかし、イタリア、ドイツ、日本の各ファシズム国家は、連合国に敗れ、1945年8月14日に日本政府がポツダム宣言を無条件に受諾することによって、第2次世界大戦は事実上、終結した。これ以降、各戦勝国を中心にした国際秩序が形成されることとなった。

　この国際秩序の中心となったのが、**国際連合**（United Nations）である。**国際連合憲章**（1945年12月24日発効、日本の加盟は1956年12月18日）は、各加盟国に対し戦争概念よりも広い「武力による威嚇又は武力の行使」（同2条4項）を原則

的に禁じ、国家間の紛争の解決を「平和的手段によって且つ正義及び国際法の原則に従って実現すること」(同1条1項)を求めている。

　第2次世界大戦後に制定された各国の憲法は、戦争制限条項を設ける場合が多い。ドイツでは西側陣営に属する当時の西ドイツ基本法 (1949年) 26条、イタリア憲法 (1947年) 11条では、それぞれ侵略戦争を明文で放棄・禁止した。では敗戦国日本は、平和についてどのような憲法規定を設けたのであろうか。

## Ⅱ　憲法9条の意義

　日本国憲法は、その第2章のタイトルを「戦争の放棄」とし、第9条において徹底した**平和主義**を規定している。日本国憲法の三大原理の1つが、平和主義だといわれるが、それは憲法9条の法構造が、他国の戦争制限条項とは異なり、徹底的な平和主義に基礎を置き、平和主義を憲法原理までに高めているからである。そこではたとえ自衛戦争であっても、一切の戦争が放棄され、また「武力による威嚇」、「武力の行使」も放棄されているのである。

### *1*　戦争の放棄　●━━━━━━━━━━━━━━━●

　**戦争の放棄**をめぐっては、その法解釈に多様な見解が対立している。第1説は、9条1項によって**侵略戦争**、**自衛戦争**を含めてすべての戦争は放棄されたとみる。これに対し、第2説は、1項に「……国際紛争を解決する手段としては」という文言があるため、1項だけですべての戦争が放棄されたと解することはできず、1項が放棄した戦争は、侵略戦争であって、自衛戦争はそこに含まれないとみる。

　この解釈は、9条1項の規定の文言が、先にあげた不戦条約とほぼ同一であり、その国際法上の解釈では、自衛戦争は不戦条約によっても放棄されていなかったことを論拠としている。さらに、1項ですべての戦争が放棄されたのであれば、2項の規定の意味が生かされないという点にも論拠をおいている。も

っとも第2説のように1項において侵略戦争だけを放棄したという立場をとっても、第1説と結論は変わらない。というのも、2項は「前項の目的を達するため、陸海空軍その他の戦力は、これを保持しない。国の交戦権は、これを認めない」と規定し、戦争手段の一切の保持が禁止されている以上、結果として自衛戦争を含めたあらゆる戦争が放棄されたと解されるからである。

　整理していえば、第1説は、9条1項は、自衛戦争を含めてすべての戦争を放棄した。2項の規定は、同じ趣旨のことを重ねて規定していると解する。第2説は、9条1項は、侵略戦争だけを放棄したが、ただし、2項の規定によって自衛戦争を含めてすべての戦争を放棄した、と解する。通説は第2説であるが、両説とも、憲法はすべての戦争を放棄したとみる点では一致している。

　これに対し、1項については第2説と同じ立場にありながら、2項について「前項の目的を達するため」という文言に着目し、この文言の係りを「侵略戦争の放棄の目的」だけに限定する解釈がある。この解釈によれば、9条が放棄した戦争は、侵略戦争だけであり、自衛戦争は放棄しておらず、自衛のための戦力保持も可能であると理解されることになる（自衛戦争合憲説）。

　しかしこの学説は説得力がない。というのも、自衛戦争を合憲だとすれば、①開戦宣告の手続きを定める規定が憲法にないのは不自然であること、②9条2項の交戦権の否認の意味が失われること、③憲法前文第2段の規定と適合しないなど、多くの難点を含んでいるからである。

## *2*　個別的自衛権の概念 ●━━━━━━━━━━━━━●

**自衛権**は、**個別的自衛権**と**集団的自衛権**の2種類があるが、最初に個別的自衛権について通観しておこう。個別的自衛権とは、外国からの違法な侵害に対し、自国を防衛するため、緊急の必要がある場合、それを反撃するために武力を行使しうる権利をいう。では、憲法9条の下で、個別的自衛権はどのように理解されているのであろうか。

　第1説は、一般に主権国家には、国家固有の権利としての自衛権は当然あるとする見解である（通説・佐藤功・概説・83頁参照）。ただ、自衛権はあるとしな

がらも、憲法9条によって自衛戦争が放棄されているのであるから、自衛権があるといってもそれは、行使できない権利があるというのと等しい。これを一般に**武力なき自衛権論**という。

第2説は、政府解釈の立場である。第1説と同様、憲法9条は国家固有の自衛権は放棄していないとみた上で、さらにこの自衛権をもとに**自衛力**の保持は、憲法上、許容されるという見解である。この立場によれば、**戦力**の保持は9条2項によって禁止されるが、これに至らない自衛力の保持は、国家固有の権利である自衛権の現実化であり、憲法上、合理化することができると捉える。この見解が、後述する自衛隊合憲論の理論的背景である。

第3説は、自衛権否定論である。この立場の論拠は、① 国家固有の自衛権という発想自体を否定し、憲法に先立つ国家の権利の存在を認めない点、② 国際法上、自衛権の観念が武力行使を伴うが、その武力行使を国家の権利として憲法9条が放棄しているので、日本国憲法は自衛権をそもそも否定していると説く点にある。この見解は、「武力なき自衛権」が虚構な理論であり、またこの理論が第2説の政府解釈の一翼を担ったことを踏まえ、平和主義を徹底化するには、自衛権という観念すら不要であるとみる（山内敏弘・平和憲法の理論・198頁以下参照）。

### *3* 集団的自衛権と憲法9条 ●━━━━━━━━━━━━━━●

集団的自衛権とは、自国と国際条約などで密接に関係する外国（同盟国）に対する武力攻撃が行われた場合、これを自国が直接攻撃されていないにもかかわらず、自国への攻撃があったとみなし、同盟国の利益のために相手国に対し武力攻撃をし、同盟国を防衛する権利である。この集団的自衛権は、国連憲章51条によって創造された国際法上の権利である。国連憲章は、各加盟国が武力行使をすることを禁じているが、その一方で、武力紛争が生じた場合、安全保障理事会が有効な法的制裁措置を遂行する間、各加盟国が個別的・集団的自衛権を行使し、自国の安全を確保する国際法上の権利を承認している。というのも、安全保障理事会を構成する常任理事国（アメリカ、イギリス、フランス、ロ

シア、中国の5大国）による意見対立の結果、国連が正常に機能しない場合があり、そこで各加盟国の武力行使を暫定的に認容する場合があるからである。

　ただ、集団的自衛権に基づく武力行使の実例をみると、国連憲章の武力制限規定を無意味化する実態がある。最初の実例としては、ハンガリー動乱（1956年）のときに、旧ソビエト連邦（現在のロシア）が集団的自衛権を名目に軍事介入した例がある。アメリカもベトナム戦争（1964年のトンキン湾事件）、コントラ（ニカラグア）軍事介入（1981年）につき、集団的自衛権の行使として正当化してきた。これら実例は、大国が小国を武力制圧する方便として集団的自衛権を利用してきたことを教えている。国連の決議によって、集団的自衛権行使が承認された事例は、湾岸戦争（1991年）とアフガニスタン（2001年）への武力行使の2件のみである。

　日本も日米安保条約（1952年批准）があるため、集団的自衛権の保持・行使が憲法9条の下で認められるか否かが問題となる。従来、政府は、集団的自衛権の保持は認められるが、行使することは憲法9条の下では許されないという立場を堅持してきた。というのも、集団的自衛権を日本が行使できるとすれば、世界規模で展開するアメリカ軍への攻撃があった場合、自国を守るためだけに創設された自衛隊がアメリカ軍の下請的「他衛隊」の役割を担わざるを得ないからである。

　しかし、「日米安保体制のさらなる深化」と**積極的平和主義**を名目に、2014年7月、政府は、集団的自衛権の行使を容認する立場を表明した。この新政府解釈は、次の通りである。① わが国に対する武力攻撃が発生した場合のみならず、わが国と密接な関係にある他国に対する武力攻撃が発生した場合、② これによりわが国の存立が脅かされ、国民の生命、自由および幸福追求の権利が根底から覆される明白な危険がある場合、③ わが国の存立を全うし、国民を守るために他に適当な手段がない場合に、「必要最小限度の実力を行使」することは、「自衛のための措置として、憲法上許容される」という**新三要件型集団的自衛権行使論**である。

　これに対し、憲法学界では、集団的自衛権行使は憲法9条の枠外にあり、し

たがって、集団的自衛権の行使を国家防衛政策とするには、憲法96条に基づく憲法改正の手続が必要であるとみる点で一致している。また、この政府解釈の変更に対しては、次の批判が出されている。第1に、この解釈変更は、従来の政府解釈との統一性はなく、法的安定性を明白に害すること。第2に、憲法改正が不可欠な事項について、これを解釈で変更するという姿勢は、憲法96条に定める国民投票の機会を失わせること。第3に、内閣による恣意的な憲法解釈とその運用は、立憲主義（法の支配）の意義を破綻させることなどである。

　日本国憲法の平和主義は、国家間の紛争に対し戦争・武力行使に訴えず、これ以外の一切の努力を惜しまないとする「政治道徳の法則」（憲法前文）に立脚する。暴力による破壊ではなく、人間の英知を結集し、能動的に世界平和に寄与することにある。21世紀の前半に生じた過去への回帰は、今の世代に正すことが必要である。今後、政府解釈の変更の意味、さらには集団的自衛権行使に関わる諸立法の再検討が、不可欠であろう。

## Ⅲ　自衛隊の合違憲論

　今日に至るまで通説は、自衛隊を憲法9条に違反する違憲の存在だと解している。その違憲性は、次のように説明される。憲法9条1項によって侵略戦争は放棄され、同2項によってさらに自衛のための手段たる戦力保持も禁止される。したがって自衛のための戦力である自衛隊は、同2項の戦力不保持に抵触し、よって自衛隊は違憲である。

　これに対し、政府は自衛隊発足以来（1954年）、次のように自衛隊の合憲性を説明してきている。憲法9条1、2項によって侵略戦争、自衛戦争は放棄されている。しかし、日本は主権国家であり、この主権をもとに国家固有の自衛権は存在する（ここまでは通説と同じ理解である）。自衛権が認められる以上、一定の限度内において、自衛のための必要最小限度の実力、**自衛力**を保持することは許される。自衛隊はこの「自衛力」に該当し、したがって自衛隊は、憲法9条2項によって保持が禁じられている「戦力」には該当しない。

ここで注意すべきは、政府は「戦力」と「自衛力」とを区別し、前者の保持は憲法で禁じられているが、後者は憲法では禁じられていないという解釈をとっている点である。では「戦力」と「自衛力」とを区別する境界線は何かといえば、「自衛のための必要最小限度の実力」であるとされる。しかしこの境界線は、実は境界の役割を担っていない。政府が「これが境界です」といえば、その線はどうにでも動かすことができるからである。事実、1978年2月14日の政府見解に述べられているように、この境界線は「その時々の国際情勢、軍事技術の水準その他の諸条件により変わりうる」ものでしかない。

　以上の点からすれば、「自衛力」の観念は、憲法9条がその保持を禁じている「戦力」の脱法的憲法解釈論の1つであり、正当ではない。むしろ「自衛力」論は、自衛隊を合憲化するだけではなく、自衛隊装備の拡充化を図る役割を果たし続けている。

　自衛隊の合違憲性に関する司法判断は、今なお曖昧である。**恵庭事件、長沼事件、百里基地事件**が自衛隊の合違憲性に関する事件として有名である。特に、長沼事件第1審判決（札幌地判1973・9・7判時712・24）は、自衛隊を憲法9条2項にいう「戦力」にあたり、違憲であると判示した（**福島判決**）。この上告審で最高裁判所は、自衛隊の合違憲性については司法判断を示さず、行政法上の「訴えの利益」は存在していないという理由で訴えを却下した。なお、最高裁判所はこれまで一度も、自衛隊について合憲とも違憲とも判断を下していない。これは裁判所による自衛隊の憲法適合性判断を回避しようとする訴訟技術のためである（第22講参照）。

## Ⅳ　憲法による防衛法制への制約

### *1*　文民統制

　旧憲法時代、軍の**統帥権**は天皇だけがもち、政府はもっぱら軍の編成などの軍政について関与するのにとどまり、軍の作戦計画、戦闘などの軍の中心的な

軍令部分については関与できなかった（旧憲法 11 条。**統帥権の独立**）。国務大臣である陸軍大臣、海軍大臣さえ軍の作戦には関与できず、軍令機関（陸軍は参謀総長、海軍は軍令部総長）だけが天皇の統帥権を補佐していた。しかも国務大臣である陸軍大臣、海軍大臣は、武官大臣であり、軍政の部分も軍部によって掌握されていた（後に両大臣とも現役の陸海軍の大将・中将であることが要請され、そのため現役武官大臣制は、軍部による倒閣の手段としても利用された。杉村敏正・防衛法・25〜29 頁参照）。

　これに対し、自衛隊法 7 条は「内閣総理大臣は、内閣を代表して自衛隊の最高の指揮監督権を有する」、同 8 条は「防衛大臣は、この法律の定めるところに従い、自衛隊の隊務を統括する」と定め、内閣総理大臣が最高指揮監督権を有し、防衛大臣がその指揮に服しながら自衛隊を統括するという内閣優位型軍事指揮権を明確にしている。

　もっとも内閣の構成員が現職自衛官（軍人）であれば、そのような制限は無意味となる。そこで憲法 66 条 2 項は、「内閣総理大臣その他の国務大臣は、文民でなければならない」と規定し、内閣の構成員から軍人を排し、文民のみによって政治を行うという**文民統制**（シビリアン・コントロール）を確立させた。文民統制の基本的意義は、軍事権を文民・文官の下におき、軍部を政治に従属させることにある。軍隊は「国家内の国家」の危険性をもち、政治に関与する力量をもつが、軍が政治に関与すれば、立憲主義は危機に陥る（後進国にみられるクーデタ後にできる軍事政権がその典型である）。

　ただこの文民規定の適用範囲については争いがある。憲法制定当時、日本は非武装化されたため軍人は存在しておらず、したがって、当初、文民ではない者として、旧職業軍人の経歴を有し、かつ軍国主義的思想に深く染まった者と狭く解されていた。しかし、自衛隊はその任務の性質上、明らかに軍事的組織隊であることから、文民の範囲が改めて問題となってきた。政府解釈によれば、現在「自衛官の職に在る者」は文民ではないとしている。

　しかし、この定義は狭すぎる。というのも、「自衛官の職にある者」を国務大臣に任命する段階で自衛隊を退職させれば、「元自衛官」は文民となるから

である。これでは、文民規定は、消極的な兼職禁止規定と異ならない。したがって、「元自衛官及び自衛官は文民ではない」と厳格に定義するか、たとえば「自衛隊退職後、10年以上の年数を経た者を文民と見なす」という厳格な定義が必要であろう。

文民統制は、国務大臣の任命のほか、自衛官の役割分担にも及ぶ。軍事文民と呼ばれる国家公務員（内局の背広組）が、防衛大臣の下、武官たる自衛官（制服組）を指揮・監督することを**文官統制**という。防衛省設置法旧12条は、「官房長及び局長は、その所掌事務に関し……防衛大臣を補佐するものとする」と定め、文官優位を明確にしていた。しかし、2015年に同規定は「官房長及び局長並びに防衛装備庁長官は、統合幕僚長、陸上幕僚長、海上幕僚長及び航空幕僚長」とともに防衛省の「所掌事務に関し防衛大臣を補佐するものとする」と改正された。これによって「文官の優位」は損なわれ、制服組の発言力が増すこととなった。

## *2* 徴兵制の禁止

軍事組織体へのリクルート方法は、**志願制**と**徴兵制**の2種類ある。多くの国家は、志願制を採用している。というのも、軍事部門に就くことに積極的意思ある者を教育する方が、優秀な人材を確保することができるからである。

徴兵制とは、強制的に一定期間、国民を軍務に就かせる制度である。自己の意思に関わりなく、法的強制力をもって軍事部門で労働させれば、国民全体が国防意識をもち、また国民全体が基礎的軍事能力をもてるという意味あいから、徴兵制を採用する国家もある（韓国、ドイツ、イスラエル）。

旧憲法20条は、「日本臣民ハ法律ノ定ムル所ニ従ヒ兵役ノ義務ヲ有ス」と定め、徴兵制をとっていた。成年男子は軍隊に入り、戦争中には召集されることが常態化していた。これに対し、日本国憲法は、自衛隊のリクルート方法として志願制を採用している（自衛35条/試験採用）。

通説は、徴兵制導入は憲法9条に違反するとみている。政府も徴兵制は憲法違反だと認めているが、政府解釈によれば、徴兵制度を違憲とする論拠の1つ

として 9 条を引用することはせず、憲法 13 条および 18 条などの規定の趣旨から許容されないと答弁し続けている。

しかしこの答弁は、次の点で問題がある。憲法 18 条は、奴隷的拘束の禁止条項であるが、国際人権規約 B 規約 8 条は、「何人も、奴隷の状態に置かれない。あらゆる形態の奴隷制度及び奴隷取引は、禁止する」と定める一方、同 3 項 C では「強制労働」に含まれないものとして、「軍事的性質の役務及び、良心的兵役拒否が認められている国においては、良心的兵役拒否者が法律によって要求される国民的役務」が法定されているからである。つまり、憲法 18 条に関し、国際人権法上の解釈を利用すれば、徴兵制は奴隷的拘束・強制労働ではないと解することが可能である。

また、集団的自衛権行使容認のときのように、戦後一貫した政府解釈が、内閣の意思によって安易に変更される場合がある。徴兵制を違憲とする政府解釈の法的安定性と信頼性が、今後とも継続できるかは疑問である。

むしろ徴兵制の導入を目指す勢力は、自衛隊に協力する者に利益を与えるという形で諸政策を立案していくであろう。すでに大学の軍事技術転用可能な研究に防衛省予算から補助金が支出され始めた。今後、大学に限らず教育機関において、国防講座を設け、自衛官の教員採用が求められ、あるいは自衛隊体験入学学生に大学の正式単位を認定することなどが、予想できる。こうして国民と自衛隊との親和性が構築されれば、いつでも従来の政府解釈を変える土壌が作られていくだろう。

---

**【チェック・ポイント】**

- 政府が自衛隊を合憲とする理論構成を説明せよ。
- 個別的自衛権と集団的自衛権の定義は何か。
- 自衛隊を違憲と判断した判決は何か。また、最高裁判所は、自衛隊の憲法適合性をどのように判断しているか。
- 政府が徴兵制を違憲とする憲法条文をあげよ。

---

**Book Guide**

小林直樹『憲法第 9 条』（岩波新書、1982 年）

山内敏弘『平和憲法の理論』（日本評論社、1992 年）

松井愈・林茂夫ほか編『戦争と平和の辞典』（高文研、1995 年）

大田昌秀『沖縄、基地なき島への道標』（集英社新書、2000 年）

浦田一郎『自衛力論の論理と歴史』（日本評論社、2012 年）

長谷部恭男編『検証・安保法案』（有斐閣、2015 年）

山内敏弘『安倍改憲論のねらいと問題点』（日本評論社、2020 年）

## 第14講 平和主義 ② 自衛隊の活動と平和的生存権

━━━ レジュメ ━━━

Ⅰ 日米安保条約の合違憲性
　砂川事件第1審判決（伊達判決）：外国軍隊の駐留は戦力不保持の原則に抵触
　砂川最高裁判例：「一見きわめて明白」＋「統治行為論」／
　　　　　　　事実上の安保条約の合憲化へ

Ⅱ 自衛隊活動の拡大化
　1 日米安保体制のグローバル化と専守防衛政策の変更
　　1997年9月「日米防衛協力のための指針」（日米新ガイドライン）
　　→防衛法制の整備／「切れ目のない防衛政策」：周辺事態法から重要影響事態法への改
　　　正＋恒久法としての国際平和支援法：国際平和共同対処事態に対応
　　「非戦闘地域」から「非戦闘現場」へと活動範囲が拡大。
　　「武器使用」が、憲法上禁止される「武力の行使」へと変質化する可能性
　2 自衛隊の国際貢献
　　平和維持活動：①平和維持軍（PKF）の派兵、②停戦監視団の派遣、
　　　　　　　　　③選挙監視団の組織編成。
　　PKO協力法の変質化／国連主導型PKO＋「多国間で行われる秩序維持活動」（有
　　志国連合）にも自衛隊が参加可能：「国際連携平和安全活動」→「駆けつけ警護」

Ⅲ 国家緊急権と非常事態
　国家緊急権：「法を破る法」「制度化された国家緊急」としての非常事態法制
　①憲法典への導入：旧憲法方式／日本国憲法には存在しない。
　②非常事態法律の制定：内閣総理大臣の権能として、警察法上の「緊急事態
　　の布告」、災害対策基本法上の「災害緊急事態の布告」、大規模地震対策特
　　別措置法上の「地震災害に関する警戒宣言」、新型インフルエンザ等対策特
　　別措置法上の「緊急事態の公示」
　軍事的性格：防衛出動の命令、治安出動の命令

Ⅳ 平和的生存権
　・通説……憲法前文の裁判規範性の否定
　・有力説…個人の権利としての平和的生存権を認める
　→政府による憲法9条違反の行為の結果、具体的・直接的に自己の生命・自
　　由が侵害されたときに既存の人権とは別に平和的生存権が承認されるべき
　判例）長沼ナイキ第1審判決、イラク特措法第2審判決＝平和的生存権の承認

自衛隊の活動は今日、国内外を問わず顕著に見られる。「軍隊」ではないとされる自衛隊が、日本国内の「自衛」とかけ離れたところで、なぜ活動しているのであろうか。この理由を解く鍵は、日本とアメリカとの軍事面における「日米安保体制の深化」にある。

## I  日米安保条約の合違憲性

### 1  日米安保条約の歴史 ●━━━━━━━━━━━━━━━●

1945 年 8 月 15 日、日本政府が無条件降伏受諾を国民に伝え、第 2 次世界大戦は事実上終了した。日本政府は、9 月 2 日に戦勝国側との降伏文書の署名を行い、これ以降、アメリカ軍を中心にした連合国の日本占領が始まった。日本は連合国軍最高司令官マッカーサーの指揮の下、占領体制下に置かれ、大日本帝国は主権を失い、日本軍は解体され、非武装化されたのである。

1950 年 7 月、朝鮮戦争が勃発するやマッカーサーは、ただちに吉田茂首相に 7 万 5000 人からなる**警察予備隊**の組織編成を命じ、8 月 10 日、警察予備隊が発足した。これが日本の再軍備の始まりである。

1951 年 9 月 8 日、**サンフランシスコ平和条約**により、日本は独立を果たし、主権国家として国際社会に復帰した。本来、この時点でアメリカの占領も終結するはずであったが、日本政府はアメリカとの間に旧日米安保条約を締結し、これ以降もアメリカ軍が日本を「反共の防壁」として日本国内の基地を利用することが認められた（なお、両条約とも発効は、1952 年 4 月 28 日）。

1952 年 10 月、警察予備隊は**保安隊**に改編された。54 年 3 月、日米相互防衛援助協定（MSA 協定）が締結され、これによって日本の軍備増強が要請され、6 月 9 日、**防衛庁設置法、自衛隊法**（防衛二法）が制定された。

1960 年 5 月 19 日、国民の厳しい批判の中、衆議院において**日米安保条約**が強行採決され、6 月 19 日、自然承認（憲法 61 条の適用）された（発効は 23 日）。

日米安保条約、その正式名称は「日本国とアメリカ合衆国との間の相互協力

及び安全保障条約」というが、その特質は次の通りである。① 日本の防衛力の整備、増強 (3条)、② 片務的集団的自衛権の承認。すなわち、アメリカ軍は、日本の領域に対する武力攻撃を自国に対する武力行使があったものとみなし、日本を防衛する条約上の義務を負うこととされた (5条)。

この安保条約によって、極東地域における日米両国の共同防衛が構築され、日本はアメリカの重要な軍事同盟国となった。2020 年末現在、在日アメリカ軍基地/施設数は 82 カ所、広さは東京ディズニーランド 1200 個分に相当する。また兵員は、約 5 万 6000 人駐留し (そのうち半数以上は極東最大の基地がある沖縄に駐留)、また在日アメリカ軍の全諸経費の内、70% の金額を日本政府が負担している。具体的に数字をあげれば、1979 年以来「思いやり予算」(在日米軍駐留経費負担) の名のもと、本来アメリカが自己負担すべきものについて、多額の補助金を出している (2021 年から毎年 2100 億円)。この在日アメリカ軍への日本の財政支援は、アメリカ軍基地を置く諸国の中では世界最大規模である。

## *2* 日米安保条約の司法判断 ●━━━━━━━━━━━━●

旧安保条約に関して、**砂川事件**が重要である。第 1 審東京地裁は「わが国が外部からの武力攻撃に対する自衛に使用する目的で合衆国軍隊の駐留を許容していることは……憲法 9 条 2 項前段によって禁止されている陸海空軍その他の戦力の保持に該当する」と判示し、アメリカ駐留軍は「憲法上その存在を許すべからざるもの」と結論づけた (**伊達判決** 東京地判 1959・3・30 判時 180・3)。これに対し最高裁判所は、憲法が禁止する戦力は「わが国自体の戦力を指し、外国の軍隊は、たとえそれがわが国に駐留するとしても、ここにいう戦力には該当しない」と判示し、さらに安保条約のような高度な政治性を有するものについては、「違憲なりや否やの法的判断は、純司法的機能をその使命とする司法裁判所の審査には原則としてなじま (ず)……一見極めて明白に違憲無効であると認められない限りは、裁判所の司法審査権の範囲外のものであ (る)」と結論づけている (最大判 1959・12・16 刑集 13・13・3225)。

最高裁判所は、いわゆる「一見きわめて明白」つきの**統治行為論**を利用する

ことで、当該条約の合違憲性に関しては判断を留保した。しかし最高裁判所が、旧日米安保条約について憲法判断をあえてしないことによって、結果的に安保体制の既成事実を追認し、事実上、安保条約に合憲判断を下したのと同じ政治的効果を与えたことに注意すべきであろう。

　これに対し、学説の多くは、第1審判決に好意的であり、日米安保条約の憲法適合性に疑問を呈している。その主な論拠は次の点にある。①憲法9条2項の趣旨は、日本国内に一切軍隊を置かないこと。②アメリカ軍の駐留は、日本政府の意思であり、実質的には日本政府の行為による軍隊保持であること。③憲法9条は、自国の軍隊をもつことさえ禁止しているのであるから、外国の軍隊の駐留を認めることは、許容されない点をあげている（小林・講義上・229頁以下参照）。


## Ⅱ　自衛隊活動の拡大化


### 1　日米安保体制のグローバル化と専守防衛政策の変更　●—●

　1997年9月に策定された日米防衛協力のための指針（日米新ガイドライン）に基づき防衛法制が整備された。1995年5月にいわゆる新ガイドライン関連3法が制定され、自衛隊が専守防衛の枠を超えてアメリカ軍と協同任務できる環境が整えられた。特に、周辺事態法（1999年）では、「そのまま放置すれば我が国に対する直接の武力攻撃に至るおそれのある事態等我が国周辺の地域における我が国の平和及び安全に重要な影響を与える事態」がある場合に、自衛隊が、アメリカ軍への「後方地域支援」、「後方地域捜索救助活動」、「船舶検査活動」および「周辺事態対応措置」を行うことが法定化された。もっとも、内閣総理大臣が策定し、その後、閣議決定を要する「基本計画」について、①国会が一切関与できないこと（同4条）、②「基本計画」の実施に関し、「緊急の必要がある場合には、国会の承認を得ない」点について、国会レベルの統制が緩すぎることが問題視されていた。

日米安保体制の深化は、21世紀に入り新たな段階に入っていく。2001年9月1日に起きたアメリカにおける同時多発テロ事件以降、アメリカは、いわゆる「テロとの戦い」（War on Terrorism）を世界規模で展開し始めた。日本政府も「有志国連合」（Coalition of the willing）に加わり、アメリカの「協力隊」として自衛隊の海外派兵を決断した。そこで当時の政府は、自衛隊の海外派兵を可能にするために、個別的・時限的立法としての特別措置法を制定させた。アフガン戦争時のテロ特措法（2001年）、イラク戦争時のイラク特措法（2003年）である。

　2015年9月に集団的自衛権行使を前提としたいわゆる**安保関連11法**が制定された。これら法律の制定は、戦後日本の防衛政策を根底から覆し、**専守防衛**（ハリネズミ的防衛政策）からアメリカ軍の「他衛隊」へと自衛隊の任務を変質化させた。この専守防衛政策からの転換は、憲法9条の規範の枠をはみ出し、日本がアメリカの戦争に巻き込まれる危険性を増大化させるとの批判が、提起され続けている。

　では、「違憲立法」と目される安保関連法の内容はどのようなものなのであろうか。

　第1に、集団的自衛権行使を前提とした**存立危機事態**の概念が新たに作られたことが重要である。すなわち、自衛隊法76条第2号および**武力攻撃事態法**（2003年）2条4号に「我が国と密接な関係にある他国に対する武力攻撃が発生し、これにより我が国の存立が脅かされ、国民の生命、自由及び幸福追求の権利が根底から覆される明白な危険がある事態」が法定化された点である。つまり、主にアメリカ軍に対し（場合によっては、親日的国家群も含む）ある国が武力行使をし、その結果、交戦当事国ではない日本国が、自国の「存立危機事態」であると認定すれば、当該国に対し「集団的自衛権」を名目に武力の行使が可能となった。

　第2に、周辺事態法が、法令名を**重要影響事態法**（2015年）として改められた点である。その立法理由は、政府の「切れ目のない（シームレス）防衛政策」の実現のためである。重要影響事態法では、旧周辺事態法の「我が国周辺の地

域における」という法文を削除し、「そのまま放置すれば我が国に対する直接の武力攻撃に至るおそれのある事態等我が国の平和及び安全に重要な影響を与える事態」（同1条）という法概念を設定した。これによって、自衛隊がグローバルにアメリカ軍および「その他の国際連合憲章の目的の達成に寄与する活動を行う外国の軍隊」との共同軍事行動が可能になった。

　第3に、従来、「テロとの戦い」のために、その都度、政府は、時限法としての特別措置法を制定してきたが、① 政治的に法律制定が困難な場合があること、② 特別措置法が時限立法であるため、その延長のための改正法制定が政治的に困難な場合があることから、時限立法ではなく通常の法律として**国際平和支援法**（2015年）が新規に制定された。これによって自衛隊が内閣の意思決定に基づき**国際平和共同対処事態**に該当する場合には、「諸外国の軍隊等に対する協力支援活動等」（同1条）ができるようになった。また同法によれば、必ずしも自衛隊の国際支援活動には、国連の明確な武力行使容認決議を必要とせず（同法3条1号ロ）、しかも従来型の「非戦闘地域」のみに自衛隊が活動できるという制限は撤廃された。今回の立法では、「非戦闘現場」という広汎かつ曖昧な概念が導入され、その結果、「戦闘現場」でなければ、自衛隊はどこでも協力支援活動および捜索救助活動は可能となる。当然、自衛隊員の身体の安全への危険は一段と高まることが予想される。

　集団的自衛権行使が、憲法9条の下では許容されないという言説は、安保関連法の違憲性を示すだけではない。憲法が求める平和主義は、防衛任務に就く自衛隊員および公務員の生命への安全確保を要求している。平和とは、存在する状態なのではなく、人々が意識的に構築しつづける作為の結果である。今回の安保関連法の制定は、この平和主義とは真逆の関係にある。おそらく集団的自衛権行使を認める部分に関し、将来、裁判所は違憲判断をすると思われる。憲法上、集団的自衛権行使の根拠が存在しないからである。集団的自衛権の行使を可能にしたいのであれば、憲法改正を行う必要がある。

## *2* 自衛隊の国際貢献 ●━━━━━━━━━━━━━━━━━━━●

　国際連合は、集団安全保障体制を確保するため、安全保障理事会に強力な権限を与えている。国連憲章第7章は、平和に対する脅威等が存在した場合に、まず「非軍事的措置」(同41条)を当事国に課し、その効果がない場合には、「軍事的措置」(同42条)を執ることを定めている。

　軍事的措置は、大別すると2種類ある。第1に、国連憲章43条に基づく国連と加盟国間の特別協定が締結され、国連軍が創設される場合である。しかし、今日に至るまで同条による**国連軍**は創設されたことはない。

　第2に、名称は「国連軍」と呼ばれても、その実態は特定の加盟国を中心に編成された組織体が形成される場合がある。実例としては、朝鮮戦争時（1950年/1953年7月27日休戦）のアメリカ軍を中心とする「国連軍」、イラク・クエート戦争時（湾岸戦争/1991年）における「多国籍軍」がこれにあたる。この2つの形態は、国連の安全保障理事会の承認によって行われる「平和及び安全の維持又は回復」のための武力行使を伴うが、参加国軍隊の武力の行使は、国際法上、合法性を有している。

　国連の平和活動は、武力にたよるだけではない。国連憲章には明文の根拠規定はないが、国際紛争の形態に応じて個別的かつ迅速な国際関与が必要な場合、国連が主導的に平和活動を実施することがある。この新しい活動は、**平和維持活動**（Peace keeping operations. PKO）と呼ばれている。この活動は、安全保障理事会の指揮・監督の下、必ずしも武力行使を任務とせず、紛争地域の治安回復などを含む平和創造的業務である。

　ただ平和維持活動は、紛争地域の状況により多様な形態をとる。大別すると、3つの形態がみられる。①**平和維持軍（PKF）**の派兵、②**停戦監視団**の派遣、③**選挙監視団**の組織編成である。①②は、軍事的性格が強く、主に軍人より構成される。③は民生安定が主目的であるため、主に文官より構成される。

　問題は、以上の多様な国連の活動に自衛隊はどこまで関与できるかである。憲法9条によって「武力の行使」が放棄されているため、武力行使の場面で自

衛隊が関与することは、憲法違反である。ただ、国際法上、国連の承認を受けた活動に自衛隊が参加すること自体は、憲法上禁止されているわけではない。では、国連の平和維持活動と憲法9条との整合性を考慮しつつ、自衛隊が関与できる領域はどこに見いだせるであろうか。

日本が、国際貢献のため、最初に自衛隊を海外派遣させたのは、カンボジアにおける **PKO 活動**からである。その根拠法が、**国連平和維持活動協力法**（**PKO 協力法**。1992 年）である。当初、この法律に基づく自衛隊活動は次の点で問題点が指摘されていた。すなわち、平和維持活動といっても、自衛隊員の「武器使用」が認められるため、憲法が禁じている「武力の行使」と一体化する恐れがある点である（山内敏弘・平和憲法の理論・365 頁以下参照）。自衛隊のこれまでの PKO 活動は、モザンビーク（1993 年）、東ティモール（2002 年）、南スーダン（2011 年）など数回に及ぶが、現在まで自衛隊が「武器使用」をしたことはなく、憲法上の制限を越えることはなかった。

しかし、2015 年に PKO 協力法も改正された。この改正法では、従来にない自衛隊活動が加えられた。これまでの国連主導型 PKO とは別個な「多国間で行われる秩序維持活動」としての**国際連携平和安全活動**である（同法 3 条 2 号）。これによって、「有志国連合」主導型の活動について、当該紛争地域に自衛隊が派遣され、諸国軍隊との共同活動が可能になった。同時に、具体的な自衛隊の任務活動も大幅に拡大化され、同法 3 条 5 号に定める「国際平和協力業務」の中に「緊急の要請に対応して行う当該活動関係者の生命及び身体の保護」（いわゆる**駆けつけ警護**）ができるようになった。おそらく自衛隊員がこの場面で一番、危険な状況に追い込まれることとなろう。というのも、関係者が武装集団に襲われた場合、その救護のため自衛隊員が武装集団と対峙せざるを得ず、自衛隊が戦闘の主体となるからである。

PKO 活動は、本来危険な業務である。ソマリア（1993 年）地域にみられるように、国連 PKO が完全に失敗した例もある（PKO 部隊であるアメリカ軍が戦闘当事者になった）。また、旧ユーゴの国連 PKO 活動（1992 年）は、平和を地域にもたらすことができず、むしろ NATO 諸国が**人道的介入**を名目にして、軍事行

動をとったこともある。このように PKO 活動は、その言葉と裏腹に、軍事行動と表裏一体化する場合がある。PKO 協力法に定める「国際平和協力業務」に参加する自衛隊員の生命の危険性は、今後一層、高まり、公務死（戦死）が現実化するであろう。そのとき、「憲法 9 条の規範力を低減化させれば何が起きるのか」、日本人は戦後初めて知ることとなろう。

## Ⅲ　国家緊急権と非常事態

　**国家緊急権**とは、一般に戦争、内乱など国家の存立を脅かす非常時にあたって、既存の法制度では対処しきれない場合に、主として行政権が憲法上の制限に服さず、非常時の危機を除去するために必要な措置を正当化する法概念である。国家緊急権が、「法を破る力」を「法を破る法」と読み替える理由はそこにある。

　旧憲法時代の学説を通観すると、以上のように定義された国家緊急権は否定的に理解されていた。というのも、旧憲法は、天皇大権として緊急勅令（旧憲 8 条）、戒厳の宣告（同 14 条）、非常大権（同 31 条）および緊急財政処分（同 70 条）を定めていたため、旧憲法の各条項のほかに国家緊急権を必要とはしなかったからである。

　国家緊急権に類似する法概念として**非常事態法制**がある。この観念は、国家緊急権が「必要の前に法はなし」という欠点をもっていることから、非常時に予め政府が一定の措置がとれるように事前に法を用意しておくことに由来する。そこでは、政府の非常事態における行為が、最低限の法的正当性をもつことが主目的であり、そのため「制度化された国家緊急権」といわれる。

　この非常事態の法制化は、2 つのレベルがある。第 1 に、憲法典に非常事態条項を導入する方法である。旧憲法のほか、ドイツ基本法（1949 年）もこれに属する。日本国憲法には、非常事態に類する条項は一切存在しない。憲法 54 条 2・3 項において**参議院の緊急集会**の規定はあるが、本条項は二院制の例外として参議院が単独で国会を代行するという手続規定でしかない。むしろ日本

国憲法 98 条 2 項は、「この憲法は、国の最高法規であって……」と定め、「この」日本国憲法を超える裸の権力の正統性の根拠を一切認めず、したがって国家緊急権をそもそも否定し、加えて非常事態の法的根拠条文も認めていない。

第 2 に、法律レベルで非常事態に備える方法がある。憲法の枠組みに拘束されながら、立法者が将来の非常時のために事前の法的備えを構築するという方法である。日本では、法律のレベルでは警察法上の内閣総理大臣が行う**緊急事態の布告**（同 71 条）、災害対策基本法上の**災害緊急事態の布告**（同 105 条）、大規模地震対策特別措置法上の**地震災害に関する警戒宣言**を発する内閣総理大臣の権限、新型インフルエンザ等対策特別措置法における**新型インブルエンザ等緊急事態の公示**（同 32 条 1 項）など治安、災害対策のための非常事態を想定した法律がある。

また軍事的性格が強い措置としては、武力攻撃事態および存立危機事態が存在する場合、**防衛出動**（自衛 76 条）の命令、また警察力で対処できない緊急事態がある場合には、**治安出動**（同 78 条）の命令が、内閣総理大臣の権限とされている。しかしこれらの諸規定は、非常時が発生した場合、その法律に従ってのみ一定の行動を政府がとることを許しているのにとどまる。これに反する当該行為は、事後的に裁判所による審査に服する。

現在、防衛法制上、武力攻撃事態、存立危機事態、重要影響事態、国際平和共同対処事態が併存しているが、これらを束ねる「非常事態」の憲法上の根拠を新たに加えようとする憲法改正の計画がある。2015 年に安保関連諸法が成立したが、「違憲立法」との指摘が多く出され、将来、裁判所による違憲判断の可能性は排除できない状態が継続している。そこで、違憲性の問題を回避するには、憲法 9 条の改正とともに——場合によっては 9 条には手をつけず——非常事態条項を新規に憲法に導入し、既存の防衛法制の憲法的正当性を作り出そうと保守勢力は意図している。

ただ、「非常時に憲法を合わせる」ことは、法の支配を放棄し、政府が人々より上位に立ち、人権と自由を政府の制限下に置くことにつながる。「非常時」の内実を問わず、もっぱら「大変なことがある」という大雑把な言説は、反知

性主義者の常套句である。

## Ⅳ　平和的生存権

憲法前文第2段は「われらは、全世界の国民が、ひとしく恐怖と欠乏から免かれ、平和のうちに生存する権利を有することを確認する」と規定している。この規定から平和を人権として構成する**平和的生存権**が、多くの論者によって有力に主張されている。

通説は、憲法前文の法的規範性は認めるものの、前文の裁判規範性を否定し、平和的生存権の具体的権利性を認めていない（佐藤功・概説・59頁参照）。これに対し、①憲法第3章に定める各種の人権は、平和を土台として成り立っていること、②平和に直接関係する人権規定が第3章に列挙されていないことを理由に、逆に憲法前文に記載されている「平和のうちに生存する権利」という文言を軽視すべきではないとして、その具体的権利性が説かれている。

とはいえ平和的生存権の構成の仕方については定説はなく、様々な学説が提言されている。そこでここでは有力な学説を1つ紹介しておこう。まず平和的生存権の根拠を憲法の前文においた上で、その憲法上の権利の行使者は、個々の具体的個人にあると見る。そこで各個人が、政府による憲法9条違反の行為の結果、具体的・直接的に自己の生命・自由が侵害されたときに、既存の人権とは別に平和的生存権を主張することができるという（山内敏弘・平和憲法の理論・245頁以下参照）。

判例としては、**長沼事件第1審判決**（札幌地判1973・9・7判時712・24）、**イラク特措法第2審判決**（名古屋高判2008・4・17判時2056・74）をあげることができる。これらの判決において、平和的生存権は裁判規範性をもつものとして承認された。ただ、最高裁判所の判決では、平和的生存権に関する判断は示されたことはない。たしかに平和的生存権は、今なお生成過程にある理論ではあるが、平和憲法の実現化のためには、憲法9条を通じて「制度としての平和」だけではなく、個人の権利の側面から「人権としての平和」も同時に現実化していく必要があ

ろう。

```
┌─────【チェック・ポイント】──────┐
│                              │
│ ・旧日米安保条約について、最高裁判所はどのように判断したか。ま   │
│   た、第1審判決とどの点に相違があるか。              │
│ ・自衛隊が、有志国連合に参加する場合、現行法上、どこまで許容で   │
│   きるか。                           │
│ ・平和的生存権は、どこにその憲法上の根拠があるか。また、平和的   │
│   生存権を承認した判決は何か。                  │
│                              │
└──────────────────────────┘
```

**Book Guide**

水島朝穂「現代軍事法制の研究」（日本評論社、1995 年）

深瀬忠一ほか編「恒久平和のために」（勁草書房、1998 年）

全国憲法研究会編「憲法と有事法制」（法律時報増刊/日本評論社、2002 年）

同「憲法改正問題」（法律時報増刊/日本評論社、2005 年）

山内敏弘「「安全保障」法制と改憲を問う」（法律文化社、2015 年）

柳澤協二「新安保法制は日本をどこに導くか」（かもがわ出版、2015 年）

同「亡国の安保政策」（岩波書店、2015 年）

長谷部恭男「戦争と法」（文藝春秋、2020 年）

加藤一彦「非常時法の憲法作用」（敬文堂、2022 年）

**レジュメ**

I　権力分立の原理
- 権力分立の本質的目的は、権力の集中の排除＝専制の防止
- ロックの権力分立論は、議会優位型
- モンテスキューの権力分立論は、均衡型
- 権力分立制の歴史的展開：「抑制と均衡」を強調するタイプと「融合と協働」を強調するタイプとに分かれる
- 権力分立の現代的変容：行政国家現象、政党国家現象、司法国家現象
- 国家と地方自治体との権力分立：垂直的分立
- 日本国憲法における権力分立：憲法 41 条の「国権の最高機関としての国会」理解の仕方 → 議会優位型か、三権の抑制均衡型か

II　国民代表
- 国民代表：伝統的に政治的代表として理解 → 国民は代表者を通じて行動し、代表者は国民の意思を反映する
- 憲法 43 条 1 項の意味
① 「全国民を代表する議員」は、部分代表の禁止と自由委任の原則を意味する
② 「選挙された議員」は、選挙と代表の結合により国民の意思が国政に反映されるべきことを意味する
③ 国民と代表との見解の類似を意味する社会学的代表の観念も含まれる
- 議員の解職制度（リコール）は、国民固有の権利としての公務員の選定罷免権（15条1項）を強調すれば積極的に解され、自由委任の原則を強調すれば消極的に解される
- 全国民の代表と地域代表・職能代表は両立するか？

# Ⅰ 権力分立の原理

## *1* 権力分立の古典的定義 ●————————————●

　1789 年のフランス人権宣言第 16 条が、「権利の保障が確保されず、権力の分立が定められていない社会は、すべて憲法をもたない」と定めていたのはあまりにも有名である。ここにいう「憲法」とは、日本国憲法もその系譜に属する近代立憲主義憲法を意味するが、フランス人権宣言は、憲法という以上は人権保障と権力分立を内容としなければ、その名に値しないというのである。すなわち、権力分立は、人権保障とともに近代立憲主義の本質的要素なのである。

　権力分立の古典的定義は、ロックとモンテスキューにより与えられている。**ロック**は、法を作る者と法を執行する者とが同じであると、立法と執行を私的利益に適合させ、社会や政府の目的に反することになるとして、立法権と執行権とを分離し（この二権に外交や軍事に関わる連合権が加わるが、司法権は執行権から分離されていない）、法を作る立法権を「最高権」とした。イギリス名誉革命後の制限君主制を正当化するロックの権力分立論は、議会優位型の権力分立論である。

　これに対し、ロックより約半世紀遅れて、**モンテスキュー**は、立法権を市民を代表する庶民院と貴族院との二院制とし、行政権は君主に属するとする権力分立論を示した（司法権は、法の言葉を語る口にすぎないから、政治的には無であるとされた）。モンテスキューの権力分立論は、フランスのアンシャン・レジーム末期の市民・貴族・君主といった社会的勢力に権力を分配することにより、それらの均衡を図る均衡型の権力分立論である。

　このように両者の権力分立論には相違があるが、権力の集中の排除＝専制の防止という点では共通していることを強調しなければならないだろう。かくして、一般に、権力分立は、国家権力が単一の機関に集中すると、権力が濫用され、国民の権利・自由が侵されるおそれがあるので、国家の諸作用を性質に応

じて立法・行政・司法という三権に「区別」し、それを異なる機関に担当させるよう「分離」し、相互に「抑制と均衡」を保たせる「自由主義的な政治組織の原理」と説明される（芦部・憲法・311頁）。

## *2*　権力分立制の歴史的展開

　実際の権力分立制には、国や時代により様々なバリエーションが見られる。たとえば、19世紀のドイツでは、勃興する議会権力に対抗して君主の権力を防御するために権力分立が主張された。また、君主をもたないアメリカ合衆国でも、権力分立は議会を抑制するために利用され、三権の厳格な分離・抑制と均衡を特徴とする大統領制がとられた。これは植民地本国のイギリス議会が圧政的な法律を制定していたことや初期の州憲法下の小農民層を基盤とした急進的・多数者支配的民主主義に冒された議会が個人的自由を侵害しがちであったことから、議会に対する不信が強かったことによる。これに対して、君主に対抗した議会が国政の中枢を握ったイギリスやフランスでは、「抑制と均衡」より「融合と協働」に傾いた議院内閣制という緩やかな権力分立の形態がとられた。なお、天皇が統治権を総攬するとしていた旧憲法では、帝国議会、内閣および裁判所があったにせよ、厳格な意味で権力分立はなかった。外見的立憲主義の下、各国家機関がその機能をもっていたにすぎない。

## *3*　権力分立の現代的変容

　権力の「抑制と均衡」を強調するにせよ、「融合と協働」を強調するにせよ、権力分立制の実像は、その古典的な定義や当初の近代的形態からかなりズレてきている。それは権力分立を取り巻く環境の大きな変化による。

　第1に、**行政国家**現象の出現である。近代の当初においては、国家は市民社会の秩序を維持すればよく、なるべく市民社会に介入しないという国家観がとられていた。このような国家を「消極国家」とか「夜警国家」という。しかし、20世紀に入ると経済的社会的構造が複雑化・高度化したことに伴い、行政需要が増大し、「積極国家」とか「社会国家」という国家観がとられるようにな

った。その結果、行政組織が異常に肥大化し、本来は議会が制定した法律を執行する機関である行政府が国家の政策の形成と執行過程において事実上中心的な役割を果たすようになった。政策形成の専門的技術的能力において行政官僚制が議会を凌駕しているのである。

第2に、**政党国家**現象の出現である。政党が国民と議会をつなぐ組織として発達し、国家の政策形成過程において事実上指導的な役割を果たしており、政党は今や議会制民主主義にとって不可欠な存在として承認されている。こうして、本来は私的団体にすぎない政党に公的な性格づけがなされ、政党への国庫補助が当然のことと考えられている。また、議院内閣制における伝統的な議会と内閣との権力分立が、政府・与党と野党との権力分立へと事実上変化している。その結果、内閣の対議会責任は名目化し、議会に期待されている行政監督の機能が十分に果たされていない状況になっている。

第3に、**司法国家**現象の出現である。かなり早い時期に違憲審査制を確立したアメリカ合衆国を除くと、違憲審査制が一般化するのは第2次大戦後である。ここで興味深いのは、権力分立原理がアメリカ合衆国では均衡型で理解されたので違憲審査制を支える理論的根拠の1つであったのに対して、ヨーロッパ大陸諸国では権力分立原理が議会優位型で理解されたので違憲審査制を否定する根拠として用いられていたことである。ともあれ、権力分立の古典的定義からも理解されるように、従来は政治部門間での権力分立が主に念頭に置かれていたが、現在では、政治部門と違憲審査権を有する裁判部門との権力分立が強く意識されるに至っている。

最後に、国政レベルでの水平的な権力分立だけではなく、中央と地方との垂直的な権力分立も現代的な問題となっている。連邦国家であれば連邦と州、単一国家であれば国と地方自治体との権力分立である。地方分権により、過度の中央集権の弊害が避けられよう。

### *4* 日本国憲法における権力分立 ●━━━━━━━━━●

近代立憲主義憲法の伝統である権力分立原理を日本国憲法も当然採用してい

ると見ることができる。立法権は国会に（41条）、行政権は内閣に（65条）、司法権は裁判所に（76条）それぞれ属し、議院内閣制と違憲審査制がとられている。しかしながら、国会が国権の最高機関（41条）とされていることには注意を要する。その意味の解釈の仕方によっては、議会優位型の権力分立ともなるし、三権の抑制均衡型の権力分立ともなるからである（第17講Ⅰ1参照）。

## Ⅱ 国民代表

### *1* 国民代表とは

民主主義を標榜する国家は、国民の代表からなる議会を統治機構の中心に置く**代表民主制（間接民主制）**をとっている。このような形態を議会制民主主義ともいう。日本国憲法も、前文で「日本国民は、正当に選挙された国会における代表者を通じて行動」すると規定し、「国政は、国民の厳粛な信託によるものであつて、その権威は国民に由来し、その権力は国民の代表者がこれを行使」すると定め、また、43条1項で「両議院は、全国民を代表する選挙された議員でこれを組織する」と定めているので、国民代表の観念を中核にした代表民主制をとっていることは明白である。

それでは、国民代表とは、何であろうか。一般的に、国民代表という場合の「代表」は、「法律的代表」ではなく、**政治的代表**を意味するとされる。法律的代表観念によると、代表者の行為が被代表者の行為とみなされるという法的効果をもつが、これでは国民が意思能力をもたないことになってしまうし、選挙を通じて国民が意思表示をしたことを説明できない。したがって、全国民の代表とは、国民が代表者を通じて行動し、代表者は国民の意思を反映するという政治的代表を意味すると解されている。

### *2* 憲法43条1項の意味

憲法43条1項は、「両議院は、全国民を代表する選挙された議員でこれを組

織する」と定めている。これは、①「全国民を代表する議員」と②「選挙された議員」の2つの部分に分けることができる（樋口・憲法・327頁以下）。

①　まず、「全国民を代表する議員」であるが、これは、両議院を構成する議員が出身選挙区や特定の集団の代表ではなく、「全国民の代表」であること、したがって、議員は自己の信ずるところに従って国会で自由に行動し、出身選挙区や特定の集団などあらゆるものからの指令に拘束されないことを意味する。すなわち、議員が全国民の代表として、あらゆる指令に拘束されず行動の自由を有するがゆえに、公共のことがらについて最善の決定をなしうると考えられるのである。このように議員と選挙民との間に法的な意思の拘束関係がないことは、**自由委任**という言葉で説明される。

この自由委任の原則は、近代西欧に生まれた代表民主制の本質的特徴を示している。すなわち、近代以前の身分制議会では、議員はその選出母体の指令に拘束されていたので、両者の間には**命令的委任**（強制委任）の関係が存在していた。まさに、自由委任の原則は、**命令的委任の禁止**を意味するものであり、その意味で、前近代の身分制議会のあり方を否定し、議員が身分的利害から解放されて全国民の代表となるという理念を示している。このことは、フランス革命期の1791年憲法の「県において選任された代表者は、個々の県の代表者ではなく、全国民の代表者である。代表者に指令を与えることは許されない」（3篇1章3節7条）という規定からも明白である。近代議会制の核心を示す自由委任の原則は、現代の憲法にも受け継がれている。たとえば、1949年のドイツ憲法は、「議員は全国民の代表者であって、委託および指図に拘束されることはなく、自己の良心にのみ従う」（38条）とし、1958年のフランス憲法も、「命令的委任はすべて無効である」（27条）としている。日本国憲法には、自由委任という言葉は明示されていないが、部分代表の否定を意味する「全国民を代表する議員」の中にそれを読みとることができる。

②　次に、「選挙された議員」は、何を意味するのであろうか。近代議会制の出発点において自由委任を中核にして形成された国民代表論は**純粋代表**理論ともいわれるが、先の1791年のフランス憲法は、議員だけでなく国王も国民

の代表であるとし、代表関係の成立に選挙を必要としていなかった。しかし、普通選挙が確立すると、代表関係の成立に選挙は不可欠とされ、議員は選挙で示された国民の意思に従い、それを国政に反映すべきであるという**半代表**理論が現れた。また、第2次大戦後、「代表とは、国民の政治的見解と国民の選定した代議士の政治的見解との類似以外の何物でもない」という**社会学的代表**の観念も有力になっている。したがって、日本国憲法の解釈についても、このことが当然の前提となろう。憲法15条3項が普通選挙を保障している以上、憲法43条1項の「選挙された議員」は、「普通選挙で選挙された議員」であり、このような議員は、国民の意思を国政に忠実に反映しなければならないと解される。また、国民の意思と国民代表の意思との類似または一致を確保するような選挙制度が要請されているのである。

### *3*　議員の解職制度（リコール）の可能性

**リコール**は、地方自治レベルでは制度化されているが（自治76条以下）、国政レベルでは制度化されていない。一般に、「全国民の代表」＝部分代表の禁止＝自由委任の原則や議員の免責特権（51条）から国会議員のリコールは否定されるが、公務員の罷免権を国民固有の権利とする憲法15条1項から国会議員のリコールを肯定する見解もある。仮にこれを肯定するとしても、リコールの法律による制度化に際し、リコールの党派的濫用の危険をどのように防止するのか、政党の党議拘束とリコールをどのように調整するかといった難問が生じる。

### *4*　地域代表と職能代表

**地域代表**とは、一定の地域を単位としてその地域の代表者を選出することをいう。国民代表が、技術上、選挙区という地域を単位として選出されるにもかかわらず、全国民の代表とされるのとは異なる。また、**職能代表**とは、一定の職能団体を単位としてその職能団体の代表者を選出することをいう。

地域代表と職能代表は、参議院との関わりで言及されることがある。というのは、二院制をとる理由として、第一院（衆議院）のみでは十分に代表されな

い国民各層の利益や意思を第二院（参議院）を通じて国政に反映させることがあげられるが、現実には政党制の発達により、両者は政治的に同質なものとなっており、参議院の存在理由が希薄になっているからである。そこで参議院を国民代表とは異なる地域代表や職能代表の原理に基づいて再構成することが考えられる。しかしながら、地域代表や職能代表は、憲法 43 条 1 項の「全国民の代表」とは異質の代表原理であるから、これを導入するには憲法の改正が必要である。ただし、職能代表については、職業を選挙区とするだけで全国民の代表と矛盾しないという見解もあるが、その制度化に際して、全国民を適切な職能に分類できるかといった難問がある。

┌─【チェック・ポイント】────────────────┐

・権力分立原理の本質的要請は何か。また、ロックやモンテスキューの権力分立論の特徴は何か。
・権力分立の現代的変容の 3 つの原因をあげなさい。
・憲法 43 条 1 項の「全国民を代表する議員」と「選挙された議員」は何を意味するのか。

└────────────────────────────┘

## Book Guide

モンテスキュー（野田良之ほか訳）『法の精神』（岩波文庫、1989 年）

樋口陽一編『講座・憲法学　第 5 巻　権力の分立 (1)』（日本評論社、1994 年）

J. S. ミル（水田洋訳）『代議制統治論』（岩波文庫、1997 年）

ジョン・ロック（加藤節訳）『完訳 統治二論』（岩波文庫、2010 年）

シィエス（稲本洋之助ほか訳）『第三身分とは何か』（岩波文庫、2011 年）

ケルゼン（長尾龍一ほか訳）『デモクラシーの本質と価値』（岩波文庫、2015 年）

カール・シュミット（樋口陽一訳）『現代議会主義の精神史的状況』（岩波文庫、2015 年）

**レジュメ**

I　選挙権・被選挙権の法的性格
　1　参政権：公務員の選定・罷免権、特に国会議員の選挙権・被選挙権、
　　　憲法改正国民投票の投票権、最高裁判所の裁判官の国民審査
　　　の投票権、地方自治レベルでの地方公共団体の長・議会の議
　　　員・法律の定めるその他の吏員の選挙権、公務就任権、請願権
　2　選挙権の法的性格：二元説（権利であり公務である）と権利説（代表を選ぶ権利）
　　　の対立
　3　被選挙権の法的性格：資格と解する見解と権利と解する見解の対立

II　選挙に関する憲法原則
　1　普通選挙：選挙権の年齢要件、在宅投票制度、在外日本人の選挙権
　2　平等選挙：1人1票（数的平等）、投票価値の平等 → 定数不均衡問題
　　・衆議院選挙：①76年判決（較差4.99対1は違憲）　②99年判決（小選挙区で
　　　の較差2.309対1は合憲）　③11年判決（一人別枠方式は違憲）
　　・参議院選挙：①83年判決（較差5・26対1でも合憲）　②12年判決（較差
　　　5.00対1は違憲状態）　③17年判決（較差3.08対1は違憲状態）
　　・投票の結果価値の平等も要請される → 死票の最少化
　3　秘密選挙：棄権の自由も保障される
　4　直接選挙：地方選挙レベルでは明文規定あり
　5　自由選挙：選挙運動の自由が重要 → 戸別訪問禁止合憲判決

III　選挙制度
　1　衆議院の選挙制度：中選挙区制 → 小選挙区比例代表並立制（小選挙区
　　　289人、比例代表176人）
　2　参議院の選挙制度：全国1区の比例代表100人、都道府県単位の選挙
　　　区148人。3年ごとに半数改選
　3　比例代表制に特有の問題：党籍変更と議席の喪失、繰上当選人の除名

# Ⅰ 選挙権・被選挙権の法的性格

## *1* 参政権 ●─────────────────────────────────●

　日本国憲法は、国民を主権者とする。したがって、国民は主権者として国の政治に参加する権利、つまり、**参政権**をもつ。参政権として、公務員の選定・罷免権（15条1項）、特に国会議員の選挙権・被選挙権、また、憲法改正国民投票の投票権（96条1項）、最高裁判所の裁判官の国民審査の投票権（79条2項）、地方自治レベルでの地方公共団体の長・議会の議員・法律の定めるその他の吏員の選挙権（93条2項）があげられる。また、広く公務就任権や請願権（16条）も参政権に含めて考えることができる。ここでは、**公務員の選定・罷免権**、**公務就任権**および**請願権**について略述する。

　憲法15条1項は、「公務員を選定し、及びこれを罷免することは、国民固有の権利である」と定める。ここにいう「公務員」とは、広く立法・行政・司法に関する事務や地方公共団体の事務を担当する者を意味する。一般に、本条項は、すべての公務員の地位の究極的な根拠が、主権者である国民の意思にあることを宣言したものと解されている。したがって、すべての公務員の選定と罷免が直接国民により行われることを要求しているわけではない。憲法は、国会議員、地方公共団体の長・議会の議員・法律の定めるその他の吏員について国民が選定すること、また、最高裁判所の裁判官については国民が罷免できることを明示し、他方、内閣総理大臣、国務大臣、裁判官についてはそれぞれの選定・罷免権者を定めている（6条・67条・68条・79条・80条）。憲法がその選定・罷免に関して明記していない公務員について、国民の選定・罷免権をどのように制度化するかは、それぞれの性質等を考慮して国会が法律で決定することになる（国会議員のリコールについては、第15講Ⅱ3参照）。

　公務就任権、つまり公務員となる権利について、憲法は国会議員の場合（44条）以外は明記していない。公選職については、15条1項にその根拠を求めた

り（最大判1968・12・4刑集22・13・1425）あるいは14条1項の「すべて国民は、
……政治的……関係において、差別されない」という規定にその根拠を求める
ことができる。13条の幸福追求権にその根拠を求める説によれば、公選職と
それ以外の公職に就任する権利がともに保障され得る（樋口ほか・注解憲法Ⅰ・
308頁）。行政事務を担当する普通の公務員になる権利は、参政権というよりも、
憲法22条1項の職業選択の自由として捉えるべきとする説もある（浦部・憲
法・536頁）。

　請願権について、憲法16条は、「何人も、損害の救済、公務員の罷免、法律、
命令又は規則の制定、廃止又は改正その他の事項に関し、平穏に請願する権利
を有し、何人も、かかる請願をしたためにいかなる差別待遇も受けない」と定
めている。請願は、国民の政治参加が制限され、言論の自由も十分に保障され
ていなかった時代においては、民情を統治者に伝える唯一の手段であった。と
ころが、議会政治が確立し、普通選挙が定着し、政治的言論も保障されるよう
になると、請願権の重要性はかなり減少したといえる。しかしながら、請願は、
主権者である国民の意思を国会や内閣に直接伝え、選挙というルート以外に民
意を国政に反映させる手段であるから、その意義がなくなったわけではない。
ところで、請願権の保障は、請願の内容が実現されることまでは含まないと解
される。この点、請願法5条は、「この法律に適合する請願は、官公署におい
て、これを受理し誠実に処理しなければならない」とする。請願については、
請願法が一般法であるが、国会の各議院や地方公共団体の議会に対する請願に
ついては、国会法（79条〜82条）、地方自治法（124条・125条）に規定がある。なお、
請願法3条には天皇に対する請願の規定があるが、天皇が国政に関する権能を
有しないことからすると無意味であり、その趣旨は理解できない。

### *2*　選挙権の法的性格 ●━━━━━━━━━━━━━━━━━●

　参政権のうちで、議員を選挙する選挙権が最も重要である。その根拠は、憲
法15条1項に求めることができるが、選挙権の法的性格については、①選挙
権は公務であり権利であるとする**二元説**と②選挙権は文字通り代表を選挙す

る権利であるとする**権利説**の対立がある。

　伝統的な二元説は、選挙権を選挙人団を構成する選挙人として、選挙に参加することができる資格または地位と定義し、選挙人は、選挙を通して国政について自己の意思を主張する機会を与えられるという意味で参政の権利をもち、公務員の選定という公務に参加するという意味で公務執行の義務をもつから、選挙権には権利と義務との二重の性質があるとする（清宮・憲法Ⅰ・137頁）。しかし、最近の二元説は、公務執行の義務という理解はせず、公務員という国家の機関を選定する権利として、純粋な個人権とは違う側面を捉えて公務としての性質を認めているにすぎない。具体的には、公職選挙法上（11条）、成年被後見人、受刑者、選挙犯罪による処刑者などが選挙権を行使できないことを、選挙権の公務としての特殊な性格に基づく必要最小限度の制限と説明しているだけである（芦部・憲法・284頁）。なお、成年被後見人と受刑者に対する選挙権の制限を憲法15条1項、同3項、43条1項および44条ただし書に違反するとした下級審判決がある。前者について、東京地裁2013年3月14日判決（判時2178・3）は、憲法が選挙において投票することを国民固有の権利として保障していること、成年後見制度と選挙制度はその趣旨目的が全く異なるものであること、成年被後見人とされた者の中にも、選挙権を行使するに必要な判断能力を有する者が少なからず含まれていること等から違憲とした（同年、成年被後見人の選挙権・被選挙権を制限する公選法11条1項1号は削除された）。また、後者について、大阪高裁2013年9月27日判決（判時2234・29）は、受刑者であるから直ちにその者が著しく遵法精神に欠け、公正な選挙権の行使を期待できないわけではないこと、受刑者について不在者投票等の方法により選挙権を行使させることが技術的に困難ではないこと、受刑者が選挙権行使に必要な情報を収集することが刑事施設法により一般的に制限されているわけではないこと等から違憲とした。

### *3*　被選挙権の法的性格

　従来、被選挙権は「選挙人団によって選定されたとき、これを承認し、公務

員となりうる資格」と説明されてきた（清宮・憲法Ⅰ・142頁）。しかし、最近では、「被選挙権も広義の参政権の一つであり、権利性がないわけではない」と説かれる（芦部・憲法・273頁）。被選挙権は、**立候補の自由**という意味では、権利であると解される。被選挙権の根拠について、15条1項を根拠とする説と13条を根拠とする説がある（前出の公務就任権の根拠を参照）。最高裁は、「立候補しようとする者がその立候補について不当な制約を受けるようなことがあれば」、「ひいては、選挙人の自由な意思表明を阻害する」こととなるので、「立候補の自由は、選挙権の自由な行使と表裏の関係にあり、自由かつ公正な選挙を維持するうえできわめて重要である」から、「憲法15条1項には、被選挙権者、特にその立候補の自由について、直接には規定していないが、これもまた、同条同項の保障する重要な基本的人権の1つと解すべきである」と判示している（最大判1968・12・4刑集22・13・1425）。このような観点からすると、現行の**供託制度**が、衆議院小選挙区選出議員の選挙について候補者1人につき300万円、比例代表選出議員の選挙について名簿登載者1人について600万円としている（公選92条）ことは、かなり疑問が残る。供託の目的が立候補者の乱立防止であるならば、同じ目的は一定数の推薦人の署名を求めるといったより制限的でない手段でも達成できるように思われる。なお、2020年の公選法改正により、町村議会議員選挙にも供託金制度が導入された。

## Ⅱ　選挙に関する憲法原則

### *1*　普通選挙

**普通選挙**とは、財産や納税額を選挙権の要件としない制度をいう。これに対して、このような要件をとる制度を**制限選挙**という。日本では、1889年の衆議院議員選挙法により、直接国税15円以上の25歳以上の男子にのみ選挙権を与える制限選挙制がとられたので、全人口に対する有権者の比率は1%にすぎなかった。その後、1900年の改正で直接国税10円以上、1919年の改正で直接

国税3円以上と財産上の制限は緩和され、ようやく1925年に25歳以上の男子のみの普通選挙制が導入された（有権者の人口比は20%であった）。敗戦後、日本国憲法の制定に先立つ1945年末に衆議院議員選挙法が改正され、20歳以上の男女に選挙権を与える普通選挙制が導入された（有権者の人口比は51%となった）。その後、日本国憲法が制定され、15条3項は、「公務員の選挙については、成年者による普通選挙を保障する」と定め、また、44条は、「両議院の議員及びその選挙人の資格は、法律でこれを定める。ただし、人種、信条、性別、社会的身分、門地、教育、財産又は収入によつて差別してはならない」と規定している。ここにいう「法律」として、現在、公職選挙法が制定されている。

① 普通選挙をめぐっては、年齢要件、在宅投票制度、在外日本人の選挙権および定住外国人の選挙権（これについては、第4講I2を参照）の問題がある。

憲法15条3項は、「成年者による普通選挙を保障する」と定めているので、具体的な年齢の定めは法律に委ねられている。従来、「年齢満20年以上の者」とされていたが、現在は、「年齢満18年以上の者」（公選9条1項）である。年齢要件を引き上げることは消極に解すべきであろう。なお、被選挙権の年齢要件も再検討の余地がある。

現在、民法上の成年（4条）は、2018年に18歳に改正されたが（施行は2022年）、二十歳未満ノ者ノ飲酒ノ禁止ニ関スル法律1条や二十歳未満ノ者ノ喫煙ノ禁止ニ関スル法律1条は、「二十歳未満ノ者」の飲酒・喫煙を禁止し、少年法2条1項は、少年とは「二十歳に満たない者」をいうとしている。これらの法律で定められた年齢は、それぞれの法律の趣旨・目的等に即して定められているものと解される。

② **在宅投票制度**とは、特別な事情のある選挙人に在宅のままで投票を認める制度である。1948年の衆議院議員選挙法の改正により導入された在宅投票制度は、疾病・負傷・妊娠・不具などのため歩行が著しく困難な選挙人は郵便投票などにより投票できるとしていた。ところが、この制度が悪用されているとの理由で1952年に廃止され、以後、復活されなかったので、国家賠償法に基づいていわゆる在宅投票制度復活訴訟が提起された。この点について、最高

裁は、憲法には在宅投票制度の設置を積極的に命ずる明文の規定がなく、かえって憲法 47 条は選挙に関する事項の具体的決定を原則として国会の裁量的権限に任せているとし、国会が在宅投票制度を廃止し復活させなかったことは国家賠償法 1 条 1 項の適用上、違法の評価を受けないと判示した（最判 1985・11・21 民集 39・7・1512）。しかし、選挙権は選挙人名簿に登録される権利にとどまるものではなく、投票する権利まで含むはずである。歩行が困難な者が投票をあきらめざるを得なくなる投票方式は普通選挙権の保障を満たすものとはいえないだろう。なお、1974 年に在宅投票制度を部分的に復活させる公職選挙法の改正がなされ、重度の身体障害者に郵便投票による在宅投票が再び認められた（公選 49 条 2 項）。

③　1984 年に内閣は**在外選挙制度**を創設する法律案を国会に提出したが、廃案になった。その後、1998 年の公選法改正により、当分の間は衆議院および参議院の比例代表選出議員の選挙に限るとされたが、在外日本人も選挙権を行使することが可能となった。しかし、「当分の間」を過ぎても、衆議院小選挙区および参議院選挙区の選出議員選挙は在外投票の対象とされなかった。

在外選挙制度の欠如・不備が争われた事件において、最高裁は以下のように判示した。すなわち、（ⅰ）上記法律案の廃案後、国会が 10 年以上在外選挙制度を創設せず、在外国民に投票することを認めなかったことにやむをえない事由（選挙権やその行使を制限することなしには選挙の公正を確保しつつ選挙権の行使を認めることが事実上不能ないし著しく困難であること）があったとは到底いうことができないので、1998 年改正前の公選法は憲法 15 条 1 項・3 項、43 条 1 項、44 条ただし書に違反する。（ⅱ）98 年改正後、通信手段が目覚ましく発達し、在外国民に候補者の情報を適正に伝達することが困難ではなくなり、2000 年に参議院議員比例代表選出議員の選挙制度が非拘束名簿式に改められ、名簿登載者の氏名を自書することが原則とされたことから、本判決言渡し後に初めて行われる選挙の時点においては、衆議院小選挙区選出議員の選挙および参議院選挙区選出議員の選挙について在外国民に投票をすることを認めないことについて、やむを得ない事由があるとはいえず、公選法の在外投票を当分の間両議院の比

例代表選出議員の選挙に限定する部分は、（ⅰ）と同様に憲法に違反する。
（ⅲ）立法の内容または立法不作為が国民に憲法上保障されている権利を違法
に侵害するものであることが明白な場合や、国民に憲法上保障されている権利
行使の機会を確保するために所要の立法措置を執ることが必要不可欠であり、
それが明白であるにもかかわらず、国会が正当な理由なく長期にわたってこれ
を怠る場合などには、例外的に、国会議員の立法行為または立法不作為は、国
賠法1条1項の適用上、違法の評価を受けるものというべきである（最大判
2005・9・14民集59・7・2087）。

　なお、2006年の公選法改正により衆議院小選挙区選出議員および参議院選
挙区選出議員の選挙も在外投票の対象となった。

## *2*　平等選挙 ●━━━━━━━━━━━━━━━━━━━━━━━━●

　平等選挙とは、選挙権の価値が平等であること、つまり1人1票を意味する。
歴史的には、特定の選挙人に複数の投票を認める制度もあったが、憲法14条
1項や44条からすれば1人1票でなければならない。この意味での平等選挙
は、**選挙権の数的平等**を要請しているが、平等選挙の現代的意味はむしろ**投票
価値の平等**、つまり1票の重さの平等を要請することにある。投票価値の平等
の問題は、参議院選挙が部分的に都道府県ごとの選挙区選挙で行われており、
衆議院選挙が1994年の改正まで中選挙区制で行われてきたので、**議員定数の
不均衡**という形で現れていた（なお、94年の改正後、衆議院選挙は部分的に小選挙区
制により行われるので、その限りでは議員定数の不均衡は生じないが、各選挙区の有権者の
数が異なる以上、投票価値の不平等は当然生じる）。

　衆議院選挙での投票価値の平等については、① 1976年4月14日判決（最大
判民集30・3・223）が重要である。1972年の衆議院選挙で一票の較差が最大4.99
対1に達しているとして、千葉県1区の有権者が選挙無効の訴えを提起した。
最高裁は次のように判示した。すなわち、「各選挙人の投票価値の平等もまた、
憲法の要求するところであると解するのが、相当である」。選挙制度は、「国民
の利害や意見が公正かつ効果的に国政の運営に反映されることを目標」とし、

「他方、政治における安定の要請をも考慮しながら」、「その国の事情に即して具体的に決定されるべき」であるから、憲法は「選挙制度の仕組みの具体的決定を原則として国会の裁量にゆだねている」(43条2項、47条)。それゆえ、投票価値の平等は、「原則として、国会が正当に考慮することのできる他の政策的目的ないしは理由との関連において調和的に実現されるべきものと解さなければならない」。「投票価値の不平等が、国会において通常考慮しうる諸般の要素をしんしゃくしてもなお、一般的に合理性を有するものとはとうてい考えられない程度に達しているときは、もはや国会の合理的裁量の限界を超えているものと推定されるべきものであり、このような不平等を正当化すべき特段の理由が示されない限り、憲法違反と判断するほかはない」。本件選挙当時、一票の較差が約5対1に達していたが、これは「憲法の選挙権の平等の要求に反する程度になつていたものといわなければならない」。しかし、「これによつて、直ちに当該議員定数配分規定を憲法違反とすべきものではなく」、「合理的期間内における是正が憲法上要求されていると考えられるのにそれが行われない場合」にはじめて違憲となる。公選法別表第1は5年ごとに直近の国勢調査によって同表を更正する旨を規定しているが、1964年の改正後8年余にわたり改正されなかったことを考慮すると、合理的期間内に是正されなかったものと認めざるをえないので、本件議員定数配分規定は違憲である。そして、議員総数の各選挙区への配分としては不可分一体なので、本件の議員定数配分規定は、「不平等を招来している部分のみでなく、全体として違憲の瑕疵を帯びるものと解すべきである」。ただし、選挙の効力については、選挙を無効とすることにより生じる不当な結果を回避するため、**行政事件訴訟法31条**に含まれる一般的な法の基本原則(**事情判決の法理**)を援用し、選挙を無効とはせず、違法と宣言するにとどめた。

　以上は中選挙区制の時期の判決である。現行の衆議院選挙制度(小選挙区比例代表並立制)の小選挙区選挙における投票価値の平等について、②1999年11月10日判決(最大判民集53・8・1441)は、一人別枠方式(300議席のうち各都道府県に1議席を配分し、残りを人口に比例して各都道府県に配分して、都道府県ごとに小選挙区の

区割りを行う）と 1996 年の衆議院選挙での 2.309 対 1 の較差を合憲とした。その後、2009 年の衆議院選挙で 2.304 対 1 の較差と一人別枠方式の合憲性が争われた事件において、③ 2011 年 3 月 23 日判決（最大判民集 65・2・755）は、一人別枠方式の合理性は失われたとした。すなわち、新しい選挙制度の導入に際して人口のみに基づいて議席配分をすれば、「人口の少ない県における定数が急激かつ大幅に削減されることになるため、国政における安定性、連続性の確保を図る必要」があり、「この点への配慮なくしては選挙制度の改革の実現自体が困難」であった。一人別枠方式の意義は、このような事情に対応することであるが、新しい選挙制度による最初の選挙の実施から 10 年以上経過していることから、一人別枠方式の合理性は失われており、さらに投票価値の較差が最大で 2.304 倍になっていることからすれば、一人別枠方式および本件選挙区割りは、遅くとも本件選挙時において投票価値の平等の要求に反する状態に至っていた。しかしながら、2007 年の合憲判決（最大判 2007・6・13 民集 61・4・1617）などを考慮すると、合理的期間内に是正がされなかったということはできない。なお、合理的期間について、④ 2015 年 11 月 25 日判決（最大判民集 69・7・2035）は、「たんに期間の長短のみならず、是正のために採るべき措置の内容、そのために検討を要する事項、実際に必要となる手続や作業等の諸般の事情を総合考慮して」評価するとしている。

　参議院選挙での投票価値の平等について、① 1983 年 4 月 27 日判決（最大判民集 37・3・345）は、1977 年の参議院選挙の地方区選挙（現行の選挙区選挙と同様に都道府県の区域を選挙区とする）での 5.26 対 1 の較差を、地方区の「地域代表的性格」という特殊性を重視して合憲とした。その後、② 2012 年 10 月 17 日判決（最大判民集 66・10・3557）は、選挙制度の具体的制度化について「制度と社会の状況の変化を考慮することが必要」であり、都道府県を選挙区の単位とすべき憲法上の要請はないとして、2010 年の参議院選挙での 5.00 対 1 の較差を違憲状態とした。しかし、是正措置を講じなかったことが国会の裁量権の限界を超えるものとはいえないとした。本判決は、都道府県を選挙区の単位とする現行の方式の見直しを求めている。③ 2017 年 9 月 27 日判決（最大判民集 71・7・1139）は、

2015年に改正された定数配分規定に基づく2016年の参議院選挙での3.08対1の較差は「違憲の問題が生ずる程度の著しい不平等状態にあったものとはいえず」、本件定数配分規定は合憲であると判示した。参議院選挙における投票価値の平等は、任期6年、3年ごとの半数改選など考慮を要する固有の要素を踏まえつつ、「多角的かつ長期的な視点からの民意を反映させ、衆議院との権限の抑制、均衡を図り、国政の運営の安定性、継続性を確保」するという「憲法の趣旨との調和の下に実現されるべきである」からである。その後、2020年11月18日の最高裁判決（最大判民集74・8・2111）は、2019年の参議院選挙での3.00対1の較差を合憲とした（合区の対象となった県での投票率の低下を考慮している）。

　最後に、平等選挙の原則は、死票の最小化（投票の結果価値の平等）も要請するかという問題がある。死票の最小化に適合的な選挙制度は比例代表制であり、小選挙区制は不適切な選挙制度である。

### *3*　秘密選挙 ●━━━━━━━━━━━━━━━━━━●

　秘密選挙とは、投票内容の非公開が確保された投票方法をとる選挙をいう。憲法15条4項は、「すべて選挙における投票の秘密は、これを侵してはならない。選挙人は、その選択に関し公的にも私的にも責任を問はれない」と定めている。これは投票を秘密にすることにより、選挙人が自由な意思で投票できるようにするものである。どの候補者に投票したかだけでなく、棄権したかどうかも秘密である。

### *4*　直接選挙 ●━━━━━━━━━━━━━━━━━━●

　直接選挙とは、投票者が候補者の選定につき直接意思表示できる選挙をいう。憲法は地方公共団体での選挙については直接選挙を保障するが（93条2項）、国政レベルの選挙については明示していない。そのため、参議院に特色をもたせるために間接選挙をとっても合憲であるといった見解が見られるが、その場合の参議院が「全国民を代表する選挙された議員」（43条1項）により組織されて

いるかは、中間選挙人による選挙によって民意がゆがんで反映されるおそれがあるので、社会学的代表や平等選挙の観点からかなり疑問である。

## 5 自由選挙 ●───────────────────────────●

　自由選挙には、棄権の自由（強制投票制の禁止）と選挙運動の自由の2つの意味がある。これらについて、憲法は明文の規定をもたないが、**棄権の自由**は思想・良心の自由（19条）や秘密選挙の原則（15条4項）からして当然認められる。

　特に問題となるのは、**選挙運動の自由**である。これは民主制に不可欠な政治的表現の自由（21条）として保障されるべきであり、その重要性に鑑み必要最小限度の規制しか受けないものと解される。しかし、公職選挙法は、「選挙の公正の確保」を理由にして、種々の選挙運動に網羅的な規制を及ぼしている。たとえば、いわゆる先進諸国ではほぼ自由に行われている戸別訪問は禁止されている（公選138条1項）。その合憲性が争われた事件で、最高裁は次のように判示し、現行の規制を容認した。すなわち、「**戸別訪問の禁止**は、意見表明そのものの制約を目的とするものではなく、意見表明の手段のもたらす弊害、すなわち、戸別訪問が買収、利害誘導等の温床になり易く、選挙人の生活の平穏を害するほか、これが放任されれば、候補者側も訪問回数等を競う煩に耐えられなくなるうえに多額の出費を余儀なくされ、投票も情実に支配され易くなるなどの弊害を防止し、もって選挙の自由と公正を確保することを目的」とし、「戸別訪問を一律に禁止することと禁止目的との間に合理的な関連性がある」。よって、戸別訪問の禁止は合憲である（最判1981・6・15刑集35・4・205）。自由選挙の原則は候補者と有権者との接点の確保を要請するので、必要最小限の合理的な制約は許容されるにせよ、戸別訪問の一律禁止には疑問が残る。

　また、最高裁は、公選法146条の選挙運動期間中の法定ビラ以外の文書等の頒布禁止を免れる行為の制限について、無制限の文書等の頒布・掲示による不当競争による選挙の自由公正に対する弊害を防止するための憲法上許された必要かつ合理的な制限であるとしている（最大判1955・3・30刑集9・3・30）。

　さらに、衆議院の小選挙区選挙では、政見放送は候補者本人には認められて

おらず、候補者届出政党のみに認められている（公選150条1項）。最高裁は、「候補者届出政党に所属する候補者とこれに所属しない候補者との間に単なる程度の違いを超える差異をもたらすものといわざるを得ない」としつつも、小選挙区選挙が政策本位、政党本位の選挙であることを理由に合憲とした（最大判2007・6・13民集61・4・1617）。

## Ⅲ 選挙制度

### *1* 衆議院の選挙制度 ●━━━━━━━━━━━●

敗戦後、最初の衆議院選挙は、**大選挙区制限連記制**で1946年4月に行われた。これは都道府県を選挙区とし、定数が15人以上になる都道府県は選挙区を2つに分割した。投票にあたっては、議員定数10人以下の選挙区では2人の候補者名を、11人以上の選挙区では3人の候補者名を連記した。この方式はこのとき限りで廃止され、日本国憲法公布後、最初の衆議院選挙（1947年4月）では1928年から1942年まで続いていた**中選挙区単記制**が復活した。これは1つの選挙区に3人から5人の定数が配分される制度である。

その後、1994年に現行の**小選挙区比例代表並立制**に改正された。当初、衆議院議員の定数は500人、そのうち300人を小選挙区、200人を比例代表で選ぶとされたが、現在、定数は465人、そのうち小選挙区選出議員が289人、比例代表選出議員が176人である。小選挙区では最多得票者が1人だけ当選する。比例代表部分は全国11のブロックに分かれ、各ブロックごとに各政党の当選人数は、得票数に応じてドント式により確定され、当選人は各政党の名簿順位により決定される（**拘束名簿式**）。ただし、小選挙区と重複して立候補することができるので、小選挙区で当選したものは名簿から除かれる。小選挙区で落選した候補者も名簿順位によっては当選する可能性があり（ただし、小選挙区選挙において供託物没収点、すなわち有効投票総数の10分の1に達しなかった**重複立候補者**は比例代表選挙においても当選人とならない）、名簿の同一順位に複数の重複立候補者

がいる場合、その当選順位は、各小選挙区の当選者の得票数（B）に対する各重複立候補者の得票数（A）の割合（**惜敗率**（%）＝A÷B×100）の大きいものから順次定める。なお、各選挙区間の人口格差は2対1を超えないことを原則としている。

また、都道府県の人口比を反映しやすいとされる「アダムズ方式」による議席配分は、2020年の国勢調査を基準に導入されることとなった（これは、各都道府県の人口をある数Xで割り、出た商の小数点以下を切り上げてそれぞれの定数とする。ある数Xは合計定数に合うように調整して決める。小数点以下を切り上げるため、各都道府県には最低でも1が割り振られる）。

### *2* 参議院の選挙制度

参議院の議員定数は、従来、252人であり、全国1区の比例代表選挙で100人、都道府県ごとの選挙区選挙で152人とされていたが、2000年10月の公選法改正により、比例代表選挙で96人、選挙区選挙で146人となった。その後、2015年7月の公選法改正により、総定数242人のまま、合区を行い2つの県の区域をその区域とする選挙区が設けられ（鳥取・島根選挙区と徳島・高知選挙区）、あわせて各選挙区の定数が是正された。2018年の公選法改正により、総定数248人、そのうち比例代表選挙で100人、選挙区選挙で148人となった。ただし、3年ごとの半数改選制がとられるので1回の選挙では、その半数が選出される。従来、参議院の比例代表選挙では拘束名簿式がとられていたので、当選人は各政党の議席数に応じて名簿順位により決定されてきたが、2000年10月の公選法改正により、**非拘束名簿式**となった。この方式では、有権者は投票用紙に政党名を書いてもいいし、各政党の候補者名簿に記載された候補者名を書いてもいいが、両方ともまずは各政党の得票として合算され、各政党の議席数がドント式で確定される。次に、各政党の候補者名簿の中から得票数の多い順に当選人が決定される。非拘束名簿式は、比例代表でありながら人を選ぶことができるというメリットがあるが、大量得票できる候補者を擁する政党に有利になりすぎるとの批判もある。2018年の公選法改正により、非拘束名

簿式を原則としつつ、政党が優先的に当選する候補を指定する特定枠といわれる拘束名簿式の要素（これを利用するか否かは政党が判断する）が加えられた。特定枠につき、最高裁は合憲と判示した（最判 2020・10・23 集民 264・267）。なお、参議院議員の被選挙権の年齢要件は満 30 歳以上であり、衆議院議員の場合の満 25 歳よりも高く設定されている。

### *3* 比例代表制に特有の問題 ●────────────●

　政党本位の選挙である比例代表制には、次のような特有の問題がある。

　①　比例代表選出議員が、（ア）既存の他の政党へ移り党籍を変更する場合、（イ）新党を結成して党籍を変更する場合、（ウ）党籍を離脱して無所属となる場合、（エ）除名により党籍を失う場合などに、議員資格を失うか否かが問題となる。議席喪失説は、比例代表選挙は候補者個人ではなく、政党の名簿に対して有権者が投票する政党中心の選挙であるから、当選時の党籍を失った議員は、当然、議席も失うことになるとする。これに対して、議席保有説は、比例代表で選出されたとしても、全国民の代表となった議員は行動の自由を有するので、党籍に変動があっても議席を喪失することはないとする。国会法 109 条の 2 および公職選挙法 99 条の 2 は、新党結成の場合を除き、他の政党に所属した場合、議席を失うとしている。したがって、自発的にであれ、除名によってであれ、無所属である場合は議席を失わない。

　②　いわゆる日本新党事件では、繰上補充の対象となる名簿登載者の除名が問題となった。1992 年の参議院選挙において日本新党は比例代表で 4 議席を獲得したが、翌年の衆議院選挙にこのうちの 2 人が立候補したため、名簿順位第 5 位の X と第 6 位の登載者が繰上当選となるところであったが、日本新党は急きょ X を除名したため、名簿順位第 6 位と第 7 位の登載者が繰上当選人となった。そこで、X は当選無効の訴訟を提起したが、最高裁は、政党の内部的自律権を重視し、「除名届が適法にされている限り、当選訴訟における当選無効の原因とはならない」と判示した（最判 1995・5・25 民集 49・5・1279）。しかし、国民の投票により確定されたといえる名簿の順位を除名により変えること

が問題となっている以上、除名手続の適法性について裁判所は立ち入って審査すべきであると思われる。

┌─────【チェック・ポイント】─────┐
│                                        │
│ ・選挙権の法的性格はどのように理解されているか。 │
│ ・衆議院選挙の投票価値の平等について最高裁は違憲判決を下したこ │
│   とがあるか。また、参議院についてはどうか。 │
│ ・現行の衆議院の選挙制度はどのようなものか。 │
│                                        │
└────────────────────────┘

**Book Guide**

辻村みよ子『「権利」としての選挙権』(勁草書房、1989 年)

小林良彰『選挙制度　民主主義再生のために』(丸善ライブラリー、1994 年)

樋口陽一編『講座憲法学　第 5 巻　権力の分立 (1)』(日本評論社、1994 年)

第**17**講　国　　会　③ 国会と議院の権能

**レジュメ**

I　国会の地位……最高機関、唯一の立法機関、国民代表機関
　　　唯一の立法機関：国会中心立法＋国会単独立法の原則
　　　　→国民の立法過程への参加は、否定的に捉えられる
II　国会の権能
　　①憲法改正の発議　②法律の議決　③条約の承認　④内閣総理大臣
　　の指名　⑤弾劾裁判所の設置　⑥予算の議決と財政監督権
　　衆議院の優越……法律の議決、予算の議決、内閣総理大臣の指名、条
　　　　　　　　　　約の承認
　　　　　　　　　　　　　↓
　　条約の国会承認の時期：事前 → 内閣の批准の前（原則）
　　　　　　　　　　　　　事後 → 内閣の批准の後（例外）
　　事後に国会の承認が得られなかった場合、条約の国際法上の効力も否
　　定されると解される（国会の意思の尊重）
III　議院の権能
　　国政調査権……補助的権能説（通説）v.独立権能説
　　国政調査の範囲…行政については広汎
　　　　　　　　　　司法については司法権の独立を侵害しない限度まで
IV　国会の活動
　　会期：常会（通常国会）、臨時会（臨時国会）、特別会（特別国会）
　　憲法53条後段に基づく議院による臨時会召集要求
　　　→内閣：臨時会召集義務の発生。内閣がいつ召集するかは内閣の裁
　　　　　量余地。ただし、内閣は召集しないという決定はできない。
　　参議院の緊急集会：国会の代行機関。緊急集会の議決は暫定的
　　両院協議会：両院の意思の妥協を図る憲法上の機関
　　　　　　　　両院が妥協できる成案を作る。成案は各院の過半数の賛
　　　　　　　　成で議決
V　国会議員の地位と権能
　　任期/衆議院議員：4年。参議院議員：6年/半数改選制
　　国会議員の特権＝不逮捕特権、発言・表決の免責特権、歳費受領権
　　不逮捕特権の例外：①院外の現行犯の場合、②議院の許諾がある場合
　　発言・表決の免責特権：民事/刑事における有責性の阻却
　　但し「懲罰」対象となる/国会法119条：懲罰の種類は4種（同122条）
　　国会議員の権能：①発議権、②質問権、③質疑権、④討論権、⑤表決権

# ① 国会の地位

## *1* 国会の最高機関性 ●━━━━━━━━━━●

憲法 41 条は「国会は、国権の最高機関であつて……」と規定している。ここ
で国会を最高機関と呼んでいるが、これをどう捉えるかについては、見解が対
立している。この対立は、憲法でわざわざ「最高機関」と規定しているのに、
その言葉を度外視するか、それとも積極的に国会に最高機関の地位を与えよう
とするのかという点から生まれている。

通説（**政治的美称説**）は、国会が、行政権をもつ内閣、司法権を行使する裁判
所よりも優越し、これらを支配下におくことを否定する。すなわち、権力分立
のところでふれたように、3 つの権力は、お互いに抑制と均衡の関係であり、
上下関係ではない。そこで国会が「最高機関」といっても、国会がほかの二権
よりも一段高いという意味でこの条文を解釈してはならないと捉える。つまり
国会が「最高機関」といっても、それは国会が国政の中心的地位を占める機関
であることを強調する政治的美称であって、そこには法的な意味はないと見る
（芦部・憲法・319 頁）。

これに対し、国会の「最高機関」に法的な意味を認める学説がある。かつては
**統括機関説**（国会は立法機関のみならず、国権を統括し、他の機関を注視・批判することが
できる最高機関と捉える立場）が唱えられたが、今日有力なのは**最高責任機関説**で
ある（加藤・憲法・179 頁）。この説は、国会が「最高機関」であるのは、① 国民
主権原理の下で主権者から直接に選挙で選出される機関が国会だけであること、
② したがって国会だけが民主的正統性をもつ機関であることを根拠に、国会
は主権者＝国民の委任を受けながら主権を行使する上で、国民から最高の責任
を負託された機関であると捉える。そして国会は、人民主権行使のための政治
責任追及機能を実現する機関として「最高機関」の名称が与えられたと捉える。

たしかに憲法が「最高機関」と規定している以上、「最高機関」の文言を政

治的な飾り言葉と見るのは適切ではないであろう。しかし法的に「最高機関」と捉えた場合、その具体的内容が合わせて考えられなければならない。おそらく、国会の最高機関性に法的意味を認めることは、次の3点に影響を与えよう。① 議院の権能である国政調査権の範囲と機能の拡大化。② 内閣の解散権の制約化（内閣の解散権は、69条のほか7条による天皇の国事行為としての解散も認められているが、国会が最高機関であるとした場合、この内閣の一方的な意思による7条解散を制限的に理解することが可能か）。③ 裁判所が行う違憲判決の効力の限定化（裁判所の違憲判決の効力を具体的事件に限定する個別的効力とし、国会が制定する法律の効力を一般的に否定することを認めない）。

## 2　唯一の立法機関の意味

　国会は、41条で「唯一の立法機関である」と規定されているが、そこには2つの意味がある。第1に、**国会中心立法の原則**である。これは国会が立法権を独占することを意味する。たとえば、旧憲法時代の天皇の**緊急命令**、**独立命令**のような議会を通さない行政権による立法は、許されない。現憲法では、内閣は73条6号に基づく**執行命令**、国会が制定した法律の委任に基づく**委任命令**しか発することはできず、国会の立法権を侵害することはできない。もっとも、法律の多くは、その条項の中でたとえば「詳細はこれを政令で定める」と規定している場合が多い（**委任立法**）。ただその場合であってもいわゆる「白紙委任」の立法は、国会中心立法の原則を空洞化するため許されない。なお、両議院の**議院規則制定権**（58条2項）、**最高裁判所の規則制定権**（77条1項）については、国会中心立法の原則の例外である。

　第2に、**国会単独立法の原則**である。これは、国会が立法権を排他的に有することを意味する。国会以外の他の機関は法律制定に関与できない。つまり59条1項に規定しているように「法律案は……両議院で可決したとき法律となる」のであって、国会以外の意思によって法律制定が妨害されてはならない。ただし、**地方自治特別法**は、憲法上の例外として地域住民による住民投票の同意を必要としている（95条）。

なおここでいう立法とは、一般的・抽象的法規範すべてを指す。ことさら立法概念を「国民の権利を制限し、あるいは国民に義務を課す法規範」と狭く解する必要はない（「法規」の概念）。「立法」を「法規」と読み替えれば、「法規」に該当しない国家行為が生まれる余地があり、そのためこの余地に立脚する事項を行政権の専属事項とすることができるからである。たとえば、現在の勲章制度は、憲法7条を直接実施する政令（各種勲章制度の多くは、政令の1つである内閣府令で定められている）という形式で行われている。しかしこのような法律以外の形式で、国民に影響を与える事項を定めることは、結局、国会が「唯一の立法機関」である意味を軽視することになろう（国会は、国民代表機関の性格をもつが、この点については第15講参照）。

### 3　国民の立法過程への参加の適否 ●————————●

　今日、各自治体における**住民投票条例**制定に影響されて、国民が法律制定過程に参加する可能性が論じ始められている。その参加の形式は、**国民発案（イニシアティヴ）**、**国民投票・国民表決（レファレンダム）** などである。すなわち、たとえば国民がグループを形成し、それを母胎にして特定の法律案を作成し、これに賛同する有権者の一定数の署名を集め、国会でこの法律案の審議を求めるという形式をとる場合が考えられる。また、国会が一定の政策事項について、国民投票に付し、その結果を国会が承認するという場合もある。

　このような直接民主制的立法に関しては、通説は否定的である（樋口・憲法Ⅰ・221頁）。というのも、現憲法は代表民主制を採用しており、憲法が例外としている点を除き（最高裁判所裁判官の国民審査、地方特別法の住民投票）、国民は代表者の選出だけに限定されるべきであり、また国会の「唯一の立法機関」性が侵害されると見られるからである。

　たしかに、国民が法律制定過程に関与すべきだという主張は、現実の議会政治に対する不満から発しており、国民の立法参加は議会政治に一穴を与えることで、一定の効果をもたらす可能性がある。しかし、現実に国民の参加を構想すると、多くの問題点が指摘できる。たとえば国民投票で法律を決定するとい

う点については次のことが指摘できる。① 国民は果たして「正しい」判断ができるのか。② 国民投票の結果生まれた法律が、「政策の失敗」に終わったとき、その政策判断の誤りは不問にせざるを得ない。また国民発案に関しては、① そもそもどのような事項を国民発案に付すことができるのか。② 国民発案を行う場合、そこでいわれている利益は、国民発案を求める集団の特殊利益の実現化ではないのか。

　いずれにしても、現行憲法上、国民の法律制定過程への参加は、国会の単独立法の原則に抵触する場合が多く、法律によって国民に立法権限の一部を付与することは困難であるといえよう。

## Ⅱ　国会の権能

　国会は、議会制民主主義の要であり、そのため重要な国政事項の多くは、国会の仕事とされる。憲法上、国会の権能として次の6点が定められている。① 憲法改正の発議権〔96条〕、② 法律の議決〔59条〕、③ 条約の承認〔61・73条3号〕、④ 内閣総理大臣の指名〔6・67条〕、⑤ 弾劾裁判所の設置〔64条〕、⑥ 予算の議決と財政監督権〔83—91条〕。

### *1*　法律案の議決の仕方 ●━━━━━━━━━━●

　まず、法律案の発案であるが、これについて憲法は何も定めていない。国会が立法機関であるから、国会に発案権があることは問題ない。国会法は、一定数の議員により発案できるとし〔国56条〕、さらに国会内部の委員会にも法律案の提出を認めている〔国50条の2〕。なお、内閣の法律発案権については争いがあるが、内閣法5条は内閣の発案権を認めている。実際にも、今日では内閣提出の法律案が大半である。

　次に法案審議である。現憲法では国会は、「衆議院と参議院の二つの院で構成すると定めている」〔42条〕。これを**二院制（両院制）**という。法律案は、この2つの院がそれぞれ賛成しなければ成立しない。それぞれ出席議員の過半数の

賛成が必要である。通常、最初に衆議院に法律案が提出され、そこで審議し、可決した後、参議院に送付され、改めて議決するという形式をとる。ただし、参議院が否決したときは、衆議院で改めて出席議員の3分の2以上で議決すれば、法律は議決されたことになる（59条2項）。

　ということは、憲法は参議院よりも衆議院の方に強い権限を与えていることになる。一般に二院制を採用した場合、1つの院が他の院よりも優越する。同じ権限だと議会は、両院の意思の相違で機能しなくなるからである。そこで憲法は、衆議院に強い権限を与えているが、これを**衆議院の優越**という。衆議院の優越は、法律案の議決のほか、①内閣総理大臣の指名、②予算の議決、③条約の国会承認の3つの場面で現れる。しかもこの3点は、たとえ参議院が衆議院とは反対の議決をしても、最初の衆議院の議決だけで国会の議決とされるほど強固に衆議院の優越が憲法上認められている（60・61・67条2項）。

### *2* 国会の条約承認権 ●━━━━━━━━━━━━●

　**条約**とは、広く文書による国家間の合意を指す。日米安保条約というように「条約」という名称に限らず、協定、協約、宣言のほか、国際連合憲章のように「憲章」と呼ぶ場合もあるが、憲法はすべてこれらを「条約」の名称で統一している。

　条約の締結は、内閣の権能である。憲法73条によれば、内閣に**条約の締結権**を認めているが、同3号但書は「事前に、時宜によっては事後に、国会の承認を経ることを必要とする」と規定している。したがって内閣は、条約を単独では締結できず、必ず国民代表機関である国会の意思が、そこに関与することになる（ただし、国会の承認は衆議院の優越が認められる。61条）。国会が条約締結行為に関与するのは、内閣による秘密条約を排除し、内閣の専断行為を防止する有効な手だてである。

　国会承認は、事前が原則であり、事後は例外である。事前と事後を区別する時期は、当該条約手続の確定時期を境にする。通常、条約は、内閣が任命する全権委員が調印もしくは署名し、内閣が**批准**し、批准書の寄託もしくは交換に

よって成立する。この場合、内閣の批准が事前・事後を分ける時期である。内閣の批准行為が、当該条約の内容を審査し、確定的な同意を与えるからである（なお、調印もしくは署名だけで成立する条約の場合は、この時期が事前・事後を分ける時期である）。内閣の批准の前に国会の承認が得られなかった場合、当該条約について内閣は批准することはできないため、条約はそもそも成立しない。他方、内閣が批准した後、国会の事後承認が得られなかった場合（衆議院の承認が得られなかったという意味）、その条約の効力はどうなるのだろうか。この場合、国会の承認がないため、当該条約の国内法上の効力は否定される。問題は、内閣の批准後、国会が承認しなかった条約の国際法上の効力である。1つの立場は、国会承認がなくとも有効とする（佐藤功・概説・417頁）。しかし、① 国会承認は条約成立の効力要件であること、② 事前・事後を区別し、その効力を分けて理解する憲法上の理由は存在しないこと、③ 国会の事後による不承認が軽視されれば、内閣は便宜的に条約の国会承認を事後に求めるようになることなどを理由に、無効と解すべきであろう。**条約法に関するウィーン条約**46条ただし書きも、国内法の手続きについて「違反が明白でありかつ基本的な重要性を有する」場合には、条約の無効を認めている。最高規範である憲法の手続違反は、このただし書きに該当すると解されるので、無効説が正当である。

　また、国会は条約を修正することはできないと解される。国会が、修正の上、承認しても、それは条約全体につき国会の承認が得られなかったという意味と同じである。したがって、内閣の批准の前に国会が条約を修正の上、承認した場合、内閣は国会の承認が得られなかったということになり、改めて外交交渉を行うことになる。事後承認の場合も、国会の承認が得られなかったと解され、したがって、条約の国内法的効力のみならず国際法上の効力も否定されると見るべきである。

## Ⅲ　議院の権能

　現憲法は、議会を**国会**と呼び、その国会は**衆議院**と**参議院**の2つの**議院**で構

成される。合議体としての国会の権能は、先にふれたが、各議院にも独自の権能が憲法上認められている。行政権、司法権という外部権力からの独立と、国会という合議体からの独自性を確保するために、議院には次のような自律した権能がある。① 議院規則制定権（58条2項）、② 国政調査権（62条）、③ 議員資格争訟裁判権（55条）、④ 議員懲罰権（58条2項）、⑤ 会議公開に関する権能（57条1項）、⑥ 役員選任権（58条1項）などである。

### *1*　国政調査権の性格 ●────────────────────────●

　憲法62条は「両議院は、各々国政に関する調査を行ひ、これに関して、証人の出頭及び証言並びに記録の提出を要求することができる」と規定している。この**国政調査権**は、国会を構成する各議院が、その独自の立場で国政全般を調べ上げる重要な手段である。もっとも、国政調査権は、各院がその権能を行使するための手段であって、国会・議院の権能外の目的のためには使うことはできない（**補助的権能説**。これに対し、国会の最高機関性をことさら強調し、国会・議院の権限外の領域まで調査権を行使できるとする見解がある。これを**独立権能説**という）。

### *2*　国政調査権の範囲と限界 ●────────────────────●

　国政調査権は、国会・議院の権能に属することを調査する目的のためにある。当然そこには一定の限界がある。

　①　行政権との関係　　議院内閣制の下では、行政権を独占する内閣は、国会の意思によってその存在が許されている。したがって国政調査は、法律制定、予算、外交・条約など行政一般に対し広く及ぶと解される。

　②　司法権との関係　　司法権の独立を侵害する調査はできない。たとえば、現に裁判中の事件あるいは確定した事件であっても、裁判官の訴訟指揮を問題としたり、裁判内容を問題とするような調査はできない。親子無理心中をくわだて子ども3人を殺害し、自分が生き残った殺人事件につき、参議院法務委員会が当該事件の量刑を不当として（執行猶予付きの判決。1審で確定）、本人を証人として呼び、また担当裁判官にも文書による回答を求めたことがあった（**浦和**

**充子事件**)。このような国政調査は、明らかに議院による司法権の独立、裁判官の職権の独立の侵害である。

　また検察権との関係でも一定の限界が認められる。検察権は行政作用であるから調査は広範囲に及ぶが、検察権の準司法的作用という特殊性から一般行政と同列に扱うことはできない。たとえば、起訴・不起訴について検察権に圧力を加えるような調査、また捜査・公判に重大な支障を及ぼすような調査は許されない。

　ただ、現に裁判中、捜査中という理由だけで国政調査権は妨げられない。特に国会議員が関係する汚職事件などについては、一般刑事事件とは異なり並行調査は可能である。国政調査権の目的は、疑惑のある国会議員に弁明させ、国民に対し真実を明らかにし、政治責任を明確化することにもあるからである。

### *3*　国政調査の方法

　国会法103―106条に定めるほか、**議院証言法**がある。本法による調査は、強制調査権であり、証人として出頭などを求められたときは必ず応じなければならない（1条。刑罰が伴う）。もっとも強制調査といえども、強制捜査・逮捕はできず、証人としての出頭、書類の提出などに限定される。

### *4*　国政調査権の課題

　ロッキード事件、リクルート事件では多くの関係者が議院証言法に基づき議院に呼ばれた。だが疑惑は疑惑を呼び、国民に真実を明らかにすることはできなかった。たしかに各議院が行う国政調査は、裁判所とは異なり、法律上も一定の限界はある。しかし各議院は、疑惑を解明するために、満足のゆく活動を果たしているのであろうか。ここでは疑惑解明に有益な改革策を1つあげておこう。

　証人が必ずしも真実を告白していないことが問題である。もちろん嘘の証言をすれば、偽証罪で起訴されるが、自己ならびに配偶者など親族が、刑事訴追を受け、または有罪判決を受けるおそれがある場合には、証言は拒むことはで

きる（議院証言4条）。これでは、たとえば贈収賄事件で贈賄側（民間企業者）が、どの政治家にいくら配ったかを議院で公表することはまずない。嘘をつけば、偽証罪となり、本当のことをいえば刑事事件として訴追される。そこで「記憶にございません」、「刑事事件で訴追されるおそれがありますから、いえません」というように真実を明らかにすることはない。

　この弊害を除くには、刑事訴訟法に導入された司法取引の活用が考えられる（刑訴35条の2）。贈賄側である市民に刑事免責を与え、将来にわたり、刑事訴追をしないことを約束し、その代わり本人が知っているすべての事実を公式に証言させる。そうすれば、関係する政治家の実名や事実関係は、裁判を待たなくても、議院の手で明らかにすることはできるであろう。ただこれには、刑事訴訟法と議院証言法の改正が必要である。

## Ⅳ　国会の活動

### *1*　会　期

　国会が自己の意思だけで参集できる制度を**自律的集会制**という。これに対し、国会以外の国家機関によって集会する制度は、**他律的集会制**という。旧憲法下の帝国議会は、天皇によってのみ召集されていたため（旧憲法7条）、他律的集会制である。現憲法でも、天皇が国事行為として、内閣の「助言と承認」に基づき国会召集を行うため（7条2号）、他律的集会制とするのが通説である。ただし、それぞれの会期は、法律上、必ず召集することが法定されているため、自律的集会制が採用されているとみた方が自然である。他律的集会制の典型は、憲法53条前段に基づく内閣の臨時会召集のみにみられる。

　国会は常時開かれているのではなく（常時国会が開かれる形態を無休国会主義という）、一定期間だけ活動する。この国会が活動する期間を**会期**という。会期は①**常会**（通常国会）、②**臨時会**（臨時国会）、③**特別会**（特別国会）の3種類がある。常会は「毎年一回1月中に召集するのを常例とする」（国会2条）。臨時会は、

内閣が召集する。ただし、「いずれかの議院の総議員の4分の1以上の要求があれば、内閣は、その召集を決定しなければならない」(53条)。本条項は、院内少数派が国会を開かせるための権能を保障している。この要求があったときは、内閣は臨時会を必ず召集しなければならない。これは憲法上の義務である (最判2023・9・12裁判所HP)。特別会は、衆議院が解散されたあと、衆議院総選挙の日から30日以内に召集される (54条1項)。この特別会では、内閣総理大臣の指名が他のすべての案件に先だって行われる (67条1項)。

## 2 参議院の緊急集会

衆議院が解散されたとき、参議院も閉会となる。しかし国会閉会中に、内閣が国会の議決を早急に要する事態が生じることがある。そのための制度が、**参議院の緊急集会**である。

緊急集会は、国会の議決を要する事項で、衆議院総選挙後に開かれる特別会の召集を待てないほど「国に緊急の必要があるときに」限り、内閣によって集会請求される。緊急集会は、国会の代行機関としての権能をすべて行使する。したがって、法律、予算の議決などすべてに及ぶ。ただし、憲法改正の発議はできない。また緊急集会の議決は暫定的であり、「次の国会開会の後十日以内に衆議院の同意がない場合には、その効力は失ふ」。効力を失う時期は、その衆議院の不同意議決の時点からであり、過去に遡らない (遡及効はない) と解される。もっとも緊急集会の議決が「暫定的」として見られる以上、遡及効を認め、衆議院の議決の優位性を唱える見方も成りたつ。

## 3 両院協議会

現憲法下の二院制は、衆議院の優越を原則とした構成をとる。しかし、衆議院の議決が、参議院に対し一方的に優先されるよりも、両院の議決がなるたけ合致した方が望ましい。そこで憲法は、両院をとりもつ機関として**両議院の協議会**の設置を認めている。国会法ではこれを**両院協議会**といっている。

両院協議会は、各議院で選挙された各々10人の委員から組織される (国会89

条）。予算の議決、条約の国会承認、内閣総理大臣の指名につき、両議院の意見が一致しないときは、必ず両院協議会は開かれなければならない（**必要的両院協議会**）。また法律案の議決について衆議院が開催を要求した場合、あるいは参議院が要求し衆議院がこれに同意したときも、両院協議会は開かれる（**任意的両院協議会**）。

　両院協議会は、両院の妥協を図るため「成案」を作成し、またその仕事に限定される。両院協議会の出席委員の 3 分の 2 以上の賛成で成案が得られる。成案が得られたときは、「両院協議会を求めた議院において先ずこれを議し、他の院にこれを送付する」（国会 93 条 1 項）。成案は、各院で過半数の議決で成立する。成案は、各院で修正できない。賛成するか反対するかのいずれかの議決に限定される。政権政党が参議院に多数派をもたない、いわゆる「逆転（ねじれ）国会」状況があるとき、衆参両院間の合意形成が両院協議会で行われることは、これまであまりなかった。というのも、成案作成には以上のような高いハードルがあるからである。今後、両院協議会の制度改革も検討されるべきであろう。

## Ⅴ　国会議員の地位と権能

### 1　任　　期 ●━━━━━━━━━━━━━━━━━━━━━●

　衆議院議員の任期は、4 年である（45 条）。任期の始期は総選挙の期日から起算する。任期満了による総選挙が衆議院議員任期満了日以前に行われた場合には、前任者の任期満了の日の翌日から起算する（公選 256 条）。任期の終期は、最後の年のその起算日に応当する日の前日である（民 143 条）。ただし、衆議院が解散されたときは、その日が任期の終期である。

　参議院議員の任期は、6 年である（46 条）。その始期は、前の通常選挙による参議院議員の任期満了の日の翌日から起算する。通常選挙が前の通常選挙による任期満了後に行われたときは、通常選挙の期日から起算する（公選 257 条）。任期の終期は、衆議院議員と同様、民法 143 条に従う。

憲法 48 条は、「何人も、同時に両議院の議員たることはできない」と定め、兼職を禁止している（国会 108 条）。また、国会議員には法律上、兼職が禁止される公職がある。① 地方自治体の長および議員（自治 141 条 1 項、92 条 1 項）、② 国家公務員および地方公務員（国会 39 条）である。

## *2* 国会議員特権

国会議員の特権は 3 つある。不逮捕特権（50 条）、発言・表決の免責特権（51 条）、歳費受領権（49 条）である。

### （1） 不逮捕特権

憲法 50 条は、「両議院の議員は、法律の定める場合を除いては、国会の会期中逮捕されず、会期前に逮捕された議員は、その議院の要求があれば、会期中これを釈放しなければならない」と定めている。この規定の当初の意味は、君主・行政権側が自己にとって不都合な議員を逮捕することで、自己への批判を封じ込めていたことに対し、議会がその横暴を許さず、議員の身分を保障することによって、「言論の府」を確保することにあった。

不逮捕特権の例外として、第 1 に、院外の現行犯の場合である。院外における現行犯は、犯罪事実が明白であり、政治的意図によって当該国会議員の身体が拘束される危険が少ないからである。院内の現行犯の場合、議院内部警察権は各院の議長にある（国会 114 条）。

第 2 に、議院の許諾がある場合である。国会法 34 条は、「各議院の議員の逮捕につきその院の許諾を求めるには、内閣は、所轄裁判所又は裁判官が令状を発する前に内閣へ提出した要求書の受理後速かに、その要求書の写を添えて、これを求めなければならない」と定めている。

### （2） 発言・表決の免責特権

憲法 51 条は、「両議院の議員は、議院で行った演説、討論又は表決について、院外で責任を問はれない」と定めている。この規定によって、発言内容が不法行為を構成する場合にも、その院外における民事責任、刑事責任の有責性は阻却される。もっとも、院内の責任は発生する。国会法 119 条は「各議院におい

て、無礼の言を用い、又は他人の私生活にわたる言論をしてはならない」と定めるほか、院内における秩序を乱した国会議員が、「懲罰」の対象となる場合を定めている（国会122条）。

### （3） 歳費受領権

今日、議員が有給であるのは各国とも共通である。しかし従来、議員は無給であった。というのも、議員は名望家支配層から選挙され（財産資格要件による選挙権・被選挙権付与）、日々の労働から解放されていたため、議員活動に関し給与をもらう必然性はなかったからである。だが労働者階層に選挙権・被選挙権が付与されることにより、労働者階層から議員が選出され始めた。これら議員は、無給で議員活動をする経済的余裕はなかった。そこで議員に歳費が19世紀末頃より支給され始めた。国会議員の歳費は、一般職の国家公務員の最高の給与額より少なくない金額である（2024年現在、年額約2200万円）。

## *3* 国会議員の権能 ●━━━━━━━━━━●

国会議員の権能として、① 発議権（国会56条1項）、② 質問権（国会74条）、③ 質疑権、④ 討論権、⑤ 表決権（51条）が認められている。① 発議権は、法律の発議にとどまらず、当該議院の議題となりうる議案の発議も含む。もっとも議員が単独で議案の発議をすることはできない。議案発議は、国会法において数的制限が加えられている（国会56条、68条の2）。予算（73条5号）、条約（同3号）、皇室関係の財産の授受（8条）に関しては、議員発議権は認められず、内閣がこれを行う。

┌─【チェック・ポイント】─────────────┐
・国会が唯一の立法機関という場合、その2つの構成要素は何か。
・衆議院の優越について、「法律の議決」のほかに3つあげなさい。
・議院の国政調査権は、司法権に及ぶか。理由をあげて答えなさい。
└──────────────────────────┘

## Book Guide

芦部信喜『人権と議会政』（有斐閣、1996 年）

杉原泰雄・只野雅人『憲法と議会制度』（法律文化社、2007 年）

高見勝利『現代日本の議会政と憲法』（岩波書店、2008 年）

加藤一彦『議会政治の憲法学』（日本評論社、2009 年）

浅野一郎・河野久編著『新国会事典』〔第 3 版〕（有斐閣、2014 年）

加藤一彦『議会政の憲法規範統制』（三省堂、2019 年）

石川真澄・山口二郎『戦後政治史』〔第 4 版〕（岩波書店、2021 年）

# Ⅰ 政　党

## 1　政党の定義 ●————————————————————————————————————————●

　現代国家を特徴づけるキーワードとして、**政党国家現象**があげられる。この意味は、大衆民主制の下、**政党**が、国民と議会とを媒介する組織として国民意思に重要な影響を与えているという点にとどまらず、国家意思の形成にまで事実上主導的な役割を果たしていることを表している。政党が「現代政治の生命線」（S. ノイマン）といわれるのもこのためである。

　では、そもそも政党とは何であろうか。これを一義的に確定することは難しいが、ここでは「政党とは選挙を通じて政治権力を獲得・維持することを目的とし、主に政治機能を遂行する組織された集団である」（岡沢憲芙）と考えておこう。

　たしかに今日、政党を抜きにした政治は考えられない。しかし歴史的に見れば、国家の政党に対する態度は必ずしも常に友好的であったわけではない。トリーペルは、国家・憲法に対する政党の関係を敵視 → 無視 → 法律上の承認（合法化） → 憲法的編入という 4 つの段階を追って変化してきたと説明している。たとえば諸外国の憲法に目を向けてみると、ドイツ基本法（1949 年）は 21 条で、またフランス第 5 共和制憲法（1958 年）は 4 条でそれぞれ政党条項を設けているが、これは一般に四段階説でいうところの最後の段階、すなわち政党の憲法的編入の段階にこれらの憲法が位置づけられると説明される。ただし、この四段階説は、どの国法が政党を規定しているかを問題としているだけで、政党に対する規定のあり方を問題とはしていない。そのため、トリーペルの考え方は、今日、現実の政党に関する諸規制を説明するには、不十分な学説であることが指摘されている。そこで、政党についてはこれに言及する法形式にのみとらわれるのではなく、政党の定義や目的、役割など、規定の内容にまで踏み込んだ議論が必要となる。この点、上に示したドイツ基本法 21 条が、「政党

は国民の政治的意思形成に協力する。…政党の内部秩序は、民主制の諸原則に合致していなければならない。… (1項)。政党のうちで、その目的またはその党員の行動からして、自由で民主的な基本的秩序を侵害もしくは除去し、またはドイツ連邦共和国の存立を危うくすることを目指すものは、違憲である (2項)」と、またフランス第5共和制憲法4条が、「政党及び政治団体は、選挙による意思表明に協力する。…政党及び政治団体は、国民主権と民主主義の原則を尊重しなければならない」と規定していることは注目に値する。

## 2　日本における政党の位置づけ ●━━━━━━━━━●

　日本国憲法は直接政党について規定する条文をもたない。また「政党」の文字すらも見ることはできない。しかし日本国憲法が政党を無視していると考えるのは適切ではない。むしろ憲法21条が結社の自由を保障し、また議院内閣制が採用されていることからして政党の存在は当然に承認していると考えられる (芦部・憲法・314頁)。実際、国会法、公職選挙法、政治資金規正法、政党助成法は政党の存在を前提にしていると考えられる。政治資金規正法および政党助成法では「政党」を、① 衆議院議員または参議院議員を5人以上有する政治団体、② 直近に行われた選挙において、有効投票数の2%以上得票を得た政治団体のいずれかをいうと規定する (政資3条2項、政党助成2条1項)。また、最高裁判所は、政党は「議会制民主主義を支える不可欠の要素」であって「国民の政治意思を形成する最も有力な媒体である」(八幡製鉄政治献金事件 最大判1970・6・24民集24・6・625) と判示している。

　他方、法律が政党の存在を積極的に承認しているからといって、政党にことさら「公的」性格を認めることには注意が必要である。たしかに、政党には国民1人あたり250円の政党交付金が交付されるなど、公的機関たる側面は否定しえない (政党助成3条)。しかしながら、理念上政党はあくまでも自発的な私的結社である。したがって政党助成法などの規定の存在をもってその公的側面を必要以上に強調し、政党が本来有すべき自主性・自律性を損なうことは許されないと考えられる。この点、最高裁は、政党による党員の除名処分の有効性

が争われた事案で、「政党に対しては、高度の自主性と自律性を与えて自主的に組織運営をなしうる自由を保障しなければならない。……政党が組織内の自律的運営として党員に対してした除名その他の処分の当否については、原則として自律的な解決に委ねるのを相当と〔する〕」と判示した（共産党袴田事件 最判 1988・12・20 判時 1307・113）。また、繰上げ当選の対象者が政党から除名処分を受けた事案でも、「政党等の政治結社の内部的自律権〔は〕できるだけ尊重すべきもの……〔であって〕政党等の結社としての自主性にかんがみると……除名その他の処分の当否については、原則として政党等による自律的な解決にゆだねられている」として、いずれも政党の内部的自律権を重視する判断を示した（日本新党事件 最判 1995・5・25 民集 49・5・1279、第 16 講も参照）。

### *3* 政党の役割 ●━━━━━━━━━━━━━━━━━━━━━●

#### （1） 政党の利益集約機能

政党の役割として、第 1 に国民の間に埋もれている様々な意思や利益を組織化すること、すなわち利益集約機能があげられる。この機能は、政党が有権者に対して一般的政策を提示し、これに対する有権者の反応が、投票を通じて国民の意思として議会という公の場に反映されることによって実現される。

#### （2） 国会における政党の活動

政党は、国会においては会派を形成して活動する。ここで会派とは、実質的には政党そのものあるいは政党の連合体と考えてよい。各会派は、国会の運営において重要な意味をもつ。というのも、わが国の国会運営はアメリカ合衆国にならった**委員会中心主義**を採用しているからである（国会 40 条以下）。この制度の目的は、多数の議員から構成される会議体すなわち国会または議院の能率的な運営の確保と、質量ともに増大した議院の職務事項の実効的・効率的遂行にある。そして法律案が最終的に法律となるためには、本会議における議決が必要ではあるが（59 条 1 項）、法案成立の成否は事実上各議院に設置される委員会における審議によって決せられているのである。

委員会の委員は各会派の所属議員数の比率に応じて割り当てられる（国会 46

条1項)。したがって国会における多数派政党が、事実上法案の行方を決することとなる。なお、本会議において行われる審議、議決が重要なことはもちろんであるが、本会議における議決に際しては党議拘束がかけられることが多く、それぞれの国会議員の自主的な意思表明が困難になっていることも問題となる。

### （3）　国会外の政党の活動

　政党には、上に述べたような国会内における活動に加えて、社会の様々な場における活動が考えられる。たとえば、選挙期間中であると否とを問わず、常に有権者と接してそこに潜在する利益や意思を表出し、また有権者への政治的教育を行い、あるいは政党幹部を選択するといったことがある。加えて国会の運営に大きな影響を及ぼす国会対策も、政党の重要な活動である。

　各政党には、国会対策委員会と呼ばれる機関が設けられ、法案の帰趨や政局をめぐって与野党の対立が大きくなった場合に、国会の運営を円滑に行うために各党の国会対策委員が話し合いの場をもつことが多い。これについては、国会が空転することから生じる弊害を除去し、スムーズな国会運営を確保する点で、評価する見解もある。ただ、与野党が非公式な形で、いわば秘密裏に問題を処理する弊害もあり、国対政治には批判的視点がつきまとっている。


## Ⅱ　官 僚 制


### *1*　官僚制の意味 ●━━━━━━━━━━━━━━━●

　日本の政治の特徴として**官僚国家**という言葉を耳にすることがあろう。この言葉には、融通が利かない、杓子定規、事務的など、あまりよいニュアンスが含まれていない。しかし、組織管理の手法の1つとしての**官僚制**は、必ずしも否定的にのみ捉えられるべきではない。

　官僚制は、古代中国やエジプト、あるいは中世カトリック教会といった組織にも見られる組織管理の手法である。マックス・ウェーバーはこれを近代的な組織管理方法として整理し、規則によって明示される権限、階統制、公私の分

離、文書による事務処理、専門能力中心主義などを特徴とするものとして描出した。こうした近代官僚制は極めて能率的な組織として現れ、現代社会においては不可欠のものとして受け入れられると同時に、広く大規模な組織一般に共通して見出される組織構造の類型とみなされているといえよう。

　官僚制を支える公務員の任用制度のうち、試験の成績によるものを**メリット・システム**（**資格任用制**）と呼ぶ。この制度は、行政の専門性や継続性、中立性の確保に有効だとされる。現行の公務員試験の制度はこれに該当する。また、これと対置される任用制度として、**スポイルズ・システム**（**猟官制**）がある。これは公職の任免を党派的な情実で行うもので、この制度が確立した当初の19世紀前半には、公務員に対する民主的コントロールの手段としての意味があった。しかしやがては選挙運動や政治家への活動資金援助に対する見返りとして利用されるようになり、金権政治や腐敗政治の温床となった。日本においては、組閣の際の猟官活動が典型である。

### 2　官僚制の弊害 ●────────────────────────●

　現代では、国家の機能が拡大するにつれて行政権が単なる法律の執行機関にとどまらず、国の基本政策の形成の面においても事実上中心的な役割を果たすようになっている。いわゆる**行政国家現象**である。そしてこの行政国家を支えるのが国家公務員採用総合職試験に合格したキャリアと呼ばれる官僚である。

　ところで、上に見たような特徴を備える官僚制がわが国においては少なからず否定的なニュアンスを伴って語られるのはなぜだろうか。いくつかの要因が考えられるが、ここではまず、立法過程における官僚あるいは官僚制の機能という点に注目してみよう。

　わが国においては、法律が作られるまでには大別して2つのチャンネルが考えられる。一連の立法過程のうち、国会議員自らが法案を提出する場合（議員立法）と、政府が法案を提出する場合（閣法）である。憲法が予定する立法のあり方としては、議員立法をもって原則とすべきと考えられるが（**国会単独立法の原則**）、行政国家現象の進展に伴い、法案提出は政府にほぼ独占されているの

が実状である。この場合、政府提出法案といっても、実際にその作成にあたるのは各省庁の官僚であり、法案に盛り込まれる内容は必然的に各省庁の権益を擁護するものとならざるをえない。

さらに、個別の政策立案、実施のプロセスに目を向けても、官僚組織が大きな力を蓄え、発揮していることがうかがえる。こうした状況に対しては、1990年代以降、国政運営の「官僚主導」から「政治主導」への転換が試みられてきた。特に、政府委員制度の廃止や党首討論の導入など、国会を舞台とした「政治主導」への方向転換が模索されて久しい。

ところで、国政運営の担い手は、「政」「官」いずれが適切かは即断できない。国政運営には官僚組織は不可欠である。そこで、こうした役割にふさわしい官僚組織を形成すべく、公務員制度改革が行われてきた。

なかでも、公務員制度改革基本法および内閣法に基づいて設置された内閣人事局は、本来政治部門の下で幹部職員人事の一元管理あるいは人事管理に関する総合調整を行う機関としてスタートしたものである。「官邸」が幹部公務員の人事を掌握することを、間接的ではあるが官僚組織に対する民主的統制として好意的に捉えることも可能ではある。しかしながら、そうした期待とは裏腹に、実際には人事権を握られた官僚組織が「官邸」の意向を忖度して行動するという、およそ制度本来の趣旨とはかけ離れた事態も生じ、国民の信頼を裏切ったことはしばしば指摘されるところである。

## Ⅲ 圧力団体

**圧力団体**とは「政治に対して影響力を行使する組織化された特殊利益集団」をいう。圧力団体は、自らは政権の獲得を目指した活動を行わない点で政党とは区別される。具体的には、経済3団体、日本医師会などが代表的な圧力団体として知られている。これら圧力団体の活動は、選挙、立法、行政など、国家活動の全般に及び、さらには世論に働きかけ、世論の支持を動員することによってその影響力を強化しようとする。

日本における圧力団体の法的地位については、明確な定めはない。圧力団体の活動が盛んなアメリカでは、通常**ロビイスト**と呼ばれる代理人によってその活動が担われる。ロビイストには元議員、元公務員、弁護士、新聞記者などが多く、ロビイスト登録法とも相まって１つの職業として認知されている。圧力団体の活動はあくまで「私的な」ものと考えられている。しかし、圧力団体は、実際には「私」という言葉には収まらない広範な活動領域において強い影響力を発揮していることに留意すべきである。

## Ⅳ　国民による政治監視

### *1*　国民と国会

　議会とは、本来公開と討論の場であり（57 条）、また公務員は全体の奉仕者である（15 条 2 項）ことからすれば、すべての国政は広く国民の監視の下に行われるべきである。しかし、国政運営あるいは政治的意思決定が国民から隔絶した場で、しかも時として国民全体の意思とは対立する形で行われる場合もある。それはたとえばすでに見た国会対策委員会であったり、しばしば報道される私的な場での政治的取引である。また、法案の帰趨を事実上決する委員会の審議が、法律上は原則として非公開であることにも批判がある（国会 52 条）。

　このような状況に対し、わずかながらではあるがこれを改める方策が打ち出されている。すでに見たように、国会の活動に関しては政治資金規正法や国会議員資産公開法などの法律が制定されている。また、政治家を巻き込んだスキャンダルが起こった場合などには、国政調査権（62 条）を有効に機能させ、広く国民に開かれた場で解決を求めることが要請される。そのための法制度の整備も必要である。しかし最も重要なことは、選挙という国民の政治的意思表明の場面で、国民が国政を信託するに値する候補者や政党を選出すること（前文1 段）である。そのためにも、民意を忠実に反映できる選挙制度が必要となることはいうまでもない。

## *2* 国民と行政機関 ●────────────────────●

　現代国家は、国家機能の拡大に伴って行政権が肥大化する行政国家現象に直面している。それゆえ、公正、中立な行政が効率的に行われるよう、国民が監視する必要性はますます増大している。

　行政機関を監視する手段としては、国政調査権の行使や内閣不信任案の可決などの国会（議院）による監視、行政訴訟という裁判所による監視などが考えられる。さらに、インターネットを通じたいわゆる**パブリックコメント**など、国民が国政に直接アクセスできる条件も整えられている。ここでは、国民が直接関わることのできる監視手段のうち基本的なものに触れておく。

### （1）　情報公開制度

　1999 年に至って、地方公共団体の多くが情報公開条例を制定したことに追随し、**情報公開法**がようやく成立した。行政国家現象の進展は、行政機関への情報の集中も当然にもたらす。行政機関が保有している情報を公開することは、「行政の透明性の確保」、あるいは「開かれた行政」のために重要である。情報公開が行われることによって、国民は次の選挙の判断材料を得ることができ、また具体的な行政活動の違法性を裁判で争う際の資料とすることもできる。情報公開は、国民が国政に関与する際に不可欠な、国民の**知る権利**に奉仕するものである。

### （2）　行政手続と参加

　情報公開とならんで重要なものが、**行政手続**への参加である。行政機関における意思決定は、公正に、かつ広く国民に開かれた形で行われるべきである。それゆえ、実体的な決定に先立ち、いかなる決定が行われようとしているのかが明らかにされ、利害関係を有する者は自由に意見が述べられることが保障されなければならない。このような手続を**適正手続**（31 条、ただしそもそもこの条文は刑事手続について定めたものであることに注意）と呼び、具体的には「告知と聴聞」である。適正手続が要求されるのは、個人の権利が侵害されることを未然に防止すると同時に、誤った行政権の発動を事前に抑止することもできるからであ

る。この適正手続という考え方は、最高裁でも**個人タクシー免許事件** <small>(最判1971・10・28民集25・7・1037)</small> において行政処分における事前の公正な手続の必要性が示されて以来、**成田新法事件** <small>(最大判1992・7・1民集46・5・437)</small> でも「憲法31条の定める法定手続の保障は、……行政手続については、それが刑事手続ではないとの理由のみで、そのすべてが当然に同条による保障の枠外にあると判断することは相当ではない」と、判示されている。なお、行政手続に関する一般法である**行政手続法**が制定されたのは、1993年のことである。

ただし、国民が行政手続に参加していくことにまったく問題がないわけではない。審議会や諮問機関の設置や公聴会の開催が形式的なものである場合には、国民の行政手続への参加はかなわない。むしろ、これらを隠れ蓑にして不当な行政機関の行為に正当性が与えられる危険性すら存在するのである。

## *3* マスメディアの役割 ●━━━━━━━━━━━━●

現代国家においては、**マスメディア**の役割も重要である。マスメディアには表現の自由が保障され、国政に関する様々な情報を収集・処理し、伝達する。マスメディアの報道は、国民の知る権利にも奉仕する <small>(博多駅事件、第8講を参照)</small>。ここでは、政治監視機能という点からマスメディアを考えてみたい。

古くから「新聞は社会の木鐸である」などといわれるように、マスメディアに期待される役割の1つに政治監視機能があげられる。公正・中立な立場から政治家の不祥事を追及するキャンペーンを張ることなどで世論に訴え、不当な、場合によっては違法な国政運営を糺す役割を担っているのである。しかし、日本のマスメディアに関しては、必ずしも全幅の信頼を置けないのも事実である。

その理由の1つに、いわゆる**記者クラブ制度**がある。これは、国会、省庁さらには地方公共団体といった場において、記者会見などの取材を記者クラブに属するメディアだけに限定する制度である。記者クラブそのものは、記者同士の親睦を図ったり、あるいは共同記者会見を行う際に便利であったりとメリットも考えられる。問題なのは、記者クラブに入れないメディアはそもそも取材さえできないことであり、ひいては国民に伝達される報道内容が画一化してし

まう危険性をはらんでいることである。これではかつての大本営発表と同じで、メディアが権力による情報操作の片棒を担ぐ結果となりかねない。メディアの側でも記者クラブから排除されないよう自己規制が働くこともその大きな理由である。

　また、地方のメディアなどに見られるように地方の権力者との癒着が問題とされる場合もある。これでは国民あるいは住民が本当に必要としている情報が伝達されることにはなるまい。

　さらには、マスメディアそのものが**情報操作**を行い、世論を特定の方向へと導くことがしばしば問題となる。たしかにマスメディアは私的な結社であり、本来的に表現の自由を有している。しかし、現代国家においてはマスメディアが世論形成に大きな影響力を行使する。これに対して情報を受け取る国民は、十分な情報リテラシーを身につけることが必要である。

```
┌─────【チェック・ポイント】─────┐
│                                      │
│ ・政党とはどのような存在か。         │
│ ・官僚制はどのような特徴をもったものか。│
│ ・国民による行政のコントロール手段として、重要なものを2つあげ│
│   なさい。                           │
│                                      │
└──────────────────────────────┘
```

**Book Guide**

　加藤一彦『政党の憲法理論』（有信堂、2003 年）

　上脇博之『政党国家論と国民代表論の憲法問題』（日本評論社、2005 年）

　川人貞史『日本の国会制度と政党政治』（東京大学出版会、2005 年）

　飯尾潤『日本の統治構造—官僚内閣制から議院内閣制へ』（中公新書、2007 年）

　堀江湛・加藤秀治郎編『日本の統治システム—官僚主導から政治主導へ』（慈学社出版、2008 年）

　加藤一彦『議会政治の憲法学』（日本評論社、2009 年）

レジュメ

I 議院内閣制
　　行政権の定義：消極説（国会の権限を狭くするおそれ）← 積極説の意義
　　行政権の担い手：行政権は内閣に帰属（65条）、行政組織を統轄
　　　　　　　　　例外＝独立行政委員会 → 合憲の条件？
　　議院内閣制：大統領制・議会統治制との比較
　　　　　　　　内閣の存立が国会の信任に依存＋一応の分立（＋解散制度）
　　　　　　　＜責任説＞　　　　　　　　　　　　　　　　＜均衡説＞

II 内閣の構成
　　内閣；内閣総理大臣と国務大臣、補助機関の内閣官房を設置
　　内閣総理大臣の選出：① 欠けたとき ② 総選挙の後 ③ 内閣総辞職の場合
　　　　　　　　　　　 → 国会議員の中から国会の議決で指名し、天皇が
　　　　　　　　　　　　 任命（67条）
　　　国務大臣　　　：内閣総理大臣が任免し、天皇が認証
　　　　　　　　　　　閣僚らの増員は政が官から独立する反面、与党議員
　　　　　　　　　　　と内閣との間の緊張を喪失
　　　　　　　　　　　内閣総理大臣のリーダーシップを期待する公選論 →
　　　　　　　　　　　議会制民主主義と矛盾？
　　　内閣構成員の資格要件　① 文民　② 内閣総理大臣は国会議員　③ 内閣の
　　　　　　　　　　　　　　過半数が国会議員

III 内閣総理大臣と内閣の権限と責任
　　内閣総理大臣の権限　憲法（国務大臣の任免、訴追の同意、行政各部の監督など）
　　　　　　　　　　　　法律（内閣府の長、閣議主宰、自衛隊指揮など）
　　内閣の憲法上の権限　① 73条列記事項：特に委任立法の問題点（猿払事件）
　　　　　　　　　　　　② 他の条項が定める事項（国事行為の助言と承認など）
　　責任の性質：全員一致の閣議決定に拘束 → 国会に対する連帯責任
　　　　　　　　法的責任（違法な行為）＋政治的責任（不当な行為）
　　行政国家　　国民が直接に行政を統制することの重要性
　　　　　　　← 国民包摂の危険

IV 衆議院の解散　　　　　解散制度の趣旨（均衡・主権者のタイムリーな意思表明）
　　　　　　　　　　　　 裁量権の制限
　　解散権の行使　　　　 ① 衆議院の信任が得られないとき（69条）
　　　　　　　　　　　　 ② 内閣の裁量権（69条非限定）
　　司法審査：統治行為論（苫米地判決など）

## Ⅰ 議院内閣制

### *1* 行政権とは何か ●━━━━━━━━━━━━━━━━━━●

　「行政権は内閣に属する」(65条)。行政権の定義としては「国家作用のうちから立法・司法を除いた残りの部分」とする**消極説**（控除説）（芦部・憲法・347頁）が有力である。この理解は国家作用から最初に立法権が、次いで法の執行過程の中から司法権が分化し、残余の部分が行政権として把握されたという、多くの国々に共通する歴史的沿革に適合する。そのため無難な定義として支持されてきた。

　しかし消極説に対しては、①内閣が現実に担う多様な機能を説明するには不十分である、②帰属不明な権力作用が行政権に含まれると推定されるため、国会の権限が不当に狭められるおそれがある、などの批判も強い。

　そこで行政権を真正面から定義づける**積極説**が妥当な方向と思われる。「法の下に法の規制を受けながら、現実に国家目的の積極的実現をめざして行われる全体として統一性をもった継続的な形成的国家活動」（田中二郎）という定義が、その1例である。

### *2* 行政権の担い手 ●━━━━━━━━━━━━━━━━━━●

　内閣は、あらゆる行政事務を自ら執り行うのではない。**国家行政組織法**などの法律に基づき、内閣の下には省庁などの行政機関が設置されている。そこにおいて公務員に行政を進めさせているのである。もちろん行政に一体性を与えるためには、内閣と行政組織との間に指揮命令関係があることが前提である。つまり65条の文言には、①内閣が行政を担う、②内閣は行政の最高機関として行政組織を統轄する、という2つの意味あいが含まれている（小林・講義下・244頁以下参照）。

　だがここには例外があり、行政であっても内閣の統制を受けない領域がある。

第1に国会・議院・裁判所の内部や地方公共団体の行政は、内閣の行政権の範囲外にある（権力分立原理および地方自治の要請）。第2に会計検査院は行政機関であるが、憲法上、内閣から独立した機関である（90条）。第3の例外は人事院、公正取引委員会（公取委）、国家公安委員会など法律に基づく、いわゆる**独立行政委員会**である。

　独占禁止法に基づいて設置される公取委を例にあげ検討しよう。同委員会は内閣から独立して行政（強制処分を伴う調査・勧告など）・準立法（規則制定）・準司法（審判・審決。ただし審判制度の廃止が検討されている）機能を営む。委員には職権行使の独立性と身分が保障される。委員の任命には両議院の同意が必要である。

　このような機関の設置は許されるのだろうか。法律の委任する範囲内ならば準立法機能は、また終審でなければ（すなわち同委員会の判断に不服のとき、司法裁判所へ提訴する道が開かれていれば）準司法機能は、それぞれ合憲と考えられる。独立した行政機関として活動することの問題が残るが、一般に憲法的価値（たとえば独占を排し、営業の自由を保障すること）実現のため、内閣からの独立性・政治的中立性を確保することが望ましい場合に限り、① 委員任命などに内閣の権限が一定度及び、② 任命過程で国会の関与があるならば、その独立性は憲法が許容するものと見てよいだろう（浦部・憲法・598頁、佐藤幸・憲法・486頁）。

### *3*　議院内閣制　●────────────────●

　現代国家では、行政府は国民や国民代表に責任を負うのが普通である。行政府の長をどう選出するかという観点から① 国民が大統領を選出するアメリカ型**大統領制**、② 国会が内閣総理大臣を選出（内閣の存立は議会の信任に依存）し、両者は一応分立する**議院内閣制**、③ 議会が行政府を兼ねる**議会統治制**（スイス）に分類される。

　議院内閣制は18世紀以来、イギリス議会政の中で発達してきた。初期の首相は国王・議会両方の信任を必要としたが、国王が多数派ホイッグの首相に代えて少数派トーリーのウェリントンの任命を試み失敗した（1832年）ように、19世紀になると首相は議会の信任のみに依拠するようになった。

内閣が国会に対し責任を負う制度を**一元型議院内閣制**、国会のほか大統領や国王などに対しても責任を負う制度を**二元型議院内閣制**という。つまりイギリスの議院内閣制は、二元型から一元型に変化したということになる。またフランス第5共和制憲法は、大統領が首相を任命する一方、国民議会が内閣不信任案を議決した場合に内閣は辞職することを定めているから、二元型である。日本国憲法は一元型議院内閣制を採用している。

　議院内閣制の指標として、権力分立と対議会責任を重視する立場（**責任本質説**）と、それに加えて内閣による議会解散権を重視する立場（**均衡本質説**）がある。日本の議院内閣制については、均衡本質説が有力である。この説からすると、衆議院の解散（後述）に対する内閣の裁量権を広く認める結論に至りやすい。責任本質説に依拠した場合は、解散権は議院内閣制に不可欠の要素ではないので、内閣の解散権行使に制限を設けることも可能となるといわれる。

## Ⅱ　内閣の構成

### *1*　内閣総理大臣と国務大臣 ●━━━━━━━━━━━━●

　内閣は、**内閣総理大臣**と**国務大臣**（省庁の長を兼ねる大臣と無任所大臣からなる）から組織される（66条1項）。内閣の事務は法律に基づき設置される**内閣官房**と**内閣府**が行う（内閣法、内閣府設置法）。

　新たに内閣総理大臣が選ばれるのは① 内閣総理大臣が欠けた場合、② 衆議院議員総選挙が行われ臨時国会、特別国会が召集された場合、③ または内閣が総辞職した場合である（70条）。内閣総理大臣は国会の議決に基づき指名が行われ、天皇が任命する。両院の議決が異なる場合は両院協議会を開き、それでも一致しないとき、または参議院が指名の議決後 10 日以内に指名の議決をしないときは、衆議院の議決を国会の議決とする（67条）。

　多数の議席を獲得した政党の指導者が内閣総理大臣となる仕組みを**政党内閣制**という。日本では大正デモクラシー期の原内閣（1918〜1921 年）が本格的な政

党内閣の始まりといわれる。絶対多数政党がない場合、複数政党が共同で内閣総理大臣を支えることもある（**連立内閣**）。55 年体制下で自民党の単独政権が続いたが、93 年の細川内閣以来、連立内閣が常態化している。

国務大臣は、内閣総理大臣が任意に任命・罷免する（68 条）。その総数は 14人（必要な場合には 3 人を限度として増員できる）である（内 2 条 2 項）。さらに各省にはそれぞれ、内閣が任免する**副大臣・大臣政務官**が置かれる。国務大臣および副大臣は認証官である（行組 16 条 5 号・17 条 5 号）。中央省庁改編（2001 年）に伴いこれらの準閣僚を設けることで、官僚に依存しない政治が実現されると期待されている。だが他方であまりに多数の準閣僚を任命すれば、国会（特に与党議員）と内閣との間の緊張関係を失わせ、国会の役割を軽視するとの批判も強い。

同時に内閣総理大臣のリーダーシップ強化も図られているが、これも「国権の最高機関」である国会や合議体としての内閣を弱体化させる危険がある。今後の動向について、権力分立の観点から立ち入った分析が必要である（芦部・憲法・358 頁参照）。

ここで憲法を改め、内閣総理大臣を国民の直接選挙で選ぼうという、**首相公選論**についてコメントしておく。この議論を支えるのは、次期内閣総理大臣が派閥間の取引など密室状態で決定される政治への不信感や、災害救援活動などにおける強力で迅速なリーダーシップへの渇望感である。国民から直接選ばれた「お墨付」きがあれば、国会、外国政府、あるいは国民に対して、従来以上に強硬な姿勢をとることも可能となろう。選挙制度を人為的に操作し二大政党を作り、総選挙に「首相の選択」機能をもたせようという議論も、本質的に同じ方向に立つ。

しかし合意形成にかかる時間は、民主主義の必要経費である。迅速さを求めるあまり、国民の多様な意見を無視したり、民主的手続を軽視するといったことは避けなければならない。強力な権威的関係は、災害救助にとってそもそも有効ではないといわれるが、これは決定過程に時間をかける「コンセンサス重視型」の政治が、結局は、意思の統一と効率性をもたらすことを示唆している。

## *2* 内閣構成員の資格要件 ●━━━━━━━━━━━━━━━●

内閣総理大臣その他の国務大臣は**文民**でなければならない（66条2項、詳細は第14講）。

内閣総理大臣は国会議員の中から選ばれる。衆参いずれの議員かは問われない。だが内閣総理大臣の選任に関して衆議院が優越することや、内閣不信任議決権が衆議院のみにあることから、衆議院議員の中からの指名を適当とする説も有力である。

国務大臣は、過半数が国会議員でなければならない。民間人を国務大臣に選ぶことは、国会議員に適任者を得られないような場合にのみ例外として認めるべきだとする説もある。人材不足の政党に政権を委ねるというのは政治上は問題となりうるが、憲法は政党の良識に委ねたと解される。

内閣総理大臣が国会議員であることは内閣の成立条件であるだけでなく、存続条件でもある。したがって内閣総理大臣が死亡したり辞職した場合のほか、資格争訟などで議員資格を失った場合も、内閣は総辞職しなければならない。ただし病気などで一時的な故障のあった場合は、あらかじめ指定する国務大臣（副総理）が臨時に職務を行い、総辞職の必要はない（内9条）

## Ⅲ 内閣総理大臣と内閣の権限・責任

### *1* 内閣総理大臣の権限 ●━━━━━━━━━━━━━━━●

憲法は①国務大臣を任免すること（内閣総理大臣が新たに選ばれて大臣を任命する作業を**組閣**、大臣の大幅な入れ替え作業を**内閣改造**という）、②国務大臣の訴追に同意すること（75条）、③法律・政令に主任の国務大臣とともに**連署**すること（74条）、④内閣を代表して議案を国会に提出し、一般国務および外交関係について国会に報告すること（72条）、⑤行政各部を監督すること（72条）などを内閣総理大臣の権限として定める。

また内閣府の長としての権限（内閣府6条）、閣議主宰・議案発議権（内4条）、行政各部の指揮監督・中止権（内6条以下）、自衛隊の最高指揮監督権（自衛7条）などが法律で定められている。

そのほか裁判所は、① 行政各部の指揮監督権を背景とした民間企業への行政指導的働きかけを、内閣総理大臣の準職務行為（ロッキード事件丸紅ルート 東京高判 1987・7・29 高刑集 40・2・77）、また、② たとえ閣議が決定しなくとも内閣の明示の意思に反しない限りで、職務権限を有する国務大臣に個別の指示を与える権限を、**内閣総理大臣の指揮監督権**の行使と（最大判 1995・2・22 刑集 49・2・457）認定している。

## *2* 内閣の権限 ●━━━━━━━━━━━━━━━━━━━●

内閣の憲法上の権限には、73 条に列記された一般行政事務に関するものと、それ以外の条項で特に定められたものとがある。

### （1） 73 条に列記される内閣の権限

①　法律を誠実に執行し、国務を総理すること　「誠実に執行」とは、法律に従って行政を進める法治行政主義の原則を定めたものである。たとえ法律に批判的であっても執行する義務を意味し、執行拒否は認められない。また「国務を総理する」とは、内閣が行政権の最高機関として行政全般を統括することを意味する。

②　外交関係を処理すること　他国との外交交渉や、**アグレマン**（外国から使節を受け入れる際の事前承諾）の表示などがこれにあたる。

③　条約を締結すること（詳細は第17講）

④　法律に定める基準に従い、官吏に関する事務を掌理すること　人事行政が法律に基づくべきことを定めたものである。権力分立原理からして国会・裁判所職員は、ここでいう官吏にあたらない。

⑤　予算を作成して国会に提出すること（詳細は第22講）

⑥　憲法および法律の規定を実施するため政令を制定すること　閣議で決定し内閣が発する命令を**政令**という。なお各大臣が発する命令は**省令**と呼ぶ。

法律の委任がある場合を除いては、政令で罰則を設けることができない。また罰則の構成要件を政令に委任することも違憲の疑いが強い。国家公務員法110条で処罰される「政治的行為」の具体的内容は人事院規則14-7に委任されているが、最高裁はこの委任を合憲と判断した（猿払事件 最大判1974・11・6刑集28・9・393。世田谷国公法弾圧事件、堀越事件も参照しなさい）。

⑦　恩赦を決定すること　　**恩赦**とは、行政が司法手続によらずに刑のいい渡しの効果の全部または一部を消滅させることをいう。恩赦には天皇の認証を要する。

### （2）　憲法の他の条項が定める内閣の権限

①　国事行為に関する助言と承認（3・7条）、②最高裁判所長官の指名と他の裁判官の任命（6・79・80条）、③臨時会の召集（53条）、④緊急集会の請求（54条）、⑤財政に関する権限（86・87・90条）などである。

## 3　内閣の責任

**（a）　閣議**　　内閣の意思は内閣総理大臣の主宰する**閣議**で決定する（内4条）。閣議には①毎週火・金曜日に開催される定例閣議、②必要に応じ開かれる臨時閣議、③書類回付で済ませるもち回り閣議がある。閣議書に閣僚と内閣総理大臣が署名して、正式な決定となる。国務大臣は閣議決定に従う義務があり、また閣議決定を公に批判することは禁じられると解されている。

閣議での議決方式は全会一致の慣行があるが、憲法・法律は特に明示していない。学説は①全会一致が求められるとする説（杉原・憲法II・352頁）、②多数決で足りるとする説、③内閣の自主判断に委ねられるとする説（浦部・憲法・568頁）に分かれる。次に述べる**連帯責任**を貫徹させるためには、全会一致説が妥当であろう。

**（b）　連帯責任**　　内閣が国会に対し連帯して負う責任は政治責任である。したがって違法性を帯びない問題であっても、責任は生じる。各院はそれぞれ独自に、国政調査・質問・決議などを通じて内閣の責任を追及する。衆議院の信任・不信任決議以外は法的効力を伴わないが、内閣を事実上統制する手段と

なる。

　連帯責任は、内閣全体の政策や行動に直接関係を有しない国務大臣の個々の所管事項に属する事柄や個人的原因による単独責任を免れさせるものではない（芦部・憲法・319頁）。しかし①任命者としての内閣総理大臣の責任、②国会による効果的な統制、これらを勘案すれば連帯責任こそ原則とすべきである。

　責任の負い方として、最も厳しいのは総辞職（引責総辞職）だが、ほかに内閣総理大臣の陳謝、公務員に対する綱紀粛正などの措置がある。

**（ｃ）　国民による統制**　　国家機能の拡大につれ、行政機関は単に法律を執行するにとどまらず、国家基本政策を決定するようになった。このいわゆる現代**行政国家**においては、行政の民主的統制が必須である。にもかかわらず、内閣＝執行（executive）が官僚＝行政（administration）の監督機関として十分機能せず、憲法の予定した＜国民 → 国会 → 内閣 → 官僚＞という統制経路が有名無実化しているのである。国民が官僚をいかにして効果的に統制するかについては、検討を一層進める必要があろう（詳細は第18講）。

　なお行政過程への直接参加は、民主的統制というより、国民包摂の手段として逆用される危険もある。たとえば国民各層の「代表」を集めた審議会や諮問機関には、官僚の予定通りの答申をする行政の正当化機能が目立つ（**審議会政治**）。また政策決定に先だって国民から、郵便や電子メールで意見を募る**パブリックコメント制度**も活用されつつある。これも寄せられた意見の取り扱い次第では「いいっぱなし・聞きっぱなし」になってしまう。直接参加制といえどもどこか必ずフィクションの性格が残るということを、我々は肝に銘じておくべきである。


## Ⅳ　衆議院の解散

　内閣総理大臣は衆議院で**不信任決議**が可決、あるいは**信任決議**が否決されたときには、10日以内に衆議院を解散するか、総辞職するかのいずれかを選択する（69条）。

内閣が**衆議院の解散権**をもつことは、国会の「国権の最高機関」条項に照らして承認しがたいという議論もある。たしかに内閣は解散権を盾に、国会に対し過度に優位にたつ危険性もある。しかし解散権の機能は、立法府と行政府の均衡維持だけではない。主権者は総選挙を通じて、国政の重要な分岐点でタイムリーに意思を表明することができる。つまり解散は国民主権にふさわしい制度として正当化されるのである。

　ところで、69条に規定した以外の場面で衆議院は解散されるのだろうか。学説は、①69条以外の場合は解散できないとする説、②衆議院の自律解散が可能とする説、③内閣の解散権行使は69条の場合に限定されないとする説（通説）に分かれる。

　③説が妥当であろう。衆議院が民意を反映しているか疑わしい場合にも解散されないとしたら、それは上述した解散制度の位置づけと反する。この点で①②説とも難がある。また②説は憲法上の根拠規定をもたない。

　したがって衆議院の解散は、69条に限定されない内閣の裁量権行使と解される。しかし民意の聴取という制度目的に不適切な形（たとえば政権党の党利党略に基づいて総選挙の日を決めたり、主権者に問うべき問題が明確化していないにもかかわらず解散するなど）や、憲法の予定した立法手続を回避する目的（たとえば郵政民営化解散）で行使すれば、責任本質説はもちろん均衡本質説の立場からも、裁量権濫用と批判されよう。この濫用を抑制する意味で「69条限定説が重要な意味をもつことも否定できない」のである（辻村・憲法・439頁）。

　解散権の憲法上の根拠について、①7条3号の国事行為とする説（杉原・憲法Ⅱ・292頁）と、②権力分立・議院内閣制という制度に求める説（清宮・憲法Ⅰ・234頁）とがあるが、②が有力説である。実態は、48年の第1回解散がGHQの示唆で69条解散の形式をとった以外、52年以後の解散の詔書には「日本国憲法第7条により、衆議院を解散する」と書かれている。

　解散の是非を裁判で争うことは可能であろうか。52年の「抜き打ち解散」における閣議決定手続が争点となった**苫米地事件**の最高裁判決（最大判1960・6・8民集14・7・1206）、86年の解散の結果実施された「衆参同日選挙」が国民の意

思表明の機会を減ずるのではないかと争われた**衆参同日選挙事件**の高裁判決（名古屋高判 1987・3・25 行集 5・9・2181）は、いずれも解散権の行使を「極めて政治性の高い国家統治の基本に関する行為」で、その効力の審査は司法の権限外にあると判示した。

```
┏━━━━━━【チェック・ポイント】━━━━━━┓
┃                                      ┃
┃  ・議院内閣制の特徴をあげよ。          ┃
┃  ・内閣はいかなる場合に総辞職するのか。 ┃
┃  ・閣議決定を多数決で行うことができるか。┃
┃                                      ┃
┗━━━━━━━━━━━━━━━━━━━━━━━━━┛
```

## Book Guide

手島孝・中川剛『憲法と行政権』（法律文化社、1992 年）

近藤敦『政権交代と議院内閣制』（法律文化社、1997 年）

只野雅人『憲法の基本原理から考える』（日本評論社、2006 年）

加藤一彦『議会政治の憲法学』（日本評論者、2009 年）

# 第20講 裁 判 所 ① 司法権の概念と裁判官の独立

レジュメ

```
I   司法権の概念
 1  司法権の帰属
    司法権の範囲……特別裁判所・行政機関による終審裁判の禁止
 2  司法権の意味と限界
    法律上の争訟の意味……具体的争訟、法の解釈適用による解決可能性
      ＊客観訴訟、憲法上の例外、議院の自律権、学術的判断・宗教の
      教義
II  裁判所の構成
    最高裁判所……大法廷（15人）と小法廷（5人）、終審裁判所
    下級裁判所……高等裁判所、地方裁判所、家庭裁判所、簡易裁判所
III 裁判官の独立
 1  裁判官の身分保障
    任命……最高裁判事＝内閣、下級裁判所判事＝最高裁（再任拒否事件）
    身分の喪失……弾劾裁判、執務不能の裁判、定年、最高裁判事の国民審査
    その他……報酬の減額禁止、懲戒の制限など
 2  規則制定権・司法行政権
    最高裁判所規則……法律優位、ただし内部事項は規則の専管事項
    司法行政権……人事・行政事務の自律的処理
 3  司法権の独立をめぐる問題
    対国会……国政調査権
    対内閣……裁判官任命権（「偏向裁判キャンペーン」）
    裁判所内部……「平賀書簡」事件、司法官僚制、寺西判事補懲戒事件
IV  司法制度の課題
    裁判の問題点……金と時間のかかる裁判、法曹人口の不足、法曹養成
                    → 法曹の増員、法曹養成制度改革、法曹一元
V   国民の司法参加と裁判員制度
    陪審制……合憲性をめぐる議論、「素人」が参加する意義
    裁判員制度……裁判官と裁判員の合議
```

## ⅠＩ　司法権の概念

### *1*　司法権の帰属

　憲法 76 条 1 項は、「すべて**司法権**は、最高裁判所及び法律の定めるところにより設置する下級裁判所に属する」と規定している。この「司法権」という国家作用の範囲は、歴史的・比較憲法的に見て決して一様ではない。たとえば、ドイツやフランスでは司法裁判所は民事・刑事事件のみを所管し、行政事件は別に設置される行政裁判所が担当してきた。一方、イギリスやアメリカでは、民事・刑事のみならず行政事件の裁判も司法作用に含まれるとされてきた。

　戦前の日本は前者の立場をとり、行政事件は特別に設置された**行政裁判所**のみが所管し、しかも出訴事項の制限列記主義により国民の権利救済の道は大きく制限されていた。また、憲法上、**特別裁判所**の設置も認められていた（旧憲法 60 条）。特別裁判所とは、陸海軍の軍法会議など、通常の裁判所の系列外にあって特殊な事件のみを扱う裁判所のことである（上記の行政裁判所も特別裁判所の 1 つである）。

　日本国憲法のもとでの司法権の在り方は旧憲法とは大きく異なる。司法権はすべて最高裁判所を頂点とする司法裁判所のみに帰属する。軍法会議のような特別裁判所や独立の行政裁判所の設置は禁じられる（76 条 2 項）。これはまた、すべての国民に平等に裁判を受ける権利が保障されている（14・32 条）ことの帰結でもある。

　もっとも、憲法が禁じているのは行政機関による終審裁判であるから（76 条 2 項）、前審としてであれば行政機関が裁判を行うことは可能である（裁 3 条 2 項）。

### *2*　司法権の意味と限界

以上のように司法権が行政裁判を含むか否かについては国や時代により相違

があるが、他方、司法権という国家作用の本質的部分については一定の合意があるように思われる。司法権とは、通常、具体的な法律上の争訟に法を適用しその解決を図る作用であると定義される。たとえば、アメリカ合衆国憲法は**事件・争訟性**（cases or controversies）を司法権の要件としている。日本国憲法は「司法」の意味を明らかにしていないが、「事件・争訟性」はアメリカに限らず「近代司法一般の備えている『本質』」（樋口ほか・注解憲法Ⅳ・13頁）と考えられており、日本国憲法の「司法権」も同様に理解するべきであろう。裁判所法はこうした理解を前提に、裁判所は憲法上の例外を除き「一切の**法律上の争訟**」を裁判する権限を有すると規定している（裁3条1項）。最高裁判所によれば、「法律上の争訟」とは、「法令を適用することによって解決し得べき権利義務に関する当事者間の紛争」（最判1954・2・11民集8・2・419）である。

### （1） 客観訴訟

「司法権」の本質についてはこのように一定の共通理解が存在するが、「法律上の争訟」が具体的に何を意味するかについてはなお不明確な部分も少なくない。まず問題となるのがいわゆる**客観訴訟**である。行政事件訴訟法は、国・自治体の違法行為の是正を求めるため「自己の法律上の利益にかかわらない資格で提起する訴訟」（5条民衆訴訟）、国や自治体の権限紛争に関する訴訟（6条機関訴訟）を認めている。前者の例としては、定数不均衡をめぐる裁判などで利用される選挙争訟（公選204条）、住民訴訟（自治242条の2）が、後者の例としては普通地方公共団体に対する国等の関与に関する訴訟（自治251条の5）がある。

　裁判所法3条1項は、「法律上の争訟」のほか、「法律において特に定める権限」を裁判所に認めている。これらの訴訟（客観訴訟）はこの規定に基づき法律で特別に認められた訴訟類型であるとされてきた。しかし、客観訴訟が本来「法律上の争訟」ではなく「法律において特に認める権限」であるとすると、憲法上の司法権に属さない権限を法律によって裁判所に認めることにならないであろうか。仮に法律で「司法権」の内容を拡大し得るとするならば、たとえば違憲立法審査権の範囲を法律で拡大することなども許されるのだろうか。

　実は、日本国憲法の司法権のモデルともいわれるアメリカの場合、「事件・

争訟性」の理解はかなり広い。「現在一般に『客観訴訟』と呼ばれているものの重要な部分は、アメリカであれば当然司法権の範囲内と考えられており、日本的にいうならば主観訴訟に該当する」（松井・憲法・233頁）との指摘もある。この点も踏まえれば、選挙の効力や選挙権の平等が問題となる選挙争訟は、「権利義務に関する当事者間の紛争」であり、本来は「客観訴訟」ではなく「法律上の争訟」に該当すると見ることもできよう。

　一方、機関訴訟や住民訴訟は、直接権利侵害が問題となっているわけではないが、国会は法律によりそれらを司法の権限としている。このような対応は、憲法上の権限配分を法律で変更することにならないであろうか。

　たしかに、行政権・司法権それぞれの権限は憲法により決まっており、立法によってそこに変更を加えることは原則として許されない。しかし、行政と司法を合わせた広義の執行作用内部での権限配分が、余すところなく一義的に憲法によって定められているとまではいえないであろう。機関訴訟や住民訴訟のように、本来の「法律上の争訟」ではないが、自治体の事務の執行や支出行為をめぐる具体的な法的紛争が前提となっている事案については、行政・司法のいずれに帰属させることも、憲法上可能ではないだろうか。このように、執行作用の配分については、憲法上なお一定の調整の余地が残されているように思われる。そして、この調整を行う権限は、「国権の最高機関」としての国会にあると見るべきであろう。「事件・争訟性」をまったく欠いた事案を司法の権限とすることは許されないが、一定の「事件・争訟性」を備えた法的紛争の裁定を裁判所に委ねることは、「国権の最高機関」としての国会の権限の中に含まれていると解することができよう（杉原・憲法II・360頁参照）。

### （2） 憲法が明示する例外

　客観訴訟とは逆に、明らかに法律上の争訟の要件を備えていても裁判所の司法権が及ばないとされる場合もある。憲法は罷免の訴追を受けた裁判官の裁判（弾劾裁判所）を国会の権限とし（64条）、国会議員の資格に関する争訟を各議院の権限としている（55条）。これらは憲法自身が明示する例外であって、裁判所の権限は及ばない。

### （3） 議院の自律権

この他明文規定はないが、議員の懲罰、定足数や議決数の認定など議院の内部的運営・規律に関する事項も、**議院の自律権**に属する事項として裁判所の審査権は及ばないとされる。最高裁は、**警察法改正無効事件**において国会両院の自主性の尊重を理由に立法手続に対する審査を否定した（最大判 1962・3・7 民集 16・3・445）。たしかにいかなる決定を下すかは議院の自律権に属する事項であり決定内容は司法審査の対象外である。しかし、議院の自律権を尊重するとしても、議事手続に明白な憲法違反が認められるような場合には、司法審査を肯定する余地もあるように思われる。

### （4） 学術的判断・宗教上の教義など

最後に、当事者間で具体的な争いが生じていても、法律の解釈・適用により解決することが不可能な場合も司法権は及ばないとされる。最高裁は、国家試験の合否判定（最判 1966・2・8 民集 20・2・196）、宗教上の価値・教義をめぐる判断（「板まんだら」事件 最判 1981・4・7 民集 35・3・443）が訴訟解決の前提となっていた事案につき、いずれも法令の適用による終局的解決が不可能であり「法律上の争訟」にあたらないと判示している。もっとも、通常法律判断になじまないとされるこれらの問題にも司法審査が及ぶ余地は皆無ではない。宗教の教義が問題となっている場合には、信教の自由の保障や政教分離の原則（20 条）からしても裁判所がその内容に立ち入り判断することは適当ではないが、国家試験については、採点者などに認められた学術的裁量の範囲を明らかに超えると見られる場合には、裁判所が判断を加える余地はあり得よう。また、地方議会が議員に科する懲罰について、従来最高裁は、除名についてのみ司法審査が及ぶとしていたが、判例を変更し（最大判 2020・11・25 民集 74・8・2229）、出席停止についても審査が及ぶとしている。

なお、以上の諸点のほかにも、司法権の限界をめぐっては統治行為の問題がある（第 21 講参照）。

# Ⅱ　裁判所の構成

　司法権は、最高裁判所および下級裁判所により行使されるが、どのような下級裁判所を置き、どのような審級制をとるかなどは法律により定められる。現行法上は、**最高裁判所**のほか、**高等裁判所**、**地方裁判所**、**家庭裁判所**、**簡易裁判所**が設置され〔裁2条〕、通常は、地方裁判所 → 高等裁判所 → 最高裁判所の3審制がとられる。民事事件・行政事件・刑事事件のいずれでも通常は地方裁判所が第1審となる。一部の行政事件では高等裁判所が、訴額が140万円を超えない少額の民事事件・罰金刑以下の軽微な刑事事件では簡易裁判所が第1審となる。家庭裁判所は、家庭事件の審判・調停や少年の保護事件・刑事事件などを扱う。やや特殊な事件が対象となるが、高等裁判所・最高裁判所への上訴は当然可能であり、憲法が禁じる特別裁判所にはあたらない。

　司法権の頂点に立つ最高裁判所は、長官と14人の裁判官から構成される。裁判は、全裁判官の合議体である大法廷、および3人以上で構成される小法廷により行われる〔裁9条〕。現在の小法廷は、第1から第3まで、各法廷5人ずつで構成されている。事件を大法廷・小法廷のいずれで扱うかは最高裁の定めるところによるが、新たに憲法判断をする場合、違憲判断をする場合、判例を変更する場合など、大法廷での裁判が義務づけられる場合もある〔裁10条〕。最高裁はすべての裁判における**終審裁判所**であり、その判断は当該事件につきすべての下級裁判所を拘束する〔裁4条〕。判例変更の判断が大法廷で行われるのは、最高裁が法令解釈の統一を任務としており、小法廷間で解釈を統一する必要があるためである。

　日本の裁判所の構造は大要以上の通りであるが、実際に裁判にあたる裁判官の定員は3,000人程である〔簡易裁判所を除く〕。一方、2022年に地方裁判所が新たに受理した事件の数は、訴訟事件に限っても民事・行政で12万8,500件、刑事で5万9,500件にのぼる。最高裁には、民事・行政だけでも、4,900件を超える訴訟事件が新たに係属している。事件数からみて、裁判官の数は十分と

はいえないように思われる。裁判官の負担が加重になれば、裁判に時間がかかることなども懸念され、国民の裁判を受ける権利への影響も小さくない。裁判官に限らず、弁護士なども含めた日本の**法曹人口**も、欧米諸国と比べるとかなり少ない。国民の裁判を受ける権利の実現という点からはやはり問題である。1990年代後半以降、国民にとって利用しやすい裁判のあり方が、様々に議論されるようになった（IV司法制度の課題を参照）。

## Ⅲ 裁判官の独立

憲法76条3項は、「すべて裁判官は、その良心に従ひ独立してその職権を行ひ、この憲法及び法律にのみ拘束される」と規定している。裁判官（司法権）の独立の原則である。裁判官は、当事者の一方に偏することなく公平に法を解釈・適用し争訟を解決しなければならない。国が訴訟の一当事者である場合はなおさらである。それゆえ外部の圧力からの独立が強く求められるのである。

日本における**裁判官の独立**をめぐる事件としては、戦前の**大津事件**が特に有名である。1891年、来日中のロシア皇太子に警備中の巡査が帯剣で斬りつけた。外交関係を憂慮した政府は、この事件に皇室に対する罪——日本皇室のみが対象——を適用し極刑に処するよう裁判官に圧力をかけた。これに対し、当時の大審院長・児島惟謙は裁判官を励まし、結局謀殺未遂が適用された。政府に対し司法権の独立を守った児島は、「護法の神」と賞賛されることとなった。司法の独立が不十分であった明治憲法下で政府の圧力をはねのけた児島の行動は高く評価されてよいであろう。もっとも、上司が部下の裁判官を説得することが、常に裁判官の独立を守ることにつながるとは限らない。上司による部下の裁判官の説得は、裁判官の独立を侵す危険をもはらんでいる。裁判官の独立は、裁判所内部においても、十分保障されねばならない。

日本国憲法は、以下のように、裁判官（司法権）の独立を明示するだけでなく、裁判官の身分保障など、独立を裏付ける制度をも詳細に規定している。

## *1* 裁判官の身分保障 ●────────────────●

　裁判官の独立を保障するためには、**裁判官の身分保障**が不可欠の前提である。そのため、**任命手続**についても、また任命後の身分についても、一般の公務員とは異なる手続が準備されている。

### （1） 裁判官の任命手続

　憲法は、最高裁判所・下級裁判所のそれぞれにつき、任命手続を規定している。最高裁判所については、その長官は内閣が指名し、天皇が任命する (6条2項)。長官以外の裁判官は内閣が任命し (79条1項)、天皇が認証する (7条5号)。いずれの場合にも実質的決定権は内閣にある。任命が党派的・政治的考慮からなされるおそれも皆無ではない。そこで、憲法施行後第1回目の任命については、裁判官任命諮問委員会が設けられ、委員会が答申した30名の中から長官を含む15名が任命された。しかしこの制度は1回のみで廃止されている。人事の公正と裁判所の政治部門からの独立性を十分確保するためには、同種の制度が考慮されてよいであろう。

　下級裁判所の裁判官は、最高裁の指名したものの名簿により内閣が任命する (80条1項)。旧憲法下の裁判官の人事権は実質的に司法大臣が握っていたが、司法権の独立を確保するため、日本国憲法では最高裁に人事権を認め、政治的干渉を排している。それゆえ、内閣が名簿登載者の任命を拒否することはできないと解される。実際にも、任命定員に形式的に1名をプラスした名簿を提出する形がとられており、内閣の任命権は名目的なものとなっているといわれる。

　80条1項は続けて、**下級裁判所裁判官の任期**は10年であり、再任されることができると規定する。この点につき、文字通りの任期制であって、10年の任期終了後に再任するかどうかは指名・任命権者の自由裁量であるとの見解がある。しかしこの見解には賛成し難い。これでは特に強い独立性が求められる裁判官の身分が一般の公務員以上に不安定なものになりかねないからである。「再任されることができる」とは再任の権利・原則を認めたものであり、不再任は憲法78条が定める裁判官の免官・罷免事由（(2) 参照）に限られるべきで

あろう。80 条 1 項の制度は、公の弾劾や執務不能の裁判を経ることなくこれらの事由に該当するものを再任しない権限を指名権者に認めたものと考えられる。

1971 年、最高裁が宮本康昭判事補の再任を拒否し、大きな問題となった。その際、最高裁人事局長は、再任名簿への登載は自由裁量であり、不登載の理由を明らかにする必要もないと国会で答弁している。法曹関係者でつくる青年法律家協会（青法協）の会員だったことが**再任拒否**の理由だったともいわれている。

なお、再任拒否とともに、裁判官の**任官拒否**も問題となる。94 年 4 月、司法修習を終え裁判官への任官を希望していた神坂直樹氏が任官を拒否された。最高裁はその理由を明らかにしていないが、神坂氏が政教分離を争点とした箕面忠魂碑訴訟に関わってきたことが理由ではないかとも疑われている。この任官拒否をめぐる訴訟の第 1 審判決は、最高裁による裁判官採用は裁判官としての「公正らしさ」を基準としており、任官拒否は思想信条等を理由にしたものではないとの判断を示している（大阪地判 2000・5・26 判時 1736 号 77 頁。控訴審判決の大阪高判 2003・10・10 判タ 1159・158 も参照）。

### （2） 裁判官の身分保障

裁判官が身分を失うのは、自ら職を辞するケースを別にすれば、① **公の弾劾**、② **執務不能の裁判**（いずれも 78 条）、③ 定年に達した場合（79 条 5 項・80 条 1 項）、に限られる。

**公の弾劾**は、各議院の議員で組織する裁判官訴追委員会の罷免の訴追を受け、国会に設けられた弾劾裁判所が行う（64 条、国会 125 条以下）。裁判官弾劾法 2 条が定める罷免の事由は厳しく限定されている（「職務上の義務に著しく違反し、又は職務を甚だしく怠ったとき」「職務の内外を問わず、裁判官としての威信を著しく失うべき非行があったとき」）。これまでの罷免訴追事件のうち罷免の裁判は 7 件であり、うち 4 件については後に資格回復が認められている。「回復の困難な心身の故障のために職務を執ることができないと裁判されたとき」にも裁判官は罷免される（裁限 1 条）。**執務不能の裁判**は、最高裁・高裁の裁判官については最高裁大

法廷で、その他の裁判官については高等裁判所で、行われる。

裁判官の定年は法律により定められている。最高裁判所・簡易裁判所の裁判官は70歳、その他の裁判官は65歳である（裁50条）。

なお、最高裁の裁判官については、以上のほか**国民審査**による罷免の制度がある。最高裁裁判官は、任命後初めて行われる衆議院選挙の際、国民審査に付され、その後10年ごとに同様の審査が行われる。投票者の多数が罷免を可とするときには、その裁判官は罷免される（79条2・3項）。国民審査は、違憲審査権を有する終審裁判所としての最高裁と国民主権・民主主義をつなぐ制度であり、また憲法15条が保障する公務員の選定罷免権の具体化という意味も有する。

現行制度では、投票者には罷免すべき裁判官の氏名の上に×印を付けることが認められるのみで、何も記入していない投票は、たとえ棄権の趣旨であっても、すべて罷免を可としないものとして扱われる。×以外の記載をすれば投票は無効となる。連記制がとられ一部の裁判官についてだけ棄権するのも不可能なこと、裁判官の業績が事前にほとんど知られていないことなどもあって、過去に罷免の例はなく、罷免を可とする票は通常1割に満たない。最高裁は、国民審査が解職の制度であることを理由に問題はないとしている（最大判1952・2・20民集6・2・122）。制度を実効的なものとするためには、裁判官の業績を国民に十分周知するための工夫も必要であろう。

身分喪失に関するもの以外にも裁判官には様々な身分の保障がある。裁判官はすべて定期に報酬を受け、在任中報酬を減額されることはない（79条6項・80条2項）。また、「職務上の義務に違反し、若しくは職務を怠り、又は品位を辱める行状があつたとき」には懲戒処分を受けるが（裁49条）、処分内容は戒告・過料のみである（裁限2条）。行政機関が懲戒処分を行うことは許されず（76条3項）、処分は執務不能の裁判と同様の手続で行われる。

なお、裁判官の懲戒処分をめぐっては、1998年12月1日に下された最高裁大法廷決定（最大決1998・12・1民集52・9・1761）が大きな注目を集めた。最高裁は、仙台地裁の寺西判事補がいわゆる組織犯罪対策法反対集会で発言したことが、

裁判所法52条1号の禁止する「積極的に政治運動をすること」にあたるとの判断を示した。決定には、懲戒処分を行うべきでないとする5人の裁判官の反対意見が付されている。この事件を通じ何より問われたのは、国民が真に信頼し得る裁判官のあり方である。私的な場においても裁判官の職務の中立・公正を強調する多数意見に対し、河合裁判官の反対意見は、「自主、独立して、積極的な気概を持つ裁判官」を理想像として提示している。裁判官に職務の中立・公正が求められるとしても、職務を離れた場での政治的表現の自由は保障されるべきではないだろうか。「積極的に」との文言は、より限定的に解釈されるべきであったと思われる。

## 2 規則制定権・司法行政権 ●━━━━━━━━━━━━━━━━●

　裁判官の身分保障以外にも、司法権の独立を担保するための制度として、裁判所には規則制定権・司法行政権といった自律的権限が認められている。「最高裁判所は、訴訟に関する手続、弁護士、裁判所内部の規律及び司法事務処理に関する事項について、規則を定める権限を有する」（77条1項）。**規則制定権**は下級裁判所に委任することもできる（77条3項）。

　この**最高裁判所規則**については、法律との関係が問題となる。憲法上人権に関する事柄は法律のみが定め得るとされている以上、人権と関わる訴訟手続や弁護士に関する事項は基本的には法律が定め、最高裁規則は技術的細目を規定し得るにとどまると見るべきであろう。一方、憲法が規則制定権を認めた趣旨からして、裁判所の自律権と直接関わる「裁判所内部の規律及び司法事務処理に関する事項」については規則のみが定め得ると解する余地があろう。

　裁判所には、人事や予算など内部の事項を自律的に決定する権限（**司法行政権**）も認められている。下級裁判所裁判官の指名（80条1項）や補職（裁47条）は最高裁が行う。裁判官の分限・懲戒、裁判所職員の任免も裁判所の権限である。その他司法行政事務についても、各裁判所の裁判官会議の議を経て行われる。司法行政を統括するのは最高裁の裁判官会議であり、その下に事務総局が置かれている（裁12・13条）。また、裁判所の予算は独立して国の予算に計上される

（裁 83 条）。

### *3*　裁判官の独立をめぐる問題　●━━━━━━━━━━━━●

　以上のように裁判官の独立は様々な制度により担保されているが、それにも
かかわらずその独立が脅かされた例は少なくない。すでに見たように、国会と
の関係では国政調査権の行使のあり方が問題となるが（第 17 講参照）、内閣との
関係や裁判所内部においても問題が生じている。

　内閣との関係で一番の問題となるのは最高裁判事任命の政治性である。日本
の公務員法制は公務員による争議行為を全面的に禁じ、刑罰による制裁も予定
しているが、最高裁判所は、1966 年、争議行為を事実上刑罰から解放する画
期的判決を下した（**全逓東京中郵事件**）。以降、公務員の争議行為につき同様の判
決が相次いだ。しかし 1973 年、最高裁は判例を変更し（**全農林警職法事件**）、以
降争議行為を厳しく制限する判例が確立した。わずか 7 年弱の間に最高裁の判
例が 180 度変わった背景には、最高裁の人事構成の変化がある。両判決の間に
最高裁入りした判事の多くが争議行為規制容認派であった。この間政府・自民
党は裁判所の判決が「偏向」しているとのキャンペーンを繰り広げており、人
事の政治性・党派性が強く疑われる。

　裁判所内部における独立が問題となったのが「**平賀書簡**」**事件**である。1969
年 8 月、自衛隊の合憲性が大きな争点となった**長沼ナイキ訴訟**を担当していた
札幌地裁の福島裁判官に対し、同地裁の平賀所長が国側の判断を尊重するよう
求める書簡を送った。この書簡は公になり、最高裁は、司法の独立・公正への
疑念を招くものであるとの声明を発表して、平賀所長を処分した。ところが、
ここに国会の裁判官訴追委員会が介入し、平賀所長を不訴追とする一方、書簡
公表を理由に福島裁判官を訴追猶予（訴追事由あり）とした。訴追委員会の対応
は、平賀所長の書簡に劣らず司法の独立を脅かすものであった。

　以上のほかにも、裁判所の**司法行政の官僚化**の問題が指摘されてきた。司法
行政権を統括するのは最高裁裁判官会議であるが、実質的に司法行政を動かし
ているのは最高裁事務総局で、裁判官の人事などを広く担当する。裁判の現場

を離れ事務総局に勤務する裁判官は昇進が早く、最高裁入りする裁判官も多い。こうした「エリート司法官僚」の優位のもとで、裁判官の管理が進んでいるといわれてきた。国側敗訴の判決や違憲判決などを出した裁判官は、配属や昇級で不利な扱いを受けているとの指摘もある。管理は人事にとまらない。1983年12月の裁判官協議会（裁判官の意見交換・研究の場とされる）で、事務総局民事局が、翌年1月に出された最高裁の大東水害訴訟事件判決（国側勝訴）と同趣旨の見解を提示していたことが後に明らかになり、下級審判決を統制するものではないかと問題になった。行政事件で国側の訴訟代理人となる法務省訟務検事と裁判官の人事交流が活発に行われてきた（**判検交流**）点も指摘せねばならない。判検交流は、行政に対する司法の独立・公正な裁判という点から見て問題を含んでいる。

## Ⅳ 司法制度の課題

　以上見てきたように、法曹人口の不足や裁判の遅延、司法の官僚化など日本の司法制度は様々な問題点を抱えてきた。こうした中、1999年7月以降、内閣のもとに設置された司法制度改革審議会において、日本の司法制度全体にわたる改革のあり方が議論された。審議会では、弁護士や裁判へのアクセスの拡充、訴訟扶助の拡大、国民の司法参加、法曹養成制度のあり方など、幅広い論点が取り上げられた。

　いずれも重要な点であるが、司法制度の改革を論じる際には、改革が国民の裁判を受ける権利（32条）を実質化するものでなければならないという点が、改めて確認されるべきであろう。単に法曹の数を増やしたり、裁判の迅速化・効率化のみを追求するだけでは、改革の目的にかえって逆行する結果にもなりかねない。「量」的な側面のみならず、国民の裁判を受ける権利を実効的なものとするための司法制度の「質」が改めて問われねばならない。上の論点はいずれも裁判の「質」という点から重要な意味をもつが、特に注目されるのは、法曹養成・裁判官任用の在り方と国民の司法参加の2点であろう。

法曹養成をめぐっては、日本型ロースクール（いわゆる法科大学院）が、2004年4月からスタートした。裁判官の任用に関しては、法曹一元制をめぐる議論に注目してみたい。日本の現在の裁判官任用システムは**キャリアシステム**と呼ばれる。司法試験合格者の進路は、一定期間の司法修習を終えた時点で、裁判官、検察官、弁護士の3つに分かれる。弁護士から裁判官になる者もあるが、その数はごくわずかである。これに対して、英米で採用されている**法曹一元制**の場合には、弁護士としての経験を積んだ者の中から裁判官が任命されてゆく。法曹一元をめぐる議論は、どのような裁判官像を理想とするかという点とも深く関わっている。キャリアシステムのもとで生じている官僚化の問題などを考慮すれば、弁護士からの裁判官登用の拡充は、国民に開かれた司法の実現という点から見て、大きな意義をもつように思われる。

## Ⅴ 国民の司法参加と裁判員制度

国民の司法参加も、重要な論点である。国民の司法参加の制度としては、アメリカの**陪審制**が有名である。通常は、くじで選ばれた一般市民が陪審員となり、検察側・弁護側の主張・立証を踏まえ、有罪・無罪の評決を行う。刑の宣告は、裁判官により行われる。日本でも、戦前の1928年に陪審法が制定されたが、制度上様々な問題もあって、戦時中に停止された。もっとも、裁判所法3条3項は、「この法律の規定は、刑事について、別に法律で陪審の制度を設けることを妨げない」と規定している。

陪審制の導入を憲法解釈の問題として見た場合、「すべて司法権は」最高裁判所・下級裁判所に帰属するとする76条1項、裁判官は良心に従い憲法・法律にのみ拘束されると定める同条3項、裁判官の身分保障に関する78条などとの関係が問題となる。裁判官が陪審の答申に拘束されない制度であれば憲法には違反しないとの見解が有力であるが、裁判官が事実認定の適正化などについて一定の役割を果たすなどの条件が伴えば陪審の答申に拘束力を与えることも可能であるとの見解もある。陪審制をめぐっては、素人による裁判の弊害も

指摘されるが、他方、素人である陪審員を説得する論証が求められるだけに、裁判が国民にとって分かりやすいものになることも期待できよう。陪審制の他、一般市民や専門家が裁判官と合議を行う**参審制**をとる国もある。

　司法制度改革の議論を受け、日本でも**裁判員制度**という形で、刑事裁判への国民の司法参加の制度がスタートした。2004 年に**裁判員法**が制定され、2009年から施行されている。対象となるのは、死刑または無期拘禁刑に当たる罪に係る事件などである。裁判官 3 名と有権者名簿から無作為抽出で選ばれた裁判員 6 名が合議体を形成し裁判を行う。裁判員は裁判官との合議により、事実認定、法令の適用、刑の量定に関与する。判決は過半数によるが、裁判官・裁判員それぞれ 1 名以上の賛成が必要である。裁判員は出頭義務・守秘義務などを負う。裁判員制度は、本格的な国民の司法参加の試みとして注目されるが、他方、制度の様々な問題点を指摘する声もある。最高裁判所は、裁判員制度をめぐる様々な憲法上の論点を検討したうえで、憲法には違反しないと判断している（最大判 2011・11・16 刑集 65・8・1285）。

---

**【チェック・ポイント】**

・裁判所が「法律上の争訟」以外に有する「法律において特に定める権限」（裁 3 条 1 項）とはどのようなものか。

・「法律上の争訟」の条件を備えていても司法権が及ばない事例をあげよ。

・裁判官が辞職以外に身分を喪失するのはどのような場合か。

---

**Book Guide**

　兼子一・竹下守夫『裁判法』〔第四版〕（有斐閣、1999 年）

　池田修『解説裁判員法』〔第二版〕（弘文堂、2009 年）

　新藤宗幸『司法官僚—裁判所の権力者たち』（岩波新書、2009 年）

　山口進・宮地ゆう『最高裁の暗闘—小数意見が時代を切り開く』（朝日新書、2011 年）

第21講 裁判所 ② 違憲審査と憲法訴訟

レジュメ

I 違憲立法審査制の理念と類型
　1 付随的審査制……司法権に付随、具体的事件の中で行使
　2 抽象的審査制・憲法裁判所……具体的事件を離れ行使
　　ただし、双方を併用する国や、両者の機能面での接近傾向も
II 日本国憲法下の違憲立法審査制
　1 違憲審査制の性格
　　付随的審査制説……司法権＝具体的事件の範囲内
　　抽象的審査制説……司法権概念の流動性 → 憲法裁判も含み得る
　2 違憲審査の対象
　　条約……81 条にないが審査対象
　　統治行為……高度の政治性から判断を拒否　例）砂川事件、苫米地事件
III 憲法判断の手法と日本における違憲審査の特徴
　1 司法消極主義
　　最高裁……違憲判断には極めて慎重（ただし、合憲判断には積極的な面も）
　　民主主義との緊張 → しかし、積極的判断が必要な場合も
　　　　　　　　　　　　cf. 二重の基準
　2 憲法判断の手法
　　法令違憲……法令の規定自体を違憲に：12 件
　　適用違憲……法令に基づく処分等を違憲に
　　合憲限定解釈……広義に解すれば違憲の法令を狭く解し「合憲」
　　憲法判断回避の準則……不必要な憲法判断は回避すべきとの考え方
　3 法令違憲判決の効力
　　個別的効力説＝当該事件のみ、一般的効力説＝事件を超え法令は失効
　4 憲法判例の拘束力
　　最高裁の憲法判断……下級審に対し強い拘束力
　　　→ 先例となる部分の画定や変更理由の明示が必要

286

## Ⅰ 違憲立法審査制の理念と類型

　現代憲法の多くは、議会が制定した法律の憲法適合性を審査する権限を裁判所に認めている。国民代表機関である議会が制定する法律を無効にする権限を非公選の裁判所に認めるこの制度は、必然的に国民主権あるいは民主主義との緊張をはらむ。**違憲立法審査**を支えるのは、憲法の最高法規性の理念と人権尊重の原理である。

　アメリカではすでに19世紀中に違憲審査制が確立していたが、同時期のヨーロッパでは一般に国民代表府である議会の優位が認められ、裁判所に議会の意思（法律）を覆す権限を認めることは民主主義に反するとの考えが支配的であった。しかし20世紀に入り、ファシズム等の経験を通じ、立法権による人権侵害に対する保障の必要性が、特に議会・多数者に対する少数者の人権保障の必要性が広く認識されるようになった。こうして多くの現代憲法では、人権をはじめとする基本的価値を規定する憲法に最高法規性を認めるとともに、立法権によるその侵害に対する保障として違憲立法審査制を導入するに至ったのである。裁判所による違憲審査には、大きく分けて2つのタイプが存在する。

### 1　付随的審査制 ●━━━━━━━━━━━━━━━━━━━━━●

　通常の裁判所が具体的法律上の争訟の解決（司法権の行使）に付随して、必要な限度で憲法判断を行うのが**付随的審査制**である。個人の権利義務に関する争訟の枠内で行われることから私権保障型とも呼ばれる。付随的審査の例としてはアメリカをあげることができる。合衆国憲法は違憲審査制を明示する規定をもたない。アメリカの違憲審査制は、連邦最高裁判所による1803年のマーベリー対マディソン事件判決以降、判例の中で付随的審査制として確立してきた。アメリカ連邦最高裁による違憲審査は、特に第2次世界大戦以降、公民権、表現の自由、人身の自由などの保護や拡大に重要な役割を演じており、日本の憲法訴訟論への影響も極めて大きい。日本の違憲審査制も、後述のように、付随

的審査制として運用されている。

## *2* 抽象的審査制・憲法裁判所 ●━━━━━━━━━━━●

通常の司法裁判所とは別に設けられた機関（**憲法裁判所**）が、具体的事件とは無関係に法律の憲法適合性を審査するのが**抽象的審査制**である。違憲の国家行為の是正に主眼があるこのタイプは憲法保障型ともいわれる。ヨーロッパでは、憲法裁判所を設けている国が多い。もっともその役割は、抽象的審査には限られない。

抽象的審査制の例としてよくあげられるのがドイツである。ドイツでは他の裁判所から独立した連邦憲法裁判所が設けられ、連邦政府、ラント政府、あるいは連邦議会議員の 4 分の 1 以上の提訴を受けて具体的事件とは無関係に法律の合憲性を抽象的に審査する権限が認められている（抽象的規範統制）。また、連邦憲法裁判所は、裁判所からの請求により具体的事件に適用される法律の違憲性を審査する権限を有する（具体的規範統制）。さらに、基本権を侵害された個人が救済を求めて提起する憲法異議の制度も認められている。ドイツの憲法裁判所は、このように、付随的審査の役割をも担っている。

韓国でも、抽象的規範統制の権限こそないものの、憲法裁判所が設けられている。法律が憲法に違反するかどうかが裁判の前提となる場合、事件を担当する裁判所は憲法裁判所に対し違憲判断の審判を要請する（違憲法律審判）。また、基本権を侵害されたものは憲法裁判所に憲法訴願審判を請求できる。

一方、議会中心主義の伝統が強かったフランスでは、1958 年制定の現行第 5 共和制憲法によりようやく本格的に違憲審査制が導入された。憲法裁判所である憲法院の審査は、法律の公布前に行われる。当初、提訴権者は大統領、首相、国会両院議長に限られていたが、1974 年の憲法改正で、60 名の国民議会議員または元老院議員にも提訴権が拡大された。野党議員にも提訴の道が開かれたことは、違憲審査の活性化につながっている。さらに 2008 年の憲法改正によって、司法裁判所・行政裁判所で、法律が憲法上の権利・自由を侵害しているとの主張がなされた場合、一定の条件の下、付託を受けた憲法院がその合憲性

を審査する仕組みが導入されている。

　以上のように違憲審査には様々な類型が存在する。具体的な事件を前提とするか否かを基準とする付随的審査・抽象的審査という区分は、制度上大きな意味をもっている。しかし、違憲審査の実際の機能の面では、付随的審査・抽象的審査の接近傾向が指摘されることも少なくない。アメリカでは、具体的紛争の存在という要件を理論上満足させるにすぎないようなケースにも違憲審査が行われたり、連邦最高裁が憲法問題を扱った訴訟を選別し審理するなど憲法保障的な機能も見られる。一方、憲法裁判所を置くドイツの場合にも、違憲審査における憲法異議のウエートは極めて大きい。違憲審査の意義を論ずる際には、憲法上認められている権限の性格や範囲を踏まえると同時に、現実の機能にも目を向けていく必要がある。

## Ⅱ　日本国憲法下の違憲審査制

### *1*　違憲審査制の性格　●━━━━━━━━━━━━━━━●

　憲法81条は、「最高裁判所は、一切の法律、命令、規則又は処分が憲法に適合するかしないかを決定する権限を有する終審裁判所である」と規定している。この81条の違憲審査制は、付随的審査制、抽象的審査制のいずれであろうか。

　通説は、81条が「司法」の章におかれていることから、違憲審査は司法権の枠内、すなわち具体的法律上の争訟の解決に必要な限度で行使されるべきだとして、付随的審査制をとるものと解している。違憲審査権が司法権に付随するものである以上、それは司法権を有するすべての裁判所に認められる。それゆえ81条は、最高裁判所が付随的審査権を有する裁判所の中の「終審」であることを確認しているということになる。実際の違憲審査制も付随的審査制として運用されている。

　一方、81条は最高裁判所に対し終審裁判所としての地位に加え憲法裁判所としての地位を付与していると解する説、あるいは法律により憲法裁判所とし

ての地位を付与することが可能であるとする説もある。これらの説は、① 付随的審査権はアメリカに見られるように「司法権」に当然に内在しており、81条で規定するまでもないこと、② 司法の概念は流動的であり憲法裁判をも含み得ること、③ 81条の文理解釈としてこれが最も自然であること等を理由とする。

たしかに、「司法」の外延には流動的な部分もある。そこには行政裁判が含まれない場合もあるし、Ⅰで見たように、アメリカでは「事件・争訟性」の要件がかなり緩和されている。日本の裁判所法も、「法律上の争訟」以外の訴訟類型を法律で設ける余地を認めている。しかし、これら司法権の外延に関する問題と事件性の要件をまったく不要とする抽象的審査制との間には、なお大きな距離がある。抽象的法令審査権を認める国では、通常憲法が明文規定をおいている。この点に関する規定を欠き、しかも国会を「国権の最高機関」とする日本国憲法の下で、明文の根拠のないまま抽象的審査制を認めることは不可能であろう。最高裁も、「司法権が発動するためには具体的な争訟事件が提起されることを必要とする。わが裁判所は具体的な争訟事件が提起されないのに将来を予想して憲法及びその他の法律命令等の解釈に対し存在する疑義論争に関し抽象的な判断を下すごとき権限を行い得るものではない」と判示し、付随的審査制説の立場をとっている（**警察予備隊違憲訴訟** 最大判 1952・10・8 民集 6・9・783）。

## 2   違憲審査の対象 ●━━━━━━━━━━━━━━━━━━━●

81条は、「一切の法律、命令、規則又は処分」を違憲審査制の対象とするが、違憲審査の対象はここに列挙されたものに限られるのだろうか。たとえば、81条は、地方公共団体の議会が制定する条例を違憲審査の対象として明示していない。条例については、通常法律に含まれると理解されている。しかし、違憲審査の対象となるかどうかが問題となるのは条例の場合に限られない。以下では違憲審査が及ぶかどうかが特に問題となる条約、統治行為について検討する。

### （1） 条　約

まず問題になるのは、**条約の違憲審査**である。条約には国際法としての側面、

国内法としての側面があるが、この場合問題となるのは国内法としての条約の効力である。違憲審査制を定める憲法81条、憲法の最高法規性を定める憲法98条1項は、いずれも条約を明示していない。98条1項に条約が直接規定されていないこと、同条2項の国際法遵守の原則などをもって、そもそも条約は憲法に優位するとの見解もある（**条約優位説**）。この場合、条約に対する違憲審査は当然否定されることになる。しかし、条約が憲法に優位することを認めれば、内容的に憲法違反の条約を締結することで、96条の定める手続を経ずに実質的に憲法を改正することも可能になる。それゆえ、国内法上憲法は条約に優位すると見るべきである。そして、そうだとすれば、81条や98条1項が条約を明示していないことをもって、条約に対する違憲審査を否定することはできないであろう。違憲の条約が放置され、憲法の最高法規性が侵されるおそれもあるからである。81条や98条1項の規定は、限定列挙ではなく、例示的列挙と理解すべきである。たしかに条約は他の法規範とは異なり国家間の取決めという特殊な性質をもつが、国内法上は最高法規たる憲法の下にあり、違憲審査の対象となり得ると解される。

### （2）　統治行為

　司法権の審査対象であり、司法判断が可能（あるいは必要）であるにもかかわらず、国家行為の高度の政治性を理由に裁判所が審査を拒否する場合がある。いわゆる**統治行為**（政治問題）である。統治行為は本来司法権の限界として論じるべきテーマであるが、「高度の政治性」が問題となるのは通常憲法判断が求められる場合であるため、違憲審査の限界の問題として考えることにする。

　最高裁判所は、日米安全保障条約（**砂川事件** 最大判 1959・12・16 刑集 13・13・3225）、衆議院の解散（**苫米地事件** 最大判 1960・6・8 民集 14・7・1206）について、いずれも高度の政治性を理由に憲法判断を行わなかった。高度の政治性を有する問題に関する判断は国民に対し政治責任を負う国会・内閣に、最終的には主権者国民に、委ねられるべきであり、裁判所の審査にはなじまないというのが共通した論理である（ただし、前者は高度の政治性を有する国家行為は「一見極めて明白に違憲」でなければ司法審査は及ばないとしており、純粋に司法判断・憲法判断を回避している苫米地事

件とはニュアンスを異にする)。

　学説上も、自律権や裁量権で説明できるものなどは除いた上で、範囲を限定しながらも統治行為を認める見解が有力である。しかし、統治行為には憲法明文上の根拠は存在しない。欧米でも統治行為（あるいはそれに類似のもの）は認められているといわれるが、例外なく国民に対し裁判により救済される権利を認める 32 条、「すべて」司法権は裁判所に属するとする 76 条、「一切の」法律・命令・規則・処分の違憲審査を規定する 81 条などからすると、日本国憲法下で当然に統治行為を認める余地があると解し得るか疑問である。たしかに、高度の政治性を有する問題につき裁判所が違憲判断を示した場合重大な影響・混乱も予想されるが、事情判決（行訴31条）の法理の援用などによりそれらを回避しつつ人権救済を図ることも可能である。

## Ⅲ　憲法判断の手法と日本における違憲審査の特徴

### *1*　司法積極主義と司法消極主義 ●━━━━━━━━━━━━━●

　日本国憲法下の違憲立法審査制は、Ⅱで見たように付随的審査制であるが、その実際の機能は同じく付随的審査制をとるアメリカとは大きく異なる。日本の最高裁判所の違憲審査に最も特徴的な点の 1 つが、司法消極主義である。通常、裁判所が違憲判断に積極的な場合を**司法積極主義**、消極的な場合を**司法消極主義**という。最高裁が法律の規定自体を違憲とした例は 70 年以上の間にわずか 12 件にすぎず、消極主義の姿勢が際立っている。

　一般論としては、司法消極主義は決して否定的にのみ評価されるべきものではない。国民が直接選挙した議会の意思である法律を否定する権限を裁判所に認める違憲立法審査制は、常に民主主義・国民主権との関係をどう考えるかという問題を提起する。国民代表府たる議会との緊張関係を考えれば、裁判所は議会の判断をできるだけ尊重すべきであり、不必要な違憲判断は避けるべきだとの主張にも十分根拠がある。しかし他方、違憲立法審査制には、多数決によ

っても侵し得ない憲法の最高法規性や人権（特に少数者の）を擁護するという役割が期待されている。本来「非民主的」ともいえる違憲立法審査が多くの国で導入されているのは、まさにそのためである。国民を直接代表する議会の意思を尊重しつつも、**二重の基準論**が説くように議会を中心とした民主主義のプロセスでは十分な権利保障が期待できないような場合には、むしろ積極的に違憲判断を行うことが必要な場合もある。それゆえ問われるべきは、違憲判決の数もさることながら、違憲判断がどのような場合になされているかである。

　この点からも、最高裁の違憲審査のあり方には重大な問題がある。定数不均衡についての2件の違憲判決、在外投票をめぐる違憲判決はあるが、二重の基準論によれば本来審査権の積極的な行使が求められる精神的自由の規制に関しては、違憲の疑いのある法令が少なくないにもかかわらず、法律を違憲とする判断は一度も下されていない。加えて、こうした違憲判断に消極的な姿勢の一方で、最高裁は立法の合憲判断にはかなり積極的で、「憲法適合性が疑われている政治部門の憲法運用に裁判所が積極的に正統化を与える傾向」（樋口・憲法・469頁）も見られる。最高裁は憲法判断自体については必ずしも消極主義ではない。たとえば「**朝日訴訟**」判決では、上告人の死亡を理由に訴えを却下しながら、「念のため」として、厚生大臣が設定した生活保護基準をわざわざ「合憲」であると判示している（最大判1967・5・24民集21・5・1043）。

　近時、最高裁の司法消極主義の理由の1つを付随的審査制に求め、憲法裁判所方式の導入を主張する見解も見られる。日本の最高裁は、憲法問題だけに特化した憲法裁判所ではなく、毎年数千件の民事・刑事の訴訟事件を処理する中で、憲法判断をしなければならない。このような最高裁に、鋭敏な憲法感覚や掘り下げた憲法論を期待することは困難であるとの指摘もなされている。たしかに、このような指摘には聞くべきところもある。しかし、最高裁の「積極主義的」一面をも考慮するならば、抽象的審査制が期待される役割をそこで演じ得るかどうか慎重な検討が必要である。任命方式や裁判所機構の問題なども含め、日本の違憲審査が望ましい方向で機能するための条件整備をまず考えるべきであろう。

## *2* 憲法判断の手法 ●━━━━━━━━━━━━━━━━●

最高裁判所が法律の規定を違憲と判断したのは過去 12 例にすぎない（以下の表を参照）。しかし、実質的に違憲判断に近い合憲判決や、法令に基づく処分・裁判を違憲とした例などもあり、憲法判断の手法は多様である。そこで以下では、特に重要と思われる憲法判断の手法を概観してみることにする。

### （1） 法令違憲

最高裁が法令の規定自体を違憲と判断する場合を**法令違憲**という。法令違憲の最初のケースは、1973 年の**尊属殺重罰規定違憲判決**（最大判 1973・4・4 刑集 27・3・265）である。この判決は、尊属に対する尊重報恩の保護という立法目的それ自体は合憲とした上で、一般の殺人に比べ尊属殺の刑の加重の程度が極端に重い点、すなわち立法目的実現の手段を違憲であるとした。

2 年後、最高裁は、薬局開設にあたり距離制限を設けていた薬事法の規定を違憲と判断した（最大判 1975・4・30 民集 29・4・572）。この判決は、薬局の濫立が競争の激化をまねき不良医薬品供給の危険性をもたらすという因果関係は認められないとして、違憲判断を下した。単に法文上の検討にとまらず、立法の合理性を支える事実（**立法事実**）にまで立ち入り審査を加えている点は注目されて

**最高裁判所による法律違憲判決**

①尊属殺重罰規定違憲判決（1973 年 4 月 4 日）
②薬事法薬局距離制限規定違憲判決（1975 年 4 月 30 日）
③衆議院議員定数配分規定違憲判決（1976 年 4 月 14 日）
④衆議院議員定数配分規定違憲判決（1985 年 7 月 17 日）
⑤森林法共有林分割制限規定違憲判決（1987 年 4 月 22 日）
⑥郵便法国家賠償免責・制限規定違憲判決（2002 年 9 月 11 日）
⑦在外国民選挙権訴訟違憲判決（2005 年 9 月 14 日）
⑧国籍法違憲判決（2008 年 6 月 4 日）
⑨婚外子相続分違憲決定（2013 年 9 月 4 日）
⑩再婚禁止規定違憲判決（2015 年 12 月 16 日）
⑪在外国民国民審査権訴訟違憲判決（2022 年 5 月 25 日）
⑫性別変更・生殖不能手術要件違憲決定（2023 年 10 月 25 日）

よい。なおこの判決は、「職業の自由は、……特にいわゆる精神的自由に比較して、公権力による規制の要請がつよ」いと述べ、二重の基準に通じる考えも表明している。しかし、「規制の要請が強い」はずの経済的自由の面では、1987年にも違憲判決が出ている（森林法違憲判決 最大判1987・4・22民集41・3・408）一方で、積極的違憲判断が求められる精神的自由の分野では法令違憲判決は一度も出ておらず、最高裁が二重の基準を受容しているのか疑わしい。そうした中注目されるのは、政権分離違反が問われた「愛媛玉串料訴訟」において、愛媛県の支出行為を違憲とした判決（最大判1997・4・2民集51・4・1673）、市が市有地を無償で神社施設として利用させた行為（最大判2010・1・20民集64・1・1）、市が管理する公園の敷地を孔子等を祀った施設に無償で利用させた行為（最大判2021・2・24民集75・2・29）を、それぞれ政教分離に違反するとした判決である。

　そのほか、1976年・1985年の2度にわたり衆議院定数不均衡問題につき違憲判決が出されている（最大判1976・4・14民集30・3・223、最大判1985・7・17民集39・5・1100）。以前の最高裁判決は定数配分は基本的に**立法裁量**の問題であるとしていたが、2つの判決は、それぞれ4・99倍、4・40倍の較差につきいずれも合理的裁量権の範囲を超えると判示している。ただし、選挙自体については、混乱の回避を理由に、**事情判決の法理**（行訴31条参照）を援用し有効としている。国家行為を違憲と判断しつつもその効力を維持するこの手法は、違憲判断により極めて重大な影響・混乱が予想される場合の判断手法として注目されてよいが、反面、安易な利用は違憲の国家行為の放任につながるおそれもある。このケースでは、公選法が事情判決の準用を禁じており（公選219条）、疑問も残る。選挙制度をめぐっては、海外に居住する日本人に投票機会を保障していなかった公選法の規定を違憲と判断した判決（最大判2005・9・14民集59・7・2087）も注目される。この判決は、立法の不作為を違憲と判断している。

　原告の救済という観点から踏み込んだ判断を示したのが、国籍法違憲判決である（最大判2008・6・4民集62・6・1367）。判決は、違憲とした国籍法の規定すべてを無効とはせず、「合理的解釈」を施して原告の国籍取得を認めた。

### （2）　適用違憲

　法令自体を直接違憲とするわけではないが、法令に基づく処分や裁判が違憲とされたり、あるいは法律規定の具体的事件への適用が違憲とされる場合がある。**適用違憲**といわれる手法である。最高裁がこの手法をとった事例はやはり少ない。その１つである**第三者所有物没収事件**（最大判 1962・11・28 刑集 16・11・1593）では、第三者に告知・弁解・防御の機会を与えることなく所有物の没収を認める旧関税法の規定に基づく措置が憲法に違反すると判示している。

### （3）　合憲限定解釈

　違憲の疑いのある立法について、人権制約の範囲を限定した解釈を施すことにより人権救済を図りつつ、法令自体は合憲とする手法がとられることがある。**合憲限定解釈**といわれるものである。特に限定を付けることなく争議行為のあおり等を処罰の対象とする地方公務員法 61 条 4 号の規定につき、処罰が許されるのは違法性の強い争議行為のあおりに限られるとした**都教組事件**判決（最大判 1969・4・2 刑集 23・5・305）などがその例である。この手法も、適用違憲同様、大きな影響を及ぼす違憲判断を回避しつつ人権救済を図る手法として注目されるが、行きすぎると犯罪構成要件を不明確にするなど問題が生じる。特に、精神的自由の規制など積極審査が要請される場合には、むしろ法令違憲の手法をとるべきであろう。最高裁の判決ではないが、**猿払事件**１審判決は、公務員の政治的行為を一律に処罰の対象とする国家公務員法 110 条 1 項 19 号（現 111 条の 2 第 2 号）の規定につき、限定解釈を加える余地はないとした上で、同規定が機械的労務に従事する非管理職の公務員が時間外に国の施設を利用せず行った政治活動にまで適用されれば必要最小限の制約を超え違憲となると判示し、適用違憲の手法をとった（旭川地判 1968・3・25 下刑集 10・3・293）。

### （4）　憲法判断の回避

　付随的審査制の下では、憲法判断は事件解決に必要な限度でのみ行われる。特に司法消極主義を原則と考える場合、裁判所は不必要な憲法判断をするべきではなく、憲法判断によらなくとも事件解決が可能である場合には極力憲法判断（特に違憲判断）を回避すべきであるとの考え方が生まれることになる。アメ

リカの判例でいう**憲法判断回避**の準則であり、その定式化を行った裁判官の名を冠し**ブランダイス・ルール**ともいわれる。上で見た合憲限定解釈の手法もこの準則の帰結の１つである。付随的審査や司法消極主義と適合的な理論であるが、法解釈技術上回避が可能であっても、問題となる人権の性質や立法の違憲の疑いの程度等によっては、憲法判断が求められる場合があり得よう。

1967年、自衛隊の合憲性が大きな争点となった**恵庭事件**（自衛隊の通信線を切断した被告の行為が防衛用器物損壊罪（自衛121条）にあたるとされた刑事事件）において、札幌地裁は、通信線は自衛隊法にいう「その他の防衛の用に供する物」にあたらないとして無罪判決を下し、憲法判断を回避した（札幌地判1967・3・29下刑集9・3・359）。かなり無理のある限定解釈をしてまで憲法判断を避けたこの判決には批判も多い。

### *3* 違憲判決の効力 ●━━━━━━━━━━━━━━━●

最高裁判所がある法律を違憲と判断した場合、判決の効力が問題となる。この点については、違憲判決の効力は当該事件に限られるとする**個別的効力説**と、法令は当該事件を超え一般的に失効すると見る**一般的効力説**がある。個別的効力説は、日本の違憲審査制が付随的審査制であり、当該事件の枠内で行われるものであること、一般的効力は消極的立法作用であり憲法41条と抵触する可能性があることなどを根拠とする。一般的効力説は、憲法98条1項により違憲の法律は当然に無効となるべきこと、個別的効力説では、国会が違憲とされた法律を改廃しない場合、行政機関は当該法律の執行義務を負い（73条1号）、下級審もそれを適用する可能性があるなど混乱が生じること等を理由とする。

付随的審査制がとられていることからすると、個別的効力を基本として考えるべきであろう。まず、国会が国権の最高機関・唯一の立法機関である以上（41条）、違憲とされた法令が一般的に失効し法令集からも削除されると見るべきではない。法律の改廃には国会の議決が必要である。国会が速やかに改廃措置をとるべきであることはもちろんである。一方、最高裁により「違憲」とされた法律を内閣が「誠実に執行」するのは背理であるから、行政府は法律の執

行をさしひかえるべきであろう。下級審の対応の在り方については、憲法判例の拘束力の問題として次項で検討する。過去の違憲判決の例では、国会が速やかに改廃措置をとったケース（薬事法違憲判決、森林法違憲判決、国籍法違憲判決など）もあるが、1973年の尊属殺重罰規定（旧刑法200条）違憲判決の場合、1995年の刑法全面改正まで国会は何の措置もとらなかった。しかし実務は違憲判決を尊重し、すべて一般の殺人罪により起訴を行っている。

## *4* 憲法判例の拘束力 ●━━━━━━━━━━━━━━━━━━━━━━●

　最高裁判所が憲法判断を行った場合、当該事件に限ればその判断は下級審を拘束する（裁4条）。では、以降の同種の事件について、最高裁の憲法判断は下級審や最高裁自身の判断にどのような効力・影響を及ぼすのだろうか。

　判例法主義をとる英米法では、判例が重要な法源をなしていることから、先例が後の判決を拘束すると考えられてきた（**先例拘束性**）。特に、かつてのイギリスでは、最高裁であった貴族院（House of Lords）の判例は下級審のみならず貴族院自身の後の判断をも絶対的に拘束するとされ、その変更は制定法によらねばならなかった。しかし現在では、判例変更の可能性は承認されている。アメリカでは、かつてのイギリスのような絶対的な先例拘束性が認められたことはない。先例は十分尊重されているが、下級審が上級審の判例と異なる判決を下すこともあり得る。

　日本の場合はどうであろうか。最高裁が自らの憲法判断を変更する自由を有するのはもちろん、合理的理由があれば下級審にも最高裁の先例と異なる判断をする自由は当然認められる。先例拘束性を認める英米においてもこれは承認されている。しかし、最高裁の憲法判例の変更が法的に可能だということは、その先例が拘束力をもっていないということまでただちに意味するわけではない。

　先例の尊重は、法的安定性や平等の要請からすれば重要なことである。一般論としては、先例尊重の必要性は確認されてよいであろう。他方において、日本の場合には、最高裁の憲法判断が後の下級審の判断を極めて強く拘束している現実があることも考慮しておく必要がある。最高裁判例のもつこうした重み

や影響力を考えれば、先例となるべき最高裁の憲法判断には以下のような点が求められるべきであろう。

まず、先例としての重みを考えれば、最高裁は具体的事案に即し先例となる部分を画定すべきである。後の下級審の判断に混乱を招く「念のため」判決のような手法は問題である。また判例変更にあたっては、人権保障等への影響を十分考慮し、変更を必要とする説得的な理由を明示することが最低限求められよう。特に、人権を制約する方向での変更には十分な理由付けが必要となろう。

判例変更の在り方が問題となったのが1973年の**全農林警職法事件**判決（最大判1973・4・25刑集27・4・547）である。従来の判例の枠内でも同じ結論を下すことは十分可能であったにもかかわらず、多数意見はあえて判例変更に踏み切った。田中二郎判事等5人の裁判官は、十分な検討と根拠もなしに変更がなされたことを批判する意見を付している。人権の規制を容認する方向での変更だっただけに、必要性についても手法についても疑問が残る判決であった（変更の背景に人事構成の変化があったことはすでに述べた通りである）。そのほか、**新潟県公安条例違反事件**判決（最大判1954・11・24刑集8・11・1866）と**東京都公安条例違反事件**判決（最大判1960・7・20刑集14・9・1243）など、そもそも「変更」を明示せぬまま実質的に変更を行っている最高裁判例もある。

```
┌─【チェック・ポイント】──────────────────┐
│ ・日本の違憲審査制が付随的審査であるとされる主な理由をあげよ。      │
│ ・「統治行為」論をとった最高裁判例をあげ、その根拠を説明せよ。       │
│ ・裁判所の積極的な憲法判断が求められるのはどのような場合か。       │
│ ・最高裁の法令違憲判決はどのような効力を有するか。            │
└────────────────────────────────┘
```

**Book Guide**

戸松秀典『憲法訴訟』〔第2版〕（有斐閣、2008年）

樋口陽一ほか『憲法判例を読みなおす』〔新版〕（日本評論社、2011年）

芦部信喜編『講座憲法訴訟』全3巻〔復刊版〕（有斐閣、2012年）

泉徳治『私の最高裁判所論』（日本評論社、2013年）

第22講　財　政

レジュメ

I　財政の基本原則
　　民主的統制の意義
　　　　① 担税力に対応する課税　② 人権保障の条件　③ 国際的影響
　　財政議会主義：議会による財政の統制 （歳入面〜歳出面の統制へ広がる）
　　　　⟷ 財政民主主義：国民による多様な統制
　　法律に基づく課税 （30・84条）　要件・手続法定主義→明確主義が導かれ
　　る （通達課税の違憲性）
　　納税者の権利 （納税者憲章）
　　　　課税・支出の統合的理解 → 違憲な支出を制限
　　　　手続きにおける人権保障 （平等・プライバシーなど）
II　予　　算
　　予算案は内閣が毎会計年度作成 （73条5号・86条）：予算単年度主義
　　国会の議決 （衆議院の優越）
　　　　国会の修正権：予算法律説では無制限
　　　　（⟷・行政説・国法形式説は増額修正を制限）
　　　　予算の内容　憲法的実体的統制 （人権保障・司法権の独立・平和主義）
　　　　　　　　　　　財政議会主義・財政民主主義からの逸脱現象　① 継続費
　　　　　　　　　　　② 特別会計　③ 政府開発援助 (ODA)
　　予算の執行　行政内部の統制：財務大臣
　　　　　　　　国民・議会の統制：財政状況の公表 （91条、財46条2項）
　　　　　　　　予備費の目的、その濫用の問題
III　会計検査と決算
　　会計検査院の検査：公正な検査のために内閣から独立して職務を執行
　　決算
　　　　会計検査の結果を内閣が国会に提出
　　　　国会の統制方法：報告説・議案説
　　　　　　← 議案化が望ましい

## Ⅰ 財政の基本原則

### *1* 財政とは何か ●━━━━━━━━━━━━━━━●

　国家がその任務に必要な財力を調達・管理・使用する作用を**財政**という。これを国民は直接に、あるいは国民代表を通じて間接に統制する。その意義を財政の性格から考えてみたい。

　第1に財政の財源は、主として租税である。しかし納税者の負担能力（**担税力**）を超えたり、不平等な課税を行わせないためには、課税額や課税対象の決定に対する納税者の同意権の確立が重要である。代表選出権のない植民地に対してイギリス議会が一方的に課税したことに端を発したアメリカ独立戦争に象徴されるように、これは近代立憲主義において欠かせない原則であった。

　第2に財政は国民生活を大きく左右する。すなわち国家は、① 財政を用いて行政機構を運営する（**資源配分機能**）。また現代国家は、② 累進課税と社会福祉を通じ経済的弱者の生存権を保障したり（**所得再配分機能**）、③ 景気や物価を調整する（**景気調整機能**）。財政次第で人権が豊かにも貧しくもなるのだから、国民は財政にも目を光らせておかなければならない。

　第3に海外援助や国際機関への拠出は、国際的影響力をもつ。独裁国家への援助は、抑圧された人々の人権にマイナスだし、軍事国家への援助は、紛争の火種を播くようなものである。私たちが人権保障や平和の問題をグローバルに考えるなら、海外援助や国際機関への拠出を想像力豊かに統制することが必要だろう。

### *2* 財政議会主義 ●━━━━━━━━━━━━━━━●

　財政を国王の自由に委ねず議会の統制下におくという近代立憲主義の課題のうち、まず実現されたのは租税徴収の統制である（課税には国民代表の同意を要する、つまり租税は法律で決めるとする原理を**租税法律主義**という）。議会の権限はやがて

歳出面にも広がっていくのだが、そのような歳入・歳出両面における議会の権限をまとめて正当化する原理を財政議会主義という。なお議会を介した統制に限らずに、より多元的な民主的コントロールを求める原理を、区別して**財政民主主義**ということがある。

　旧憲法は予算に関し**議会ノ協賛**を経ることを原則とした（64条1項）が、いくつか例外があった。① 租税に関する議会議決事項の例外、② 皇室経済の自律、③ 議会の事後承認による予算執行、④ 規定費・法律費・義務費などの廃除削減に政府の同意を要すること、⑤ **継続費**、⑥ 勅令による財政処分、⑦ 予算不成立時の**前年度予算踏襲制**などである。議会が財政（正確には「会計」の章だて）に関してもつ権限は限定されていたのである。

　日本国憲法では「国の財政を処理する権限は、国会の議決に基いて、これを行使しなければならない」（83条）という財政議会主義の原則に改められた。

## 3　租　　税 ●━━━━━━━━━━━━━━●

### （1）　租税法律主義

　租税とは、国または地方公共団体が、公共サービスを提供する目的で、国民から強制的に徴収する財物である。現行の租税は、① **国税**（所得税・法人税・相続税などの直接税および消費税・酒税などの間接税）と、② **地方税**（事業税・住民税・固定資産税などの直接税および地方消費税・たばこ税などの間接税）とに分類される。なお2022年度当初予算内訳によると、国の歳入のうち租税によるものが7割、国債（国の借金）によるものが3割となっている。また税収のうち、消費税に依存する割合が全体の3分の1を占めている。

　国民は、法律の定めるところにより**納税の義務**を負う（30条）。新たに租税を課し、または現行の租税を変更するには、法律または法律の定める条件によることを必要とする（84条）。租税の対象となる物件、納税義務者、税率など租税の要件と、徴収の手続はいずれも法律で定められる。84条の規定は狭義の租税の他、特定給付の対価として支払う料金にも原則的に適用される。

　要件や手続を法定しても、課税基準などの文言が曖昧では予測不能な課税に

おびやかされ、行政の恣意的な課税を許す危険もある。**法律主義は法律明確主義**を含むと解されよう（杉原・憲法II・429頁）。「課税総額の確定を課税権者に委ねた点において課税要件条例主義にも課税要件明確主義にも違反する」ことを理由に、条例を憲法 92・84 条違反と判決した例がある（**秋田市国民健康税条例事件** 仙台高判 1982・7・23 行裁集 33・7・1616）。なお旭川市国民健康保険料事件（最判 2006・3・1 民集 60・2・587）も参照。

このほか、租税法規の類推・拡張解釈の禁止、租税に関する行政慣習法の否定、納税者に不利益な遡及的適用の禁止、「疑わしきは国庫の不利益に」の法理などが租税法律主義から派生するといわれる。また税務行政にあたり、平等原則や納税者のプライバシー権など基本的人権を侵さない適正さが求められるのはいうまでもない。

### （2） 通達による課税

84 条のいう「法律の定める条件」とは、行政への白紙委任を許容する趣旨ではない。ただ技術的事項に限って執行命令を認めるものである。国税局長通達を機にした課税（**通達課税**）が、課税要件法律主義に反するのではないかと争われた**パチンコ遊技器具事件**で、通達の内容が法の正しい解釈に合致するものである以上、課税処分は法の根拠に基づく処分と解されると最高裁は判示した（最大判 1958・3・28 民集 12・4・624）。

だが通達は行政の運用指針で行政内部でのみ効力を有するもので、国民に不利益を課す直接の根拠にはならない。通達課税は違憲の疑いが濃いといわれる。

### （3） 納税者の権利

30 条の「法律」は合憲の法律を意味するはずである。では違憲な支出目的のために税金を徴収することは認められるだろうか。課税と支出は、財政という 1 枚のメダルの表と裏をなす一体のものという視点を強調すれば、違憲な支出を目的とする課税も違憲となりうる。**納税者基本権**とは、このような課税・支出の統合的理解を前提として成立する考え方である。具体的には、① 憲法違反の課税を拒否する権利、および ② 憲法に適合するような税の使用を要求する権利を内容とする。

違憲な支出があった場合、支出の差止めを求めたり、歳出予算総額に違憲目的の支出が占めるのと等しい割合で、納税額の中からの返還を求める訴えが起こされることがある。いかなる訴訟形態が現行法制度に適合的か、誰が原告なのか、など議論の成熟が待たれる。

## Ⅱ　予　　算

### *1*　予算案の作成と議決　●━━━━━━━━━━━━━━●

#### （1）　予算案の作成

**予算案**は内閣が毎会計年度、作成する（73条5号・86条）。一会計年度とは4月1日から翌3月末までの期間をいう（財11条）。国会の審議と議決を毎会計年度必要とさせることを、**1年予算主義**（**予算単年度主義**）という。

#### （2）　議　　決

予算案は閣議を経て、内閣が国会に提出する（財政法27条は前年度1月中の提出を常例とする）。発案権は内閣に専属し、衆議院に先議権がある（60条1項）。

いずれの院においても予算はまず**予算委員会**、次いで本会議に付され、審議・議決される。衆議院の議決が参議院に優越する。すなわち両院の議決が異なる場合、両院協議会を開き、協議会を開いても一致しない場合、または参議院が衆議院の可決した予算を受け取った後、国会休会中の期間を除いて30日以内に議決しないときは、衆議院の議決を国会の議決とする（60条2項）。参議院が議決しない場合の取り扱いに差があり、また両院の議決が異なるときには必ず両院協議会が開かれなければならない（義務的両院協議会）など、法律案の議決に比べて衆議院の優越程度が高く、また迅速な議決が図られている。これは予算未成立の場合の影響が大きいからである。

予算が前年度内に成立しないと予算の空白期間が生じる。その場合、内閣は一定期間にかかる予算（**暫定予算**）を作成し国会に提出することができる（当然ながら、この暫定予算すら成立しない事態もありうる）。本予算が成立した時点で暫定

予算は失効するが、暫定予算に基づく支出等は当該年度の予算に基づいて行ったものとみなされ、支出自体は有効である（財30条）。

現行法では、予算を伴う法律案の発議、法律案の修正動議で予算の増額を伴うもの、および予算の修正動議について、通常の法律案の発議や修正動議の場合と比べ、特に多数の賛成を必要としている（国会56条以下）。しかしこのように少数派の権限を制限する規定は望ましくない。予算案作成過程で多数派の意思ばかりが反映しがちなのだから、せめて審議過程では少数派の意思が表明されやすいよう改善すべきだろう。

**債務負担行為**（将来において国の支払い義務を発生させる行為）も、財政議会主義の原則に従い、国会の議決を要する（85条）。議決の方法については憲法は特定しないが、財政法は予算形式と法律形式とをあげている（財15）。

### （3） 予算の法的性格と国会の修正権

予算の性格については、① 行政行為であり法的性格は認められないとする**予算行政説**、② 法律と並ぶ国法形式とする**予算国法形式説**、③ 法律自体とする**予算法律説**に学説は分かれる（学説の整理は杉原・憲法II・442頁）。議会意思の表明こそが法律の本質であること、他国でも予算を法律として扱うことが一般的であること、59条1項が「法律案は、この憲法に特別の定のある場合を除いては」とするように、憲法はもともと特別な手続で成立する法律の存在を予定していることなどからして、③ 説を妥当と考える。

② 説と③ 説の実質的な違いは、法律と予算の不一致の際の処理および国会の**予算修正権**の限界において生じる。② 説は予算を法律と形式的に異なると見るから、予算で法律事項を定めることはできない。したがって法律は制定されたが支出が予算に計上されていない場合や、予算に支出が計上されていても法律が制定されていない場合、内閣はいずれも支出をなしえないことになる。

他方、③ 説にたてば内閣は予算（法）を根拠として執行が可能であり、両者の不一致は（少なくとも法論理的には）解決する（「法論理的には」と留保したわけは、通常の法律を予算執行の根拠にするためには、立法技術面で課題が残るからである）。

国会は、予算の款項や金額を増減させることが可能だろうか（ちなみに、予算

は関係する行政部局ごとに、歳入は部・款・項・目、歳出は項・目の順で細分化されている。項以上が国会の議決対象である）。②説をとると「予算提案権を内閣に帰属せしめた建前を根本からくつがえし、予算の同一性を損なう大修正は許されない」（清宮・憲法Ⅰ・275頁）。「国会の予算修正は増額修正を含めて可能だが、…憲法の規定から国会の予算修正権は内閣の予算提案権を侵害しない範囲内で可能である」という政府統一見解（1977年）も同じ立場にあると思われる。

③説からすれば、予算案を修正することは国会に当然に認められた権限で、款項・金額の増減いずれについても修正は無制限となる。そもそも国会に否決権はあるが予算修正権はない、という立論には無理がある。

## *2* 予算の内容 ●━━━━━━━━━━━━━━━━●

### （1） 憲法的実体的統制

憲法には予算の実体的内容に関する規定がおかれている。

① 生存権保障・無償の義務教育などに必要な財政措置を講じなければならない。

② 裁判官の独立を保障するため在職中の報酬は減額されない（79、80条）。国会議員には歳費が保証される（49条）。

③ 軍事目的の支出は禁じられる。**赤字国債**発行の原則的禁止（財4条）は**健全財政**を義務づけると同時に、平和主義を財政法の面から保障したとも解される。

④ 公金支出制限規定（89条）は前段で政教分離原則を財政面から保障し、また後段で「公の支配」に属しない教育・福祉に対する公金支出を禁じている。ただし自由な教育・学問を実現するためには充実した**私学助成**が欠かせない。現行の私学助成制度に伴う監督等をもって「公の支配」の要件を満たしていると解すべきであろう。

⑤ 皇室財産の統制は別講に譲る。

### （2） 財政議会主義・財政民主主義からの逸脱

① **継続費** 旧憲法には、複数年度にわたる経費についてあらかじめ議会の協賛を求め、変更の場合を除いては毎年の承認を必要としない継続費の制度

があった。現憲法は継続費に言及していないが、予算が複数年度にまたがると国会の統制が形骸化し、1年予算主義を定めた意味が失われてしまう。したがって財政法上の継続費は、濫用した場合に憲法上の問題が生じよう。

② **特別会計**　予算統制には歳入・歳出が統合され、その全体像が明瞭なことが望ましい（**予算単一主義**）。だが実際は、一般会計のほか年金特別会計をはじめ 14 の**特別会計**が設けられている（財13条2項）。この複雑さが、財政の把握を困難にしている。

③ **政府開発援助（ODA）**　日本の**ODA**は世界第3位（2021年）の額だが、現地有力者と日本企業の利権が優先されていたり、援助内容の詳細が十分に公開されないなど問題が多い。**重債務貧困国**の対外債務を軽減・解消するプログラムや地球環境対策に協力することが国際的に迫られており、納税者を交えてのオープンな議論がますます必要になってきた。

## *3*　予算の執行 ●━━━━━━━━━━━━━━━━━━●

### （1）　執行の統制

支出（現金支払）は予算に基づき、目的外使用や部局間流用は禁じられる（財32・33条）。財務大臣は**予算執行**の適正を期するため、各省庁を監督する（会46条）。

内閣は国会および国民に対し定期に、少なくとも毎年1回、国の財政状況について報告しなければならない（91条。財46条2項は4半期ごとの報告を要求）。予算の執行過程を国会と国民の統制下に置くための制度である。

### （2）　予備費・補正予算

災害など予見し難い事態による不足に備え、予算にはあらかじめ**予備費**が設けられる。これを予算成立以前に予見された事項に支出するのは、制度趣旨に反する。予備費の支出は政府が行うが、事後に国会の承諾を得なければならない（87条）。すなわち予備費が計上された場合の額の事前承認、支出があった場合の額と内容の事後承諾という二重の統制がかかる。承諾が得られなくとも支出は有効だが、内閣の政治責任が生じる。

予算成立後に国の義務に属する経費の不足を補ったり、緊要となった支出や債務負担を行うために**追加予算**が、また追加以外の変更を加えるために**修正予算**が組まれることがある（財29条）。追加予算と修正予算とをあわせて**補正予算**という。補正予算は景気対策を目的に組まれることが多い。本予算と同様の手続きで、補正予算は成立する。

## Ⅲ 会計検査と決算

### 1 会計検査院

国の収支の決算は、**会計検査院**が検査する。憲法は会計検査院の組織・権限を法律に委任した（90条）。検査官は国会の同意に基づいて内閣が任命し、任期中その意に反して罷免されないなど、厳正な検査の前提となる独立が保障される。法令に違反し又は不当であると認める事項がある場合には、当該会計経理について意見を表示し又は適宜の処置を要求しおよびその後の経理について是正改善の処置をさせることができる（会検34条）。

また会計検査院は日常的に検査を行い、職員が国に著しい損害を与えたと認める場合の懲戒請求、職員の弁償責任の検定、検察庁に対する犯罪通告などを行う（会検31・32条）。

### 2 決　　算

決算は財務大臣が作成し会計検査院に送付する。内閣は翌年度（予算執行の2年後）の常会に、歳入歳出**決算**・会計検査院報告などを提出しなければならない（90条1項）。

これが単なる提出ではなく、国会の審議を意味することに異説はない。ただしその議決の仕方は、実際には各院が別個に意見を決定するにとどまっている。①これで足りるとする決算報告案説と、②民主的統制として弱すぎるので、両院共通の議題として審議し、内閣による予算執行についての是非を判断する

べきだとする決算議案説がある。財政議会主義からして**決算議案説**が妥当であろう。

　決算は予算と違い、衆・参院いずれに先に提出してもよい。決算の審議はまず各院の決算委員会で、次いで本会議で行われる。決算議案説にたてば、決算が否決されたり承諾されなかった場合に、内閣の政治責任が問われることになる。近年の例を見ると、衆議院における決算の審議が滞る傾向がある。

```
┌──【チェック・ポイント】──────────────────┐
│                                                        │
│ ・予算法律説を説明せよ。                               │
│ ・予算について両院の議決が一致しないとき、どのような手続がとら │
│   れるのか。                                           │
│ ・国会による決算の否決はどのような意味があるか。         │
│                                                        │
└────────────────────────────────┘
```

**Book Guide**

浦野広明『納税者の権利と法』(新日本出版社、1998 年)

阿部徳幸「租税と民主主義」糖塚康江・前田潤一郎『民主主義を考える』(関東学院大学出版会、2010 年)

三木義一『日本の税金』〔新版〕(岩波新書、2012 年)

I　地方自治の本旨 (92条)

　地方自治の保障の意義：

　中央集権の否定 → ① 人権の保障　② 参政権の行使

　地方自治権の根拠：固有権説、伝来説、制度的保障説

　　地方自治の本旨：① できる限り身近な単位での政治を求めること

　　　　　　　　　　② そのための条件整備

　団体自治 (大陸型) と住民自治 (英米型)：地方自治を支える両輪

II　団体自治

　地方公共団体の種類　　市町村・都道府県の２段階制度を憲法が保障

　　→ 道州制・強引な市町村合併の否定

　権限配分：市町村優先の原則

　　　　　　　① 法定受託事務＋② 自治事務 (機関委任事務の廃止)

　　　　　　地方自治の本旨に基づく再検討が必要 (ex., 自治体外交権)

　権限行使の資源① 必要な職員の養成・配備 (自治体リストラの危険性)

　　　　　　　　② シャウプ勧告に立ち帰った財政自主権の確立

　地方議会の権限　条例制定権 (上乗せ・横出し条例の合憲性) など

　長の権限　　　議案・予算案などの提出、規則制定、職員の任免など

　　地方議会と長の関係：大統領制→最終的には住民の判断による解決

III　住民自治

　　住民：原則的には外国人も含む (在日外国人の地方参政権の可能性)

　①選挙権 (長・議員)　②解散請求・解職請求

　③条例の制定・改廃に関する直接請求　④監査請求と住民訴訟

　⑤特別地方自治法への同意

IV　条例などによる地方自治の実質化

　①公務員公選制の拡大　②オンブズパーソン　③審議会の改革

　④外国人会議　⑤情報公開と個人情報保護　⑥条例による住民投票

## [I] 地方自治の本旨

### *1* 地方自治を保障する意義 ●━━━━━━━━━━━━━━━●

　旧憲法は中央と地方との関係についてふれていない。また政治の実態を見て
も、地方「自治」という考え方は乏しかったといえよう。すなわち地方制度の
基本的枠組みは1888年の市制・町村制、1890年の府県制・郡制で作られた。
その後、市町村の自治を拡充した時期もあったが、1940年代の戦時体制の中
でそれもついえた。一貫していたのは**中央集権**の考え方である。府県知事が国
の官吏であったことに象徴的なように、地方とは国の行政機関の末端におかれ、
中央の政策を津々浦々に伝え、国民を監督するための手段であった。

　これに対し現憲法では第8章で地方自治を定め、旧憲法下の中央集権制を明
確に否定した。この意義は2点ある。第1に全国一律の立法や行政では、国民
の権利保障に限界があるということである。福祉や都市計画、環境保全などの
課題については、地域が主体となって、各々の特殊性を踏まえた政策をたてる
ことが望ましい。

　第2に全国レベルよりも地域での方が、住民は参政権を行使しやすいという
ことである。人口が限られていればリコールに必要な数の署名を集めることが
比較的容易だろう。また政治空間が職場や住居に近ければ、代表を不断に監視
しやすいし、様々な委員会に出席したり傍聴することも頻繁にできる。

　ここで述べた第1の意義は人権保障における地方自治の意義、第2の意義は
民主主義における地方自治の意義、といい換えることができよう。つまり人権
と民主主義という憲法原理は地方自治においてよりよく実現されるのである。

### *2* 地方自治権の根拠 ●━━━━━━━━━━━━━━━●

　地方自治権の根拠について、3つの説が論じられてきた。① 地方公共団体の
存在・権限は固有のもので、国の承認に先行するという**固有権説**、② 地方公

共団体は国の統治権に由来し、国の承認によって設立されたとする**伝来説**、③
地方公共団体の権限のうち歴史的、伝統的、理念的に確立された本質的内容・
核心は奪えないという**制度的保障説**である。

　しかしどの説を採っても、国と地方とで権限をどう配分するべきかという問
いの答えが得られず、地方自治を保障する議論に結びつかない。そこで自治権
の根拠論の代わりに、憲法の全体構造を踏まえ、地方自治の本旨と地方自治権
の具体的内容を探る議論が有力になった。前に論じたような、人権と民主主義
の実現手段として地方自治を要求する議論（杉原・憲法II・460頁）がそれである。

　地方自治のあり方は、地方自治の本旨（92条）に基づかなければならない。
地方自治の本旨とは、上述したように人権と民主主義を実現するため、① で
きる限りローカルに住民参加の下で政治を進めること、② それを可能にする
ように制度を整え、権限や財源を市町村優先に配分することなのである。

### *3*　地方自治の本旨 ●━━━━━━━━━━━━━━━●

　憲法92条の「地方自治の本旨」とは、地方自治の基本的精神を定めたもの
である。それは地方自治の実現にあたっては、**住民自治**と**団体自治**という2つ
の原理が柱を構成するということを意味する。住民自治とは英米で重視された
概念で、地域住民が自主的に地方政治を行うことである。団体自治とは欧州大
陸で重視された概念で、地域団体が国家から自律的に政治を行うことである。
もっとも団体自治のない住民自治は考えにくいから、両原理は背反するもので
はない。

## Ⅱ　団体自治

### *1*　地方公共団体 ●━━━━━━━━━━━━━━━●

#### （1）　地方公共団体の条件
地方自治の目的を実現できる人口・面積などを備えることが、地方自治の本

旨に適合する、つまり憲法上の地方公共団体の必要十分条件である。それ以外の枠組みは立法政策だとする説、市町村制度は憲法で保障されるが、広域地方公共団体の設定の仕方は都道府県制に限定されず立法政策上の問題とする説がある。しかし憲法制定時にすでにあった**2段階制**（市町村制・都道府県制）の後退を憲法が予定したとは考えにくい。現行2段階制の枠組みは、憲法の保障するものと解される。

また**東京の特別区**（23区）で長の公選制を廃止した（のちに復活）ことの是非が争われた事件で、特別区は憲法上の地方公共団体と認められないから公選制廃止は違憲ではないと最高裁は判示した（最大判1963・3・27刑集17・2・121）。だがこれでは区民だけが2段階制の地方参政権を奪われたことになる。

なお地方分権と並行して地方公共団体の統合が進められている。しかし府県制廃止とセットになった**「道州制」論**、あるいは財政誘導をテコにした政府主導の**市町村合併**は、可能な限り身近な単位での政治を求める「地方自治の本旨」と矛盾しないだろうか。たとえば、数万人の住民で首長を選んでいたのに、それが一挙に数十万の住民の投票で選ぶよう改められる、といった事態を想像してみよ。

### （2）　地方公共団体の種類

　地方自治法では、地方公共団体は普通地方公共団体（基礎的地方公共団体である市町村と、広域地方公共団体である都道府県）および**特別地方公共団体**（特別区・地方公共団体の組合など）に分類される（自治1条の3以下）。複数の地方公共団体が事務を共同処理するために、特別地方公共団体の一種である**事務組合**や**広域連合**を設けることもある（たとえば福岡県下の全町村は、介護保険を運営するために事務組合を設けた）。

### （3）　権限の配分

　地方公共団体は国などとの関係で、どのような権限を有するのだろうか。地方自治法旧2条は地方公共団体の事務を例示的に列挙したが、現行法はこれに代え「住民に身近な行政はできる限り地方公共団体にゆだねることを基本として、…適切に役割を分担する」（自治1条の2）とした。「公的責任は市民に最も

近い政府が果たすべきで、それが不可能な場合に限って高レベルの政府が責任を果たす」という**補完性の原則**を採用したものといえよう。

　地方公共団体の事務には、**法定受託事務**と**自治事務**とがある。法定受託事務とは都道府県や市町村が処理する事務のうち国が本来果たすべきもの（第1号法定受託事務）、市町村が処理する事務のうち都道府県が本来果たすべきもの（第2号法定受託事務）の総称である。また地方公共団体が処理する事務のうち、法定受託事務以外のものを自治事務という（自治2条）。

　しかし① 自治事務と法定受託事務との具体的仕分けは、個別法に委ねている、② 法定受託事務には国の強い関与が伴う、③ 自治事務の財源が保障されていないなど課題も残る。「地方自治の本旨」を活かす努力が今後も求められる。

　外交権も同じ性質の問題である。**連邦国家**はともかく、**単一国家**における外交は国の専管事項とみなされてきた。しかし文化・平和の交流など**自治体外交**の実例が積み重ねられる中で、外交権における国・地方の重層的関係という視点から、権限配分を捉え直す議論が有力になってきた。たとえば入港する外国艦船に非核証明書の提出を求める**神戸方式**の条例化を、政府は外交権の侵害にあたると敵視してきたが、これも再検討に値するのではないだろうか。

　なお国の関与について争いが生じた場合、地方側の申出に基づき、総務大臣の任命する**国地方係争処理委員会**が審査し、勧告・調停を行う。課税をめぐる国と横浜市の紛争に対し勧告がおりた例がある。審査に不服があるときは、高等裁判所を第1審とする機関訴訟に訴えることができる（自治250条の7以下）。

### （4）　権限行使の資源

　地方公共団体の執行機関は、専門的力量ある者を養成・配置し、条例やその他の事務を「自らの判断と責任において、誠実に管理し及び執行する義務を負う」（自治138条の2）。この観点からすると、中央官僚を地方の幹部に迎える慣行は問題が多い。ニーズを度外視して職員を削減（極端な場合は助役を廃止）する**自治体リストラ**も横行するが、短期的に財政負担は軽減できても、長期的に見てサービス低下や過疎化につながろう。

　また国への財政的依存体質のままで「自治」は望めないから、権限に見合う

財源が必要である。**シャウプ勧告**（1949年）の精神に戻り**財政自治権**を確立するには、国庫配分の見直し・自主課税権の保障・地域経済の活性化などが必要である。

　なお、多くの地方公共団体が財政破綻の危機に瀕しており、関係者の法的責任が追及される例もある（日韓高速船訴訟　最判2005・3・10判時1921・36）。

## 2　地方公共団体の組織

　地方公共団体は議決機関としての議会と、執行機関（長とその下の補助機関）からなる。議員と長のいずれもが住民の直接選挙で選ばれる、**二元代表制**を採用している。

### （1）　地方議会の組織と権限

　**地方公共団体の議会**の議員の任期は、4年である（自治93条1項）。議員定数の上限は人口に応じて法律が定める。条例で削減することもできるが、極端に削減すると少数派の声が議会に反映しにくくなろう。地方自治法上、町村では議会に代え**有権者総会**を設けることもできる（自治94条）が、直接制に近づくものであるから、憲法は有権者集会を許容していると解される。

　自立性を確保するために国会議員、地方公共団体の議会議員などとの兼職は禁じられる（自治92条）。また公正な財務確保のため、関係私企業から隔離される（自治92条の2）。

　議会は議長・副議長のほか、常任・議院運営・特別の各委員会を設置することができる。

　議会は以下の権限を有する。

　①　「法律の範囲内」（94条）で条例を設け、改廃する。

　すでに法律が存在する場合、条例でより厳しい規制（公害防止のため法律より厳しい基準の**上乗せ条例**、規制対象を拡大した**横出し条例**など）を設けることができないとする議論がある（**法律先占論**）。しかしこれは地方自治の本旨から認め難い。

　裁判所は法律の目的や効果を損なうことがない場合や、法律が地方の実情に応じて条例で規制することを容認する場合には、法律と異なる規制を条例で設

けることが可能と解している（**徳島市公安条例違反事件** 最大判1975・9・10刑集29・8・489）。また条例で罰則を定めたり財産権を規制したりすることは、いずれも条例制定権から当然に認められる（同旨の判例として、**奈良県ため池条例事件** 最大判1963・6・26刑集17・5・521、**大阪市売春取締条例事件** 最大判1962・5・30刑集16・5・577）。

②　予算を定め、決算を認定し、地方税の賦課徴収などに関する議決を行う（自治96条）。ただし予算案提出権は長に専属する。

③　事務を調査し、執行機関を統制する（自治98条以下）。

④　役員選任・議会の秩序維持・除名を含む議員の懲罰など自律権を行使する。

### （2）　執行機関と長の権限・義務

**長**の任期は4年で、議員と同様に兼職禁止（自治141条）・私企業からの隔離規定（自治142条）がある。知事は補助機関として副知事を、議会の同意を得て選任する。その他、教育・選管・人事・監査などの委員会設置が法律で義務づけられている。

長の有する主な権限は以下の通りである。

①　議会への議案提出、予算の調製・執行、地方税の賦課徴収、公の施設の設置・管理など、法律が概括的に列挙する事務（自治149条）を担任する。

②　住民の権利義務や、地方公共団体内部的規律に関する事項など、その権限に属する事務について、規則を制定する（自治15条）。有力説は、議会の（狭義の）条例制定権とならんで長の規則制定権も、条例制定権の一環として憲法が保障するものと解する。

③　職員を任免・指揮監督する（自治154・172条）。

### （3）　議会と長との関係

議会と長とは均衡関係にある。

まず議会は検査・監査請求や、特別委員会（行政活動を調査するため特別に設置する**百条委員会**）による調査などを通じて、執行機関を統制する（自治98条以下）。これは国会の国政調査権に類似するものである。一方、議会の議決に異議のあるとき、長は**再議**に付することができる。議会がこれを確定するには、出席議

員の3分の2以上の特別多数による再議決が必要である。また議会が成立しないときや議会招集の時間的余裕のないときなど、長は議決すべき事件を自ら処分できる（自治179条の専決処分）。国に比べ執行機関の長に与えられた権限が強力なのは、地方公共団体の長が住民に直接責任を負う、「大統領制」をとるからである。

　両者の衝突が解決できないとき、議会は**長の不信任**の議決をすることができる。長は議決の通知を受けた日から10日以内に議会を**解散**することができる。解散をせずに10日が経過した場合、または解散後初めて招集された議会で再び不信任の議決があった場合には、長は失職する（自治178条）。このように、両者の対抗は最終的には住民の判断で解決される。

## Ⅲ　住民自治

### *1*　住　　民 ●————————————————●

　国政参加は主権行使と不可分で、その帰属は国籍保有者に通常限定される。だが**地方参政権**は主権行使と一応切断された、地方公共団体の提供するサービスの充実を目的とするから、公務就任権を含む地方参政権全般の国籍要件を緩和することも可能である。憲法が地方参政権の主体を**住民**（93条）と定め、地方自治法が住民を「区域内に住所を有する者」（自治10条）として、国籍と無関係に定義しているのは注意しよう（詳細は第4講参照）。

### *2*　選挙権・被選挙権 ●————————————————●

　議員・長は直接普通選挙で選ばれる（93条）。選挙権年齢は18歳以上、また被選挙権年齢は議員と市町村長の場合25歳以上、都道府県知事の場合30歳以上である。

### *3* その他の住民の権利 ●━━━━━━━━━━━━━━━●

#### （1） 解散請求と解職請求

有権者は 3 分の 1 以上の連署をもって、**議会の解散**や、議員・長・その他法律で定める公職にある者の**解職**（**リコール**）を請求できる（自治 13・76 条以下）。これは憲法 15 条 1 項が保障する**公務員罷免権**を具体化したものといえる。解散および議員・長の解職には、有権者の投票で過半数の賛成を、その他の者の解職には、議会の特別多数による賛成を要する。請求に必要な署名数のハードルが高い、「法律で定める」被解職者が限られているなど、制度改善の余地がある。

#### （2） 条例の制定・改廃に関する直接請求

有権者は 50 分の 1 以上の連署をもって、**条例の制定・改廃**を請求できる（**イニシアティヴ**）。請求を受けた長は 20 日以内に議会を招集し、意見を付けて付議する。だが地方税の賦課徴収などに関する条例の制定請求は認められない。また議会は当該条例の制定を義務づけられていない（自治 74 条以下）ので、いくら住民の要求が大きくても、その請求が無視されてしまう場合もある。

#### （3） 監査請求と住民訴訟

地方自治法上、監査請求制度と呼ばれるものは 2 つある。第 1 は有権者の 50 分の 1 以上の連署に基づく**事務監査請求**である。監査対象は地方公共団体の事務一般に及ぶ。第 2 は地方公共団体の財務事務の執行などに関する**住民監査請求**である（自治 75・242 条）。住民監査請求に基づく監査結果や議会・長の措置に不服があるときは、**住民訴訟**を起こすことができる（自治 242 条の 2）。玉串料訴訟など広く行政一般の責任追及手段として活用する例が見られる。住民ならば年齢・国籍によらず原告となりうる。

#### （4） 特定地方公共団体に関する法律への同意

特定の地方公共団体のみに適用される法律（**地方自治特別法**）の制定にあたっては、法律の定めるところにより、住民投票で過半数の賛成を得なければ、これを制定することができない（95 条）。複数の地方公共団体を名宛にした場合は、

過半数の賛成を得られた地方公共団体のみで法律は効力を生じる。また地方公共団体を直接の名宛としなくとも、法律の当然の結果として地方公共団体の組織・運営・権能に不利益が及ぶなら、住民投票で承認される必要がある。だが実質的にはこれに該当すると思われても投票に付されないことが多く、適用例は**広島平和都市建設法**（1950 年）をはじめ、現在までわずか 15 件にとどまっている。単一の法律が複数の地方公共団体に関わるときは、各地域ごとに**住民投票**を実施することで処理され、住民の過半数の賛成を得た地域に限定して法律は制定される。

## Ⅳ 条例などによる地方自治の実質化

伝統的な政治過程では表明・実現化しにくい住民意思を新たな方法で救い上げたり、今日的人権状況に対して国に率先して取り組むなど、各地の地方公共団体では条例などによる様々な実践例が見られる。これらを参考にして、民主的な（しかし右翼新自由主義型ポピュリズムにからめとられない）地方自治制度を構想することが重要であろう。

### （1） 公務員公選制の拡大

憲法 93 条は公選制の対象となる地方公務員の範囲を法律に委任するが、住民自治を重視する立場からは、この具体化が遅れているという批判も強い。**教育委員**のように、公選制（教育委員会法）から任命制（地方教育行政法）へと後退してしまった領域もある（1956 年）。だが東京都中野区では、1981 年から 1994 年まで条例によって、住民の投票結果に基づき区長が教育委員を任命する「準公選制」が実施されてきた。

### （2） オンブズパーソン

**オンブズパーソン**（またはオンブズマン。住民の利益保護のため苦情処理に応えたり、行政に対する勧告・意見表明などを行う）を条例で設ける例がある。「川崎市民オンブズマン」（1990 年）は、市長が依嘱する行政オンブズパーソンである。強力な調査権を背景に、住民の要求に応え、医療・福祉に関して一定の成果を上げて

きた（情報公開を促進させたり、公金支出の監査請求や住民訴訟の原告として活躍する各地の「**市民オンブズマン**」は市民運動の１つである。ここであげた公的オンブズパーソンと混同しないように注意せよ）。

### （３）　審議会の改革

　地方でも、行政機関の下に審議会を設ける例が多いが、委員の人選に客観性が欠けたり、審議が形式的で行政に正当性を付与するだけという、国同様の問題も見られる。だが情報公開条例（後述）が審議会の議事録公開を保障したり、**男女平等に関する基本条例**のいずれもが、政策決定過程における男女平等や、審議会委員の男女比均等化を求めるなど、審議会運営の透明化・公平化を促す契機も見られる。官制の**審議会政治**から脱却し、専門的見地から行政にアドバイスする今後の可能性に注目したい。

### （４）　外国人会議

　外国人に対する地方参政権が法律で保障されていない現状への対応として、長の諮問機関である**外国人会議**を設ける地方公共団体もある。メンバーは国籍が偏らないような工夫のもとで長が任命するが、一部公募制を併用する例もある。川崎市「外国人市民代表者会議」（1996 年条例）、京都府「外国籍市民施策懇話会」（1997 年大綱）は、教育、福祉、就職・居住上の差別撤廃など在日外国人の諸要求を集約してきた。

### （５）　情報公開と個人情報保護

　住民が自治の実質的な担い手となるには、必要な情報が公開されねばならない。一方住民には地方自治の主人公として、公開情報を活用する積極的な姿勢が求められる。このような**情報公開**の動きは、国に先駆けて地方で進展した。情報公開条例・要綱は、2006 年現在、ほとんどすべての地方公共団体で制定されている。条例には**知る権利**を尊重する旨が明記されることもある。

　反面、高度情報化社会では、**プライバシー**が侵害される危険性も強い。個人情報保護法の施行と並行して、すべての地方公共団体が個人情報保護条例や規則などを制定していたが、2023 年より、個人情報保護制度は国の一元的管理に改められた。

### （6） 条例による住民投票

住民意思を投票で表明する制度（**レファレンダム**）を条例で導入する例も注目される。原発を設置するべきか否かを**住民投票**にかけた新潟県巻町（1996年8月）、国の基地政策に対する県民の考えを問うた沖縄県（1996年9月）などが目を引く。両投票とも、「地方自治体が国の政策に否！」の声をあげる結果となった。

新たに条例を制定し、これに基づく住民投票は、諮問・助言型と裁可・拘束型に分類できる。これまでの住民投票条例は前者であった。というのも、住民投票の結果に強制的拘束力を与えることは、地方自治法に抵触するとみられるからである。そのため住民投票条例では「首長は、住民投票の結果を尊重する」という形式がとられる場合が多い。

住民投票は、地方自治体の政治を住民が担う点で高く評価できる。しかし、住民投票にかけるテーマ設定によっては、住民投票にふさわしくない問題もある。たとえば、少数派の人権問題、外国人問題など人権に直接関連する課題を住民投票で解決することは困難であろう。住民投票の経験は日本では乏しいが、今後、利用頻度が増すにつれて、住民投票の可能性と限界が次第に明らかになって行くであろう。

---

**【チェック・ポイント】**

・地方自治の両輪ともいうべき2つの原理は何か。

・上乗せ条例を制定することは可能か。

・地方自治法上、地方議員の解職請求に必要な署名数を答えよ。

---

**Book Guide**

田村明『自治体学入門』（岩波書店、2000年）

杉原泰雄『地方自治の憲法論』（勁草書房、2002年）

「地域主権」の改革と法理（法と民主主義449号所収の諸論文、2010年）

浦田一郎・白藤博行編著『橋下ポピュリズムと民主主義』（自治体研究社、2013年）

# 第24講　象徴天皇制

レジュメ

I　象徴天皇制
　　・意義（大日本帝国憲法との相違）
　　　　　①国民主権を確認し、天皇の統治権の総攬を否定
　　　　　②神勅に基づく天皇制から国民の総意に基づく新制度へ
　　　　　③基本原理である国民主権と例外としての象徴天皇制
　　・象徴＝地位の名称であって、権限の根拠とならない
　　・元首であるかどうかは、定義の問題
II　天皇の権能
　　・天皇の権能＝13個の国事行為のみを憲法は明記
　　・国事行為以外の公的行為を認めるか
　　　　・否定説（2行為説）
　　　　・肯定説（3行為説）・①象徴行為説、②準国事行為説、③公人行為説
　　・「皇位」の継承のルール
　　　　　①資格：憲法：「世襲」のみ
　　　　　　　　　皇室典範：「皇統に属する男系の男子」＋「皇族」
　　　　　②原因：憲法：死亡の場合に限定しない
　　　　　　　　　皇室典範：「崩じたとき」
　　　　　　　　　　　→今回の退位＝特例法による例外
　　・皇室経済：戦前の土地や財産は、すべて国に帰属
　　　　　　　　皇室の費用は、予算に計上して国会の議決が必要
　　　　　　　　　→①内廷費　②宮廷費　③皇族費
　　　　　　　　皇室との財産の授受の制約 by 国会の議決
III　象徴天皇制をめぐる問題
　　・即位の礼・大嘗祭と政教分離
　　・君が代と日の丸：国歌・国旗の法制化と思想・信条の自由
　　　　　　　　　　→最高裁判例の動向：間接的制約としつつも是認

322

## Ⅰ　象徴天皇制

### *1*　象徴天皇制の意義　●━━━━━━━━━━━━━━━━●

　日本国憲法は、前文において、「主権が国民に存することを宣言」し、「そも
そも国政は、国民の厳粛な信託によるものであつて、その権威は国民に由来し、
その権力は国民の代表者がこれを行使し、その福利は国民がこれを享受する」
と述べ、国家権力の正当性の根拠が国民にのみ存することを宣言するとともに、
天皇制との関係については、第1条において、「天皇は、日本国の象徴であり
日本国民統合の象徴であつて、この地位は、主権の存する日本国民の総意に基
く」と定めている。

　これらの規定が意味するところは、戦前の大日本帝国憲法における天皇制と
比べると、以下の3点である。第1に、日本国憲法では、国民に主権があると
され、戦前の天皇が統治権を総攬する体制は、明示的に否定されたことである。
したがって、第2に、現在の**象徴天皇制**は「日本国民の総意」に基づくもので
あり、「神勅」を根拠とする大日本帝国憲法上の天皇制との法的連続性はなく、
現在の憲法によってあらたに創設されたものである（創設規定説＝浦部・憲法・
522頁。ただし、通説は、従来からあった権能のうち象徴的機能を残して宣言したにすぎな
いとする宣言的規定説である。宮沢・コメ・52頁、佐藤功・コメ上・39頁など）。「天皇制
は絶対的なもの、不可変更的なものではなく、国民の総意により可変的なもの
となった」（芦部・憲法・44頁）のである。そして、第3に、国民主権が日本国
憲法の基本原理である以上、例外である象徴天皇制については、従来の伝統や
慣習などにとらわれることなく、国民主権をできる限り貫徹する形で運用・解
釈されるべきことである。

### *2*　象徴天皇制の性格　●━━━━━━━━━━━━━━━━●

　**象徴**とは、具体的なもので抽象的な事柄を表現することである。たとえば、

「ハトは平和の象徴である」という場合があるが、これはハトという具体的なもので、平和という抽象的なものを表現している。「天皇は、日本国の象徴であり日本国民統合の象徴」であるというときには、天皇という具体的なものを通じて日本国や日本国民という抽象的なものを表しているのである。

象徴天皇制の法的性格は、天皇が「日本国」と「日本国民の統合」の象徴である役割以外をもってはならないことにある（宮沢・コメ・52頁）。象徴ということからは、具体的な天皇の権限は導き出せない。天皇が「象徴」であることは、天皇の地位の名称を指すだけである。

### *3* 象徴天皇は元首か ●━━━━━━━━━━━━━━━━━━━━●

象徴天皇は**元首**にあたるか。結論を先にいえば、元首というものをどのように考えるかで、その答えは異なる。つまり、元首の定義しだいである。

たとえば、元首を「対外的に日本を代表する権限を有するものである」と定義すれば、天皇にはそのような実質的な権限はないのであるから、元首ではないということになる。また、形式的・儀式的にでさえも、「外交文書の宛名になる機関」を元首であると定義すれば、天皇は、国事行為として、大使・公使の信任状の認証（7条5号）を行うのであるから、元首ということになる。

学説において、「天皇に元首としての要素が全くないとはいいきれ」ないとか（佐藤幸・憲法・246頁）、天皇は「準元首的性格を有する」とする（小林・講義上・155頁）ものもある。しかしながら、「天皇元首化」をめざす憲法改正論が主張され、あたかも天皇が外交上対外的代表権をもっているかの慣行がある現状においては、天皇が「元首」であるという言葉を用いることに伴う政治的効果に留意すべきであろう（樋口・憲法・126頁）。さらに、そもそもグローバル化が進展し、外交関係が多元化している現状において、元首というものが現代の憲法で必要ないと考えればこの問題を論じるまでもない。

# Ⅱ 天皇の権能

## *1* 国事行為 ●━━━━━━━━━━━━━━━━━━━●

「天皇は、この憲法の定める国事に関する行為のみを行ひ、国政に関する権能を有しない」（4条1項）とされる。そして、これらの**国事行為**には、「内閣の助言と承認を必要とし、内閣がその責任を負ふ」（3条）と定められている。

たとえば、国事行為として内閣総理大臣を任命することが挙げられている（6条1項）が、天皇自身が誰を内閣総理大臣が適任であるのかを考えて決定するわけではない。「国会の指名に基いて」（6条1項）任命するのであり、それらの手続は、憲法67条に定められている。そして、国会で指名された者を任命する儀式である「親任式」を行うことになるが、それについても天皇自らの判断で行うわけはなくて、「内閣の助言と承認」により決定される。だからこそ、その当否については、内閣が責任を問われることになる。

したがって、実質的な内容を決定するのは別の機関であり、国事行為それ自体は、形式的・儀礼的なものである。比喩的に言えば、天皇は内閣が操作するリモコンによってしか動かない機械のような存在として作られたものであり、自己の責任と判断で機能することは許されず、そのリモコン装置は、「内閣の助言と承認」（3条）であり、その操縦方法は13個の「国事行為」だけである。そして、内閣によるリモコン操縦が正しいかどうかは、国会、さらには国民の批判の対象となる。

国事行為は、憲法が明確に定める以下の13個のみである（矢印の右側が実質的な決定権者である）。

① 内閣総理大臣の任命（6条2項）← 国会の指名（67条1項）

② 最高裁判所長官の任命（6条2項）← 内閣の指名（6条2項）

③ 憲法改正、法律、政令、条約の公布（7条1号）← 国会、内閣

④ 国会の召集（7条2号）← 内閣

⑤　衆議院の解散（7条3号）← 内閣と国会（69条）

⑥　国会議員総選挙施行の公示（7条4号）← 内閣

⑦　官吏の任免、大使・公使の信任状の認証（7条5号）← 内閣

⑧　大赦、特赦、減刑、刑の執行の免除、復権の認証（7条6号）← 内閣

⑨　栄典の授与（7条7号）← 内閣

⑩　批准書、法律の定めるその他の外交文書の認証（7条8号）← 内閣

⑪　外国の大使・公使の接受（7条9号）← 内閣

⑫　儀式を行うこと（7条10号）← 内閣

⑬　国事行為の委任（4条2項）← 内閣

　憲法が明示的に天皇の権能として認めるのはこれらの国事行為のみであるにもかかわらず、これら以外の天皇の行為類型を認めるか否かで議論がある。天皇の行為には、私的行為と国事行為があるが、しかし私たちが目にするものは、どちらに属するのかが不明確なものが多い。従来、問題とされているのは、国会における「おことば」である。その他、いわゆる皇室外交といわれるものも、政治的な色彩を濃くしており、私的な海外旅行とはいい切れない。そこで、これらの曖昧な行為を憲法上認めるかどうかが問題となる。

　否定説（＝天皇行為二種類説。辻村・憲法・55頁、浦部・憲法・533頁）は、天皇の行為には、私的行為と国事行為のみしかなく、それ以外の行為は許されないとする。象徴たる地位に基づいてなんらかの行為を正当化することを否定し、あいまいな公的行為を通じて、政治的に重要な問題について世論形成が図られることを警戒する。

　これに対して、容認説（＝天皇行為三種類説、佐藤功・コメ上・60頁）は、なんらかの理由で、私的行為と国事行為以外になしうる**公的行為**を想定するが、肯定される理由でさらに以下の3つに分かれる。**象徴行為説**は、象徴としての天皇の行為とみなされるべきものがあるとする説である（清宮・憲法Ⅰ・154頁）。**準国事行為説**は、天皇の憲法上の行為は原則として国事行為であるが、国事行為に密接に関連する行為は、国事行為に準ずる行為として憲法上認められる、とする説である。**公人行為説**は、公人としての儀礼的行為と認められるものがあ

りうるとする説である（佐藤幸・憲法・568頁）。これらの容認説は、公的行為を憲法上位置づけた上で適切なコントロールが及ぶことを意図しているが、実際には、拡大する公的行為を追認する役割しか果たせていないといえよう。

## *2* 皇位の継承

　憲法2条は、「皇位は、世襲のものであつて、国会の議決した皇室典範の定めるところにより、これを継承する」と定める。**皇位**とは、憲法上「象徴たる天皇職」を担当する地位をいう。その**皇位継承**の条件は、憲法上「世襲」とされるのみである。詳細は、国会が議決する**皇室典範**にゆだねられている。戦前の皇室典範は憲法と同じ効力をもつとされていたが、日本国憲法は、これを否定し、普通の法律とし、皇位継承について決定するのは国会であることを明確にしたのである。

　ところで、皇室典範は、皇位継承資格者については、「皇統に属する男系の男子」（1条）と「皇族」（2条）という2つの条件を定めている。皇位継承者を男性のみに限定することが男女平等を規定する憲法の他の規定に違反するのではないかという点に関して、**世襲制**を憲法が承認しているのであるから、憲法14条の例外であるとする合憲説（長谷部・憲法・122頁。女性も資格者とすることに反対はしない。違憲論は天皇制がもつ矛盾を見失わせる危険性があることを指摘するものとして、浦部・憲法・488頁）と、世襲制が必ずしも性差別を内包するとは言えないと主張する違憲説（杉原・憲法Ⅱ・495頁、辻村・憲法・167頁）が対立している。

　合憲説に立った上で、政府の「皇室典範に関する有識者会議」は、皇位継承資格者の減少に危機感を抱き、皇位継承を安定的に維持するために女性天皇を認める方向を打ち出した（2005年11月24日）が、秋篠宮夫妻に男子が誕生したこともあり、議論は頓挫したままである。

　皇位継承の原因について、憲法は特段の定めを置いていないが、皇室典範は、「天皇が崩じたときは、皇嗣が、直ちに即位する」（4条）と定め、生前退位を認めていない。しかし、2016年8月に、当時の天皇自らが高齢のため象徴としての務めを果たせないとして生前退位を示唆したことを受けて、天皇退位特

例法が皇室典範と一体をなすものとして定められて、2019 年 5 月 1 日をもって天皇の退位が認められ、日本国憲法下での 2 度目の皇位継承がなされた。特例法として場当たり的に退位を認めたことの是非に加えて、「象徴としての務め」の縮減こそが真摯に検討されるべきであったろう。

### *3* 皇室の財産と経費

戦前天皇一族が所有していた土地や財産は、すべて国に属するものとされ（憲法 88 条前段）、皇室の費用は、予算に計上して国会で議決を経なければならないものとされた（同条後段）。

その予算に計上されている現行の皇室経費には、3 種類ある。**内廷費**とは、「天皇並びに皇后、太皇太后、皇太后、皇太子、皇太子妃、皇太孫、皇太孫妃及び内廷にあるその他の皇族の日常の費用その他内廷諸費にあてるもの」であり、「御手元金」となり、宮内庁が管理するわけではないとされている（皇経 4条）。きわめて特殊な公務員である皇族の給料にあたる。**宮廷費**とは、「内廷諸費以外の宮廷諸費に充てるもの」であって宮内庁が管理する（皇経 5 条）。皇族の職務遂行にかかる必要経費である。**皇族費**は、3 つのものからなり、まず、「皇族としての品位保持の資に充てるために、年額により毎年支出するもの」、つぎに、「皇族が初めて独立の生計を営む際に一時金額により支出するもの」、そして、「皇族であつた者としての品位保持の資に充てるために、皇族が皇室典範の定めるところによりその身分を離れる際に一時金額により支出するもの」である（皇経 6 条）。

また、憲法 8 条は、「皇室に財産を譲り渡し、又は皇室が、財産を譲り受け、若しくは賜与することは、国会の議決に基かなければならない」と定め、特定の政治勢力などが、皇室と経済的に結びつき、皇室を利用し、民主主義的な政治のあり方にとって不当な影響を及ぼすことを防止することとした。

# Ⅲ　象徴天皇制をめぐる問題

## *1*　即位の礼・大嘗祭と政教分離 ●━━━━━━━━━●

　昭和天皇が死亡する直前の病気療養中には、「自粛」の名の下に、市民生活は様々な不便に見舞われた。街から「まつり」が消え、球団リーグ優勝のセールは中止され、さらには秋の運動会の中止が目立った。「自粛の自粛」さえも語られた。1989 年 1 月 7 日に死亡した直後に、「昭和 64 年」から「平成元年」に年の呼び名が変更され、ひとりの人間の死が、時間のカウントの仕方を支配していることを私たちに知らしめた。

　そして、昭和から平成への皇位継承の際の最も大きな憲法問題は、1990 年 11 月の「即位の礼」と「大嘗祭」と政教分離の関係であった。

　「即位の礼」は国事行為として行われたが、一連の宗教的行事の一環として行われ、高御座など用いたものであり、宗教的色彩を払拭されたものではなく政教分離原則に違反し、国民主権の下での象徴天皇制にふさわしい形式であったかは疑わしい。

　「大嘗祭」は、国事行為ではなかったが、公金が支出された。1989 年 12 月 21 日に「即位の礼準備委員会」は、「大嘗祭」は「宗教上の儀式」であるから「国事行為として行うことは困難」であり「皇室行事」とするが、「皇位の世襲制をとる我が憲法の下においては、その儀式について国としても深い関心を持ち、その挙行を可能にする手だてを講ずることは当然」として、費用を宮廷費から支出した（1990 年度予算には大嘗祭関係費用約 25 億円 6,800 万円が計上された）。しかし、世襲は単に皇位継承の資格要件にすぎず、それに伴う儀式として「即位の礼」が国事行為としてすでになされているのであれば、宗教的な色彩豊かな私的行事に「宮廷費」という公金を支出することは、政教分離に違反しよう。なお、大嘗祭訴訟（最判 2002・7・11 民集 56・6・1204）は、知事の大嘗祭参列について、大嘗祭が皇室の伝統儀式であること、他の参列者と共に参列して拝礼した

こと、参列が公職者の社会的儀礼として天皇即位に祝意を表する目的で行われたことなどから、政教分離に違反しないとした。

「平成」から「令和」への皇位継承の際にも同様の問題が見られた。戦争責任を問われた昭和天皇とは異なり、世論の大きな反発はなく、「簡素化」なども語られたが、憲法上の疑義が解消されたとはいえない。

## 2 「君が代」と「日の丸」

「君が代」と「日の丸」は、敗戦直後は、国民の厭戦気分、GHQ による禁止措置などがあり、用いられなかった。しかし、戦後ふたたび教育統制の強化と並行して、「日の丸」と「君が代」が復活し、文部省は、通達、調査、指導の名目で、「君が代」と「日の丸」をじわじわと強制していくことになる。そして、ついに、「日本人としての自覚を養い国を愛する心を育てるとともにすべての国の国旗及び国歌に対して等しく敬意を表わす態度を育てる点から、国旗を掲揚し国歌を斉唱することを明確にする」とする 1988 年臨時教育審議会答申を受ける形で、1989 年 3 月に学習指導要領が改訂され、入学式、卒業式での国歌・国旗の指導が、「のぞましい」との表現から「ものとする」との表現へと改められ、1990 年 4 月より実施に移された。「日の丸」と「君が代」については、従来、それらが国旗・国歌であるという法律は存在しなかった。そこで政府は、「日の丸」が国旗であり、「君が代」が国歌であるということは、「国民的確信」に基づく、いわば、「慣習法」である、と説明していた（同趣旨の判例として、大阪地判 1996・3・29 労働判例 701・61）が、法律という形で民主主義的に国民の合意を確認していないものをいかにも決まっているかのように行政の措置によって強制することについては批判が多かった。そこで、1999 年に**国歌国旗法**が制定された。

憲法上国歌や国旗を定めてはいけないとはいえないにしても、その内容は、憲法の原則である国民主権、人権の尊重そして平和主義により近い方がのぞましい。しかし、「日の丸」と「君が代」から連想されるのは国民主権の例外としての象徴天皇制である。さらに、それには歴史的な背景がつきまとう。「も

しもドイツが、あのナチスの『ハーケンクロイツ』旗をいまなお国旗として掲げていたら、私たちはどう感じるだろうか。『日の丸』・『君が代』を国旗・国歌とすることはそれと同じである」（浦部・憲法・519頁）との指摘は、日本を外側から見ることに慣れていない私たちに反省をせまる。

　そして、たとえ、法律で「君が代」を国歌とし、「日の丸」を国旗と定めても、これらを国民に強制することは許されない。国歌国旗法自体も、国民にそれらの使用を強制する規定をもっているわけではなく、単に国歌と国旗の内容を特定しているにすぎない。政府でさえも、**学習指導要領**との関連で「児童生徒の内心にまで立ち至って強制しようとする趣旨のものではなく、あくまでも教育指導上の課題として指導を進めていくことを意味する」にすぎないとしている（第145回国会衆議院内閣委員会での当時の小渕恵三内閣総理大臣答弁〔1999年7月21日〕）。公務員としての教師に対しても、職務命令という形式だけで、それらを強制することが直ちに正当化されるべきではない。「君が代」と「日の丸」が戦前の天皇制ファシズムと強く結びついているがゆえに、その反省の意味で、「君が代」や「日の丸」を拒否する人は多い。それらの人々に、「国旗」掲揚・「国歌」斉唱を強いることは、思想の自由や表現の自由を侵害すると解すべきである。しかしながら、最判2011・5・30民集65・4・1780頁は、斉唱の際の起立斉唱行為は、「式典における慣例上の儀礼的な所作」として外部からも認識されるものであるから、起立斉唱行為を求める職務命令は、特定の歴史観・世界観それ自体を否定するものではなく、間接的制約となる可能性を認めつつも、卒業式の意義、地方公務員の地位と職務の公共性などから、許容しうる制約であるとした。いずれも、「外からは仕事をしているようにしか見えず、君が代や日の丸を尊重しているなんて誰も見ていませんよ」と言っているのであるが、本人の苦悩に十分に配慮せず、「良心の自由」の保障の範囲をきわめて狭く理解し、妥当とは言いがたい。

**Book Guide**

横田耕一『憲法と天皇制』（岩波新書、1990 年）

横田耕一・江橋崇編著『象徴天皇制の構造』（日本評論社、1990 年）

田中伸尚『日の丸・君が代の戦後史』（岩波新書、2000 年）

中野正志『女性天皇論』（朝日新聞社、2004 年）

田中伸尚『ルポ良心と義務』（岩波新書、2012 年）

奥平康弘『「萬世一系」の研究（上）（下）』（岩波現代文庫、2017 年）

渡辺康行『「内心の自由」の法理』（日本評論社、2019 年）

薗部逸夫『皇室法入門』（ちくま新書、2020 年）

# 第25講　憲 法 改 正

レジュメ

I　憲法改正
　1　憲法改正の意義……憲法典の条文を手続に従い形式的に変更すること
　　　　　　　　　　　　国の基本法としての安定性と大きな変動に対応する可変性
　　　　　　　　　　　　そのバランスをとるための憲法改正手続
　2　憲法改正の手続
　　（1）　国会の発議…「各議院の総議員の3分の2以上の賛成」、「総議員」の
　　　　　　　　　　　意味
　　　　　　　　　　　国会法による審議ルールの具体化、内閣原案提案権の
　　　　　　　　　　　否定
　　（2）　国民の承認…「過半数の賛成」：有権者、投票総数、有効投票総数の
　　　　　　　　　　　どの過半数？
　　　　　　　　　　　投票権者：「日本国民で年齢18歳以上の者」
　　　　　　　　　　　国会の発議から国民投票まで：自由・活発な議論と必
　　　　　　　　　　　要な規制
　　（3）　天皇の公布…「国民の名で」
　3　憲法改正の限界 … 無限界説と限界説、国民投票制廃止の是非
　4　憲法変遷……憲法に反する事態の積み重なりが憲法の意味になるか→
　　　　　　　　　　　　　　　　　　　　　　　　　　　肯定説と否定説
II　憲法改正論の検討
　1　憲法改正論の動向……保守的改憲論から、「新しい」改憲論へ
　2　憲法改正論の論点……具体的な内容に即した検討が必要
　　・自由民主党の「条文イメージ（たたき台素案）」=「改憲四項目素案」の検討
　　　　①安全保障にかかわる「自衛隊」と「自衛の措置」の明記
　　　　②大地震が発生した時などの緊急事態対応の強化
　　　　③参議院の合区解消、各都道府県から1人以上選出
　　　　④家庭の経済的事情に左右されない教育環境の充実
　3　憲法改正の効用……憲法とそれに基づく法秩序全体の変化を検討すること
　　　　　　　　　　　　が必要

## Ⅰ　憲法改正

### *1*　憲法改正の意義

　**憲法改正**とは、憲法典が定める手続に従い、条文を形式的に変更することである。変更の形式には、条文の文言の一部を削除、修正または追加する方式や、元の条文を残しつつも、別に条文を加える増補という方式がある。

　通常、憲法改正は、その手続が、法律の改正の手続と比べて、厳格に定められていることが多い。そのような憲法を**硬性憲法**という（第1講参照）。政治や社会の変化に対する法的対応は、通常、民主的な合意形成を通して法律の制定や改正でなされる。しかし、きわめて大きな変化には、憲法を変更し対応することが必要となるかもしれない。つまり、憲法改正の手続は、一方で、そう簡単に変えられないようにするという安定性と、他方で、大きな変化に合わせて国のありようを変更することができるという可変性の間に置かれている。

### *2*　憲法改正の手続

　憲法改正の手続について、96条1項は、「この憲法の改正は、各議院の総議員の3分の2以上の賛成で、国会が、これを発議し、国民に提案してその承認を経なければならない。この承認には、特別の国民投票又は国会の定める選挙の際行はれる投票において、その過半数の賛成を必要とする。」とし、96条2項は、「憲法改正について前項の承認を経たときは、天皇は、国民の名で、この憲法と一体を成すものとして、直ちにこれを公布する。」と定める。

　これを整理すると、憲法改正の手続は、①国会の発議、②国民の承認、および③天皇による公布、の三段階に分かれる。このうち③は儀礼的な儀式であり、①と②の2つが重要である。そして、この憲法改正手続を具体化する法律として、憲法改正手続法が2007年に制定されている。以下、憲法が定める憲法改正の手続と憲法改正手続法の内容と問題点について述べる。

### （1） 国会の発議

**国会の発議**には、憲法上「各議院の総議員の3分の2以上の賛成」が必要である（96条1項）。

**総議員**については、在職議員説、法定議員説および院内事項説がある。院内事項説は、各議院の自律権に基づいて定めることができるとするが、憲法改正のような重要な事項について各議院の決定に委ねてしまうのはふさわしくないであろう。在職議員説は、死亡や辞職による欠員を総議員の数に算入すれば、欠員が常に反対と扱われることから、現に会議に出席できる議員の数を基準とすべきであるとする。それに対して、法定議員説は、公職選挙法が定める議員の数を基準とすべきであるとし、死亡等の欠員が議決の瞬間に明らかでない場合もあり、少数派議員を除名し改正案を可決させる可能性が生じることは適切ではないと反論する。憲法改正案の審議において、欠員を放置せず補欠選挙によって欠員を充足することが望ましく、法定議員説が適切であろう。国会法には明記されていないが、慣例で法定議員説に立った運用が行われている。

憲法は国会の発議の最終段階の要件のみを定め、それに先立つ審議のルールについては明示していない。まず、原案を誰が提案できるかの点について、国会法は、原案を発議するには、衆議院においては議員100人以上、参議院においては議員50人以上の賛成を要するとする（68条の2）。従前から内閣の原案提案権について議論があったが、肯定説が、原案の発案権がどこにあるのかについて憲法96条は触れておらず、国会のみに専属させているのではないとする（清宮・憲法I・398頁）のに対して、否定説が、「国会が、これを発議し」というのは、憲法改正の発議が、はじめから政府から独立して国会の内部のみで行われなければならないという意味までを含むと見る（法協・註解下・1442頁）。憲法改正手続法は、内閣の提案権を認めていない。この点につき実益に乏しいと言われることがあるが、内閣の職務とすれば、内閣を頂点とする行政組織全体が原案の作成に関与することになり、その違いは大きいというべきであろう。

つぎに、審議の要件については、憲法56条1項により「総議員の3分の1以上の出席」で足りるとする説と、96条1項で「3分の2以上の賛成」とされ

ている以上は、出席すべき総議員は少なくとも「3分の2以上」であるべきであるとする説がある。審議中には、3分の1以上の国会議員しかおらず、採決のときのみ3分の2以上の国会議員が途中の審議に参加することなく出席するというイメージは適切であろうか。

### （2）　国民の承認

　**国民の承認**には、憲法上、「特別の国民投票又は国会の定める選挙の際行はれる投票において、その過半数の賛成」が必要である（96条2項）。

　国民の「過半数」の意味については、有権者過半数説、投票総数過半数説および有効投票総数過半数説がある。有権者過半数説は、投票に行かない人たちを改正反対とみなしてしまうということから、少数説である。投票総数過半数説と有効投票過半数説の違いは、白紙や他事記載などの無効投票を総数に参入するかどうかである。憲法改正は慎重になされるべきであるとの立場から投票総数過半数説の支持が多かったが、憲法改正手続法は、有効投票過半数説を採用した。すなわち、投票結果については、賛成の投票数が投票総数（賛成の投票と反対の投票を合計した数）の2分の1を超えた場合は、当該憲法改正について国民の承認があったものとされる（憲改126条1項）。

　投票権者は、「日本国民で年齢18歳以上の者」である（同3条）。国会の発議から国民投票までの間においては、自由かつ活発な議論が行われるべきであるが、公務員の政治的行為禁止規定が置かれ（同100条の2）、公務員および教育者の地位利用の禁止（同103条）も萎縮的効果をもたらすことが懸念されている。他方、国民投票期日前14日間は、憲法の賛否を問う広告放送を禁止しているが、それ以前の期間およびインターネットを含めて広告で大量かつ一方的な見解の表明がなされる危険性について議論がある。また、最低投票率の制度が採用されておらず、著しく低い投票率でも、憲法改正がなされることが危惧される。

### （3）　天皇による公布

　最後に、改正について国民の承認が得られたときは、天皇が公布する。天皇自身の名で公布するわけではなく、国民主権の憲法であることから、「国民の

名で」行われることが明記されている。

### 3 憲法改正の限界 ●────────────────────●

　改正手続さえ踏めば何でも改正できるか。**憲法改正無限界説**は、憲法改正は全能である主権者が行う作用であり無制約であるから、改正においても制約はないと考える。この考え方によれば、改正手続さえ踏めば、どんな改正もできることになる。これに対して、**憲法改正限界説**は、日本国憲法の基本原則である国民主権、基本的人権の尊重そして平和主義は、変更できないと考える。こちらが通説である（芦部・憲法・423-425頁）。基本原則は、いわば憲法の個性であり、それを変えてしまったら、その憲法ではなくなってしまうからである。具体的に、どのような改正であれば、基本原理に反するのかについては、個別に内容を精査するしかない。憲法改正無限界説がいうように、改正の限界を超えているかどうかについては判別が困難な場合もありうるかもしれないが、一切区別できないとまでいえないであろう。また「改正できない」といっても、強行されることはありえ、その場合には、別の憲法が作られたという意味で「制定」であると法的に評価されることになる。

　改正の限界の一例として、国民投票の廃止が挙げられる。憲法改正論には、憲法改正手続それ自体を改正し国民投票を廃止すべきであるという意見がかつてあった。憲法改正に際して国民から意見を直接に聞かなくなることは国民主権＝民主主義の見地から後退であり、学説においても反対論が強い（芦部・憲法・425頁）。現在の衆議院議員の選挙制度は、小選挙区制の比重が高く、国民の多様な意見が反映されていないことから、国会だけの憲法改正審議では、国民の世論の分布状況を十分に反映したものとはならないであろう。

### 4 憲法変遷 ●────────────────────●

　憲法に反するような事態が積み重なり、結果として憲法を改正したかのような事態が生じてそれが憲法の意味であると受け止められるような状態を想定し、これを**憲法変遷**と呼ぶことがある。これが認められるどうかが議論されている。

硬性憲法の場合に、憲法変遷を安易に認めてしまうと憲法改正の手続を行うことが無意味になってしまうことから、学説はこれを否定するのが一般的である（芦部・憲法・426頁）。「憲法が変遷した」と主張する学説は、そのように変わるべきであると思って発言しているのかもしれないが、本当にみんなが変わっていると思っているのなら、「変わった」といわなくていいはずである。むしろ、変わっているかどうか微妙だからこそ、あえて「変わった」と主張していることになる。

　そもそも憲法変遷という概念は、学説上のものであり、政府がこの論理を援用することは通常考えられない。政府としては、説得力に疑問があると批判を受けつつも、最初から、法律や行為について合憲であるとの説明をせざるを得ない立場に置かれているからである。したがって、憲法に反するような事態が積み重なること自体は否定できないとしても、それが合憲とされるかどうかについては、通常の解釈の枠組みで判断されることになろう。

## Ⅱ　憲法改正論の検討

### *1*　憲法改正論の動向　●━━━━━━━━━━━━━●

　「憲法改正論はタブーであった」といわれることがあるが、決してタブーではなかった。「戦後」の日本政治の流れは、憲法改正論の歴史といっていいくらい活発に議論されてきた。

　戦後の憲法改正論は、今回まで三度の盛り上りを見せている。一度目が鳩山内閣のときで、1950年代中頃から1960年当初にかけてであり、二度目が、1980年当初の中曽根内閣のときである。これらの従来の憲法改正論が国民に受け入れられなかった理由は、その保守性にある。例えば、天皇を元首にして、実質的な権限を持たせようとか、自国のために軍隊を海外に派兵できるようにしようとか、人権をもっと制限できるようにしようとかの主張が正面から語られた。それらに対して、多くの国民は、戦前の大日本帝国憲法の時代へ後戻り

するような雰囲気を感じとり、拒否反応を示した。戦前生まれの人も多く、悲惨な戦争体験から、自由が奪われ、戦争に国民が巻き込まれることの恐ろしさを体験しており、二度とそのようなことのないようにとの願いがなおも強かった。

　それに対して、戦後三度目の盛り上がりを見せる1990年代以降の今回の憲法改正論は、装いが異なる。たとえば、天皇を元首化しようという主張は含まれない。自衛隊についても、自国のためではなく、国際貢献のために海外に派遣することが主張される。また、プライバシー権や環境権などの「新しい人権」を加えるという主張もみられる。したがって、従来とまったく同じ憲法改正論であるとはいえない。また、従来に比べて、国民の側にも憲法改正についての漠然とした肯定感も見られる。

## *2*　憲法改正論の論点

　憲法改正それ自体の是非を論じることに意味はない。また、憲法改正を「自己目的化」することも適切ではない。結局のところ、その具体的な内容を検討しなければ、憲法改正の是非を決することはできない。戦後三度目の1990年代以降の憲法改正論においても、自由民主党は、主導的な役割を演じてきた。比較的近年のものに限定しても、「新憲法草案」（2005年11月22日）、「憲法改正草案」（2012年4月27日）、憲法改正推進本部の「条文イメージ（たたき台素案）」（2018年3月22日）などがある。

　ここでは、「改憲四項目素案」と呼ばれる最新の「条文イメージ（たたき台素案）」について検討してみよう。最初の2つが憲法全体に及ぶ改正案であるのに対して、かなり内容を限定したものである。国民の合意が得られやすいところから改正を実現したいという意図が垣間見える。

　「改憲四項目素案」の具体的な内容は、①安全保障にかかわる「自衛隊」の明記と「自衛の措置」の言及、②大地震が発生した時などの緊急事態対応の強化、③参議院の合区解消、各都道府県から1人以上選出、④家庭の経済的事情に左右されない教育環境の充実、である。

④についていえば、「国は、教育が国の未来を切り拓く上で欠くことのできないものであることに鑑み、教育環境の整備に努めなければならない。」との文案が提案されているが、教育環境の整備は重要であるとしても、この改正案では、どれだけ教育が充実されるか不明確で、わざわざ改正する意味はない。

③について言えば、参議院の選挙区において、島根県と鳥取県、高知県と徳島県が合区となっていることへの不満を解消する提案であり、各都道府県から必ず１人を選出する制度を明記する旨を定める。しかしながら、これでは、参議院議員の議員定数不均衡の問題は解消されず、そもそも、全国民の代表であるはずの国会議員の理念にも反することになる（43条1項）。

②についていえば、緊急事態において、内閣の権限を一時的に強化することが意図されている。しかし、自然災害については、すでに災害対策基本法において詳細な定めがあり、法律に準じた効力をもつ政令を内閣が定めることが認められている。予測できない事態のために新たな法律を制定しないといけないといわれると一見説得力があるように思えるが、そのような事態ですぐに法案を用意できるものであろうか。また現場での適切な対応のためには、内閣の強化よりも、地方公共団体にもっと権限移譲がなされるべきではないだろうか。

①についていえば、憲法改正により自衛隊をきちんと憲法に位置づけ、「自衛隊違憲論」は解消すべきであるとし、現行の９条１項と２項を維持し、自衛隊を明記するとともに「自衛の措置（自衛権）」を定めるとする。この提案が国民に選択を迫っているのは、自衛隊を軍隊と認めるかどうかということではなく、自衛隊が海外で武力を行使することを認めるかどうかということである。「自衛の措置（自衛権）」という文言からは一見専守防衛が維持されているように見えるが、安全保障法制の成立に先立ち政府見解が変更され、「自衛の措置（自衛権）」にはすでに「集団的自衛権」が含まれている現状からすれば、日本に武力攻撃がなされずとも「集団的自衛権」を発動できるという政府見解を憲法に書き込むことになる。加えて、「国際社会の平和と安全を確保するために国際的に協調して行われる活動」にも参加できることが提案されている。したがって、この改正案は決して「自衛隊を明記」するだけの「現状維持」にとど

まるものではない。

## *3* 憲法改正の効用 ●━━━━━━━━━━━━━━━━━━━●

　憲法を改正すれば、そこに込められた思いがおのずと現実になり、一気に困
難な状況が解消されることを期待する向きがあるが、それほど簡単な話ではな
い。日本国憲法の規定ぶりは、理念的・抽象的なものが多い。憲法改正が法秩
序全体や日本社会に対してどのような変化をもたらすかは、憲法改正の具体的
な条文とそれらに基づいて、どのような法律・命令・規則が制定され、さらに
それらがどのように実行されるのかを視野に入れて検討されなければ明らかに
ならない。

　また、そもそも憲法改正をしなければ、期待される改革をすることができな
いのかについても、検討される必要がある。いままで憲法改正がなされなかっ
たのは、憲法が理念的なものにとどまり、様々な制度の変更や改革が法改正で
対応できたからである。法改正で対応できる事柄について、憲法改正を云々す
るよりも、具体的な法改正に一刻も早く着手することこそが大切なはずである。

┌───【チェック・ポイント】───────────────────────┐

・憲法 96 条は、国会による憲法改正の発議につき、どのような条件
　を定めているか。

・憲法改正限界説によって憲法の基本原理と主張されていることがら
　をあげなさい。

・「改憲四項目素案」の具体的内容は何か。

└─────────────────────────────────────────┘

**Book Guide**

奥平康弘ほか編『改憲の何が問題か』（岩波書店、2013 年）

樋口陽一『いま「憲法改正」をどう考えるか』（岩波書店、2013 年）

辻村みよ子『比較のなかの改憲論』（岩波新書、2014 年）

永井幸寿『憲法に緊急事態条項は必要か』（岩波ブックレット、2016 年）

高見勝利『憲法改正とは何だろうか』（岩波新書、2017 年）

本間龍ほか『広告が憲法を殺す日』（集英社新書、2018 年）

木村草太ほか『「改憲」の論点』（集英社新書、2018 年）

阪口正二郎ほか編『憲法改正をよく考える』（法律文化社、2018 年）

浦田一郎『自衛隊加憲論の展開と構造』（日本評論社、2019 年）

山内敏弘『安倍改憲論のねらいと問題点』（日本評論社、2020 年）

清水真人『憲法政治』（ちくま新書、2022 年）

加藤一彦『非常時法の憲法作用』（敬文堂、2022 年）

## 補講　ゼミに入ってからの勉強法

### Ⅰ　新聞・雑誌の利用

　憲法の入門段階を終え、本格的に憲法を勉強してみたい人は、この最後の補講を読んで欲しい。ここでいっていることは、憲法に限らず、そのほかの法律分野にもあてはまると思うので、自分の能力を高めたい人にも、勉強のヒントになるであろう。

　憲法問題は日常的に転がっている。ニュース番組、新聞・雑誌は憲法問題の宝庫である。そこでまず、日々、こちらの方でアンテナをしっかり張っておく必要がある。それには、新聞を毎日読む習慣をつけることである。何新聞でもかまわない（スポーツ紙はだめ）。読んでいるうちにその新聞の政治的傾向は分かるはずだ。たとえば基本的に朝日新聞、毎日新聞、東京新聞は、憲法擁護の立場から、読売新聞、産経新聞は改憲の立場から編集されている。

　雑誌も読んでみたい。週刊誌では**アエラ**（朝日新聞社）、**週刊金曜日**（株式会社金曜日）、月刊誌では**世界**（岩波書店）、**中央公論**（中央公論新社）などがいわゆるお堅いところで有名だ。もちろん、法律学を勉強している学生向けの法律雑誌もある。**法学セミナー**（日本評論社）、**法学教室**（有斐閣）が月刊誌として公刊されている。この２つの雑誌は、法律を真面目に勉強する学生なら一度は手にするはずだ。その他、有名な法律雑誌では、**法律時報**（日本評論社）、**ジュリスト**（有斐閣）、**論究ジュリスト**（有斐閣）などがある。おそらくゼミで報告をしたり、レポートを書くときには必ずお世話になるはずだ。

# Ⅱ ゼミでの勉強法

ゼミを小教室でやる授業と勘違いしている学生が多い。ゼミの主役は学生であり、教師は議論が交錯したときに出てくる交通整理役にすぎない。主役である学生が、司会、報告者、質問者の役回りをそれぞれ演じるのだ。特に報告者は文献収集、文献の熟読、報告原稿とレジュメの作成の3つの仕事をしなければならない。

## *1* 報告者の仕事 ●————————————————————●

### （1） 文献・資料収集

ゼミの教科書のある部分を報告する場合、そこを徹底的に読みこなすことから始める。そしてそこで引用された論文・著作、判例はすべて図書館でコピーをとり、自分の手もとに置いておく。特に判例は必ずオリジナルをコピーすること。学生用の判例集では不十分だ。また文献をコピーするときは、表紙と奥付もコピーしておこう。後で何をコピーしたのか確認するのに便利である。

ただこの文献収集の仕方は、大きなデメリットがある。1つには、教科書の執筆者が引用しなかった文献で重要な文献が欠落しているという点である。もう1つは、ゼミの教科書が2006年の出版であれば、当然、06年以降の文献は引用されていない点である。そこで図書館の書誌を使うことになる。法律関係で定評のある書誌は、① **国立国会図書館専門資料部監修/法律判例文献情報研究会編集・法律判例文献情報**、② **国立国会図書館参考書誌部編・雑誌記事索引**である。また、パソコンによるデータ・サーヴィスも便利だ。① 国立国会図書館サーチ、② 国立情報学研究所の CiNii が利用しやすい。

とにかく自分の大学図書館をうまく使うに限る。図書館にない本や雑誌でも、諦めないで図書館司書に相談してみよう。司書は、所蔵調査をして、探している文献のありかを教えてくれる。そうしたら紹介状をもらって他大学の図書館に行き、文献をコピーしよう（その際、紹介状と学生証は忘れないように）。「文献集

めは足が勝負」である。

### （2） 報告原稿の作成

　文献が十分に集まったら、まず読むこと。コピーをとると安心して読んだ気になるが、読まなければ始まらない。読んでいるうちに、自然と問題点が明確になってくる。なお、重要と思われそうな文献が引用されていたらもう一度、文献集めを行う。

　ではいよいよ報告原稿作成である。原則は教科書に沿いながら、しかし自分の視点で原稿化することである。教科書をまとめただけの報告は最低である。こんな程度なら文献を読まなくてもできる。そうではなく、あくまでも自分が「調べてきたぞ」という気概が、報告では反映されていなければならない。

　いきなり原稿化することはできないだろうから、まず柱を立てる。**基本的には起承転結の４つの章に分け、さらにその章を適宜、2、3の節に分けてみる。**書いているうちにどうも座りが悪いようであるなら、後で修正すればいい。

　まず「起」では問題の所在、本人の問題意識、報告の限定などを書く。いきなり本文に入るより、ここでは何を報告するかをはっきり明言しておくのだ。

　次の「承」では、学説、判例の紹介を行う。自分の目で確かめた学説と判例を整理し、自分の言葉で説明する。決して、教科書の受け売りであってはならない。いわゆる孫引き（本人が確認していない文献を教科書に書いてあるからといってそのまま引用すること）は、ルール違反である。

　「転」では、先にあげた学説・判例を分析する。ここは単なる紹介ではなく、私見を交えながら自分が支持する学説を中心に相手側の学説・判例を批判していく。報告中、一番の山だ。説得力ある論理構成ができているかどうかが、報告の善し悪しを決める。

　最後に「結」では自分のいいたかったことを再確認する。その際、法改正の必要性に言及したり、新しい傾向を紹介してみたり、あるいは今後の課題にふれるのもいいだろう。

### （3） レジュメの作成

　レジュメとはフランス語で要旨、概要をいう。報告のレジュメとは、報告要

旨のことである。報告原稿があれば、レジュメは簡単にできる。報告原稿がなければ、レジュメの作成作業は大変だ。その場合には、前述(2)の仕方で書いていかなければならない。

　レジュメのスタイルは、大別して2つある。1つは本書の各講の冒頭に記載されている方式で、**報告骨子型レジュメ**である。章ごとの柱を立て、章ごとに重要な言葉を文章化する方式である。そこでは、全体の報告の流れを明らかにして、章ごとに報告者がいいたいことを記述する程度でよい。だいたい、A4版で4枚程度（ワープロ原稿の場合）になるはずだ。

　もう1つは、**詳細型レジュメ**である。単なる報告骨子ではなく、それ以上に報告者が報告する言葉をほとんど記載する方法である。これは、報告原稿を作らない場合に多用される方式である。枚数は、A4版で5枚を超えるのが普通である。

　レジュメには絶対記載しなければならない事項がある。冒頭には、**報告タイトルと必要ならサブタイトル、報告者の氏名、報告の日付を記載しなければならない**。これによって誰がいつ何を報告したかが明らかになる。責任の所在を明確にしておくのである。また末尾には、**参考文献一覧表**を記載する。どういう文献で調べたかが、報告の善し悪しを決める場合もある。報告テーマについて代表的な文献が明記されていないときは、だいたいその報告の質が分かる。したがって、参考文献一覧表は、飾りではなく、自分が調べ、読んできた成果を表すためにある。

## 2　質問者の仕事 ●━━━━━━━━━━━━━━━●

　質問に回った学生は、質問するのが仕事である。報告者がいるので安心し、指名されないことだけを祈ってただ座っている学生をよく見かける。最低のゼミ生である。質問するには当然、予備知識が必要である。それには、必ず共通の教科書を1回通読してこなければならない。予習しておけば、報告内容は随分理解できる。

　質問の種類は2つある。1つは、報告者のレジュメを見て自分が知らないこ

とを問うもの。事実の確認型質問とでもいえようか。もう1つは、報告内容に関わる質問。「報告者はこういっているが、私はこう考える。改めて報告者に意見を伺いたい」という具合に、議論をふっかけるような質問である。このような質問を教師は待っているのだが、ただこういう質問は質問者がしっかり勉強していなければ出てこない。ゼミの議論を活発にするのは、質問者側の責任である。ということは、ゼミの運命は、報告者と質問者の勉強にかかっていいるといえる。教師は脇役。教師が前面に出るゼミは、ゼミ生の質が悪いということになる。

＊　　　　　＊　　　　　＊

　これから本格的に憲法を勉強しようとするなら、自分の目を世間に向けることだ。ときには岩波新書などの現代問題を扱っている本を読んでみたい。また憲法学者が登壇する講演会にも行ってみよう。**5月3日は憲法記念日で祝日である**。どこかで必ず、憲法学者が講演会を開いている（たとえば、東京界隈では**全国憲法研究会という護憲派憲法学者の学会が講演会を毎年開いている**）。そういう集会に出て、著作でしか知らない高名な学者の生の声を聞く。それだけで感動ものだ。

　学者は世の中を少しでもよくしたいと願って日夜研究している。その成果を少しでも次の世代の学生が受け止めて、この世の中をよくしてくれればと願っている。我々執筆者も同じだ。この本を読んで学生諸君が、少しでも憲法に興味をもち、世の中の仕組みを見通せる力を身につけてくれるなら、これほど執筆者冥利に尽きるものはない。

　ここまで付き合ってくれて有り難う。諸君の健闘を心よりお祈りする。

# キーワード索引

・ゴシックで表した文字を 50 音順に列記した。数字は頁数である。

**新 7 版・現代憲法入門講義**

| | |
|---|---|
| 1997年 2 月25日 | 初版第 1 刷発行 |
| 2000年10月 1 日 | 初版第 7 刷発行 |
| 2001年 4 月10日 | 新版第 1 刷発行 |
| 2004年 5 月20日 | 新版第 6 刷発行 |
| 2006年 3 月20日 | 新 2 版第 1 刷発行 |
| 2010年 5 月20日 | 新 2 版第 6 刷発行 |
| 2011年 3 月 1 日 | 新 3 版第 1 刷発行 |
| 2014年 5 月 1 日 | 新 3 版第 5 刷発行 |
| 2015年 3 月 1 日 | 新 4 版第 1 刷発行 |
| 2015年 9 月15日 | 新 4 版第 2 刷発行 |
| 2017年 3 月15日 | 新 5 版第 1 刷発行 |
| 2019年 4 月20日 | 新 5 版第 4 刷発行 |
| 2021年 4 月 1 日 | 新 6 版第 1 刷発行 |
| 2023年 4 月 1 日 | 新 6 版第 4 刷発行 |
| 2024年 2 月20日 | 新 7 版第 1 刷発行 |
| 2024年 5 月 1 日 | 新 7 版第 2 刷発行 |

編著者 KATO Kazuhiko 加藤一彦
UEMURA Katsuyoshi 植村勝慶

発行者 木村慎也

・定価はカバーに表示

印刷 中央印刷／製本 和光堂

発行所 株式会社 北樹出版

〒153-0061 東京都目黒区中目黒1-2-6 電話(03)3715-1525(代表)

© 2024 Printed in Japan
（落丁・乱丁の場合はお取り替えします）

ISBN978-4-7793-0732-4